BLOCKCHAIN
AND
WEB3

Building the Cryptocurrency, Privacy,
and Security Foundations
of the Metaverse

搭建
元宇宙

平行世界的底层逻辑
与商业赋能

[美]　马文彦　　黄连金　◎著
　　　（Winston Ma）　（Ken Huang）

刘强　傅瞳　程欣然　吴增亮　◎译

U0125916

机械工业出版社
CHINA MACHINE PRESS

Winston Ma, Ken Huang. Blockchain and Web3: Building the Cryptocurrency, Privacy, and Security Foundations of the Metaverse.

ISBN 978-1-119-89108-6

图书在版编目（CIP）数据

搭建元宇宙：平行世界的底层逻辑与商业赋能 /（美）马文彦（Winston Ma），（美）黄连金（Ken Huang）著；刘强等译 . —北京：机械工业出版社，2024.5

书名原文：Blockchain and Web3: Building the Cryptocurrency, Privacy, and Security Foundations of the Metaverse

ISBN 978-7-111-75597-5

Ⅰ. ①搭…　Ⅱ. ①马…②黄…③刘…　Ⅲ. ①信息经济 – 研究　Ⅳ. ① F49

中国国家版本馆 CIP 数据核字（2024）第 072767 号

机械工业出版社（北京市百万庄大街 22 号　邮政编码 100037）

策划编辑：张竞余　　　　　　　责任编辑：张竞余　刘新艳
责任校对：张婉茹　梁　静　　　责任印制：刘　媛
涿州市京南印刷厂印刷
2024 年 7 月第 1 版第 1 次印刷
170mm×230mm · 18.25 印张 · 286 千字
标准书号：ISBN 978-7-111-75597-5
定价：79.00 元

电话服务　　　　　　　　　网络服务

客服电话：010-88361066　　机 工 官 网：www.cmpbook.com

　　　　　010-88379833　　机 工 官 博：weibo.com/cmp1952

　　　　　010-68326294　　金 　书 　网：www.golden-book.com

封底无防伪标均为盗版　　机工教育服务网：www.cmpedu.com

这是一本具有深层思考的指南，阐述了区块链和加密资产在改变世界的互联网转型中的作用，以及它们如何相互促进。

——安东尼·斯卡拉穆奇（Anthony Scaramucci），
SkyBridge 创始人兼管理合伙人

这本书为我们生动地讲述了游戏、区块链、非同质化代币（NFT）、增强现实/虚拟现实（AR/VR）、去中心化自治组织（DAO）和去中心化金融（DeFi）如何相互融合并最终呈现给我们这个被称为元宇宙的整体。

——林儒明（Clay Lin），世界银行首席信息安全官

这本书为我们提供了关于 Web3 变革力量的必备手册——从区块链协议的基本原理到元宇宙的广阔可能性，以及它可能带来的巨大影响。对于任何对下一代可编程和沉浸式网络感兴趣的人来说，这本书都是兼具教育性和趣味性的必读之作。

——莱拉·特列季科夫（Lila Tretikov），微软副首席技术官

这本书对区块链领域最重要的最新发展进行了必要的剖析。与许多其他作者不同，本书作者不仅关注金融投机，还揭示了区块链、智能合约、DAO、DeFi、元宇宙等真正的潜在生产力。

——尼尔·梅塔（Neel Mehta），*Bubble or Revelation?: The Future of Bitcoin, Blockchains, and Cryptocurrencies* 的作者

数字经济与区块链以及 Web3 的显著融合，展现了元宇宙在摆脱即将到来的信息技术困境方面的真正优点。

——迈赫迪·帕里亚维（Mehdi Paryavi），DEA®，国际数据中心权威机构（IDCA）主席

这本书描绘了构建下一代互联网所需的复杂生态系统，阅读本书可以让读者成为"Web3 智能"网民、资深的参与者甚至专业的游戏规则改变者。

——张志军（William Zhang），世界银行安全架构负责人

本书提供了一个宝贵的视角，涵盖了构建可信赖的元宇宙的重要基石。

——李雨航（Yale Li），云安全联盟大中华区主席

Web3 跨越式发展

2017 年 9 月，摩根大通（美国最大的投资银行）首席执行官杰米·戴蒙称比特币为"骗局"。戴蒙说："它比'郁金香泡沫'⊖还糟糕，它不会有好结果。有些人会被它害死。"然而现在，摩根大通最富有的客户已经可以在银行自己的平台上投资比特币了。摩根大通的戏剧性转变是比特币以及广泛的加密货币作为资产类别的一个重要里程碑。

自 10 年前比特币（连同区块链技术）首次登上世界舞台以来，摩根大通以及华尔街的各金融机构和各国政府都与加密货币有着非常复杂的关系。但随着数字金融因新冠疫情而加速，各机构也在积极探索参与加密领域的新途径。各机构对加密货币的采纳，不仅使比特币受益，还会使整个加密资产行业受益，有助于全面打破接受数字货币的壁垒。

例如，摩根士丹利拥有美国最大的财富管理部门，管理着近 5 万亿美元资产，已经在其平台上为超高净值投资者开发了比特币产品。隶属于美国合众银行的美国第五大银行——美国银行也发布了一种新的加密货币托管产品。高盛和其他华尔街银行已经开始研究如何使用比特币作为向机构提供现金贷款的抵押品。

⊖ 1637 年发生在荷兰，是世界上最早的泡沫经济事件。当时由奥斯曼土耳其引进的郁金香球根异常地吸引人，引起大众抢购，导致价格疯狂飙高，在泡沫化过后，价格仅剩下泡沫时的百分之一，让荷兰各大都市陷入混乱。这个事件和英国的南海泡沫事件以及法国的密西西比公司并称为近代欧洲三大泡沫事件。

除了加密货币自身的投资和交易，美国银行最近发布了一份重要的研究报告，指出他们在元宇宙中看到了巨大的机会，可以推动加密行业被更广泛地采用。他们的一位高级策略师表示，预计一旦加密资产在元宇宙中获得更广泛的采纳和使用，大型传统金融公司将进入该领域，最终使加密货币开始被广泛用于交易。

简而言之，比特币、加密资产和去中心化技术（包括区块链）的意义不仅仅限于其金融起源，这一点在世界范围内变得越来越明显。相反，这一切都与一个全新的、更好的互联网——Web3有关。数字资产和Web3项目正在从根本上改变我们投资、制定商业战略以及部署产品和服务的方式。这些项目不仅颠覆了机构和专业投资者的思维，也激发了全球品牌和企业家为现实世界和虚拟世界开发新产品和服务的灵感。

区块链是Web3的支柱。Web3可能是继万维网（Web1.0）和移动互联网（Web2.0）之后计算领域的下一个主要平台。从金融和医疗保健到媒体娱乐和房地产，它有望彻底改变每个行业和每个功能，创造数万亿美元的新价值，并彻底重塑社会。

马文彦（本书第一作者）撰写了一本非常棒且简单易懂的现场指南，有助于了解数字经济如何在Web3元宇宙中加速发展。马文彦早在1994年就成为国家认证的软件工程师，出版了多本关于全球科技革命的图书，包括《寻找独角兽：主权基金如何重塑数字经济投资》（*The Hunt for Unicorns: How Sovereign Funds Are Reshaping Investment in the Digital Economy*）（2020年）和《数字战争：中国科技力量如何塑造人工智能、区块链和网络空间的未来》（*The Digital War-How China's Tech Power Shapes the Future of AI, Blockchain, and Cyberspace*）（2021年）。对于这两本书，我向主要金融机构、资产管理公司、对冲基金以及其他主要利益相关者进行了推荐。

作为全球数字经济的投资者、律师、作家和兼职教授，马文彦与他的合著者、区块链安全专家黄连金一起从不同的角度阐述了基于加密的 Web3 元宇宙。作者在这个神秘世界中广泛的亲身参与让他们在讲述实际的、说明性的例子时充满创新与活力。他们用独特的视角和不同的方法共同为区块链鲜为人知的过去和激动人心的前景描绘出精细入微的路线图。

有时一本书会揭示一种鲜为人知但强大的力量，有时一本书会非常及时地抓住世界的转折点，但是很少有一本书能同时做到这两点。马文彦和黄连金对区块链和 Web3 的理解和讲述，让我们有了这本难得的宝典：这本书在新冠疫情改变了世界的背景下，为区块链和加密资产在这场世界范围的互联网变革中扮演的角色提供了深刻而细致的指南，并阐述了二者如何互相促进。

安东尼·斯卡拉穆奇

SkyBridge 创始人兼管理合伙人

元宇宙的机遇与挑战

新冠疫情加速了全球数字化转型，从虚拟会议和电子签名到数字支付和远程监管，不胜枚举。与此同时，另一股强大的力量正在塑造下一代互联网——Web3。我们经常听到 Web3 的构成组件：区块链、DeFi、NFT，以及最近的元宇宙。我们也常听到这些新兴技术给个人、组织和监管机构带来的机遇和挑战，因此每天都感到焦虑。

作为一个快速发展的领域，Web3 及相关技术发展十分迅速，这使得人们很难跟上潮流。对于如何利用机会、如何管理风险以及如何参与其中很难做出明智的决定。

幸运的是，马文彦和黄连金为这本书的读者提供了非常详细的 Web3 的全景图。作为这个领域多年的实践者，他们为我们生动地讲述了 Web3 生态系统中各个领域的重大事件和参与者，包括技术创新、新商业模式、现有业务可能会中断的传统公司、各种类型和立场的网络黑客，以及政府监管机构的反应。这种整体观有助于我们在了解这个动态复杂的生态系统的发展之后采取明智的行动。

2021 年被认为是 NFT 元年，NFT 开始成为大众流行语，并为我们带来了价值数百万美元的里程碑式交易。但是很多人不明白，当他们购买数字艺术生成的 NFT 时，他们到底在投资什么。一位狂热的 NFT 收藏家在 2021 年为 NFT 支付了 290 万美元，但一年后他甚至连 1 万美元的回报都无法获得，这表明人们对 NFT 代表什么及其内在价值有不同的看法。本书的第 5 章为读者提供了有关该主题的有用信息。

随着 Facebook 在 2021 年更名为 Meta，以及微软在 2022 年年初以 687 亿美元收购了游戏公司动视暴雪，许多人对元宇宙的价值主张以及它所代表的意义感到困惑。这本书详尽地描述了游戏、区块链、NFT、AR/VR、DAO 和 DeFi 等如何互相融合并最终呈现给我们这个元宇宙的整体。这本书还介绍了元宇宙面临的挑战和机遇，促使读者思考这些概念对于他们所处的组织以及他们自己都意味着什么。

祝贺文彦和连金编写了这样一本全面且易于阅读的书，它不仅提供了非常多的信息，还提出了许多有趣的开放式问题供读者思考和实践。他们的研究将提升区块链和金融科技社区对 Web3 的理解水平，并有助于塑造可以继续造福人类的下一代互联网！

林儒明

世界银行首席信息安全官

区块链：可信元宇宙的基石

30年前，尼尔·斯蒂芬森（Neal Stephenson）的小说《雪崩》（*Snow Crash*）就预言了元宇宙。在雪崩中，人们在投射到特殊护目镜上的高清虚拟环境中化身为虚拟人物进行互动。今天，像区块链这样的新数字技术将逐渐融入并成为未来元宇宙的基石，元宇宙可能成为能够传输3D全息图的下一代互联网。

然而，元宇宙仍有许多潜在的障碍，包括在技术、经济、政治、安全等方面，我们必须克服这些障碍，为元宇宙铺平道路。从云计算的角度来看，元宇宙平台的大部分组件都必须在安全的云环境中运行，该环境要求零信任并采用区块链的创新技术，例如这本书中描述的隐私保护计算、去中心化存储和去中心化身份。

这本书为读者提供了一个了解虚拟世界的宝贵窗口，涵盖了构成可信虚拟世界的重要基石。特别是，它将区块链解释为与元宇宙融合的关键技术。书中广泛讨论了加密货币、DeFi、NFT、游戏代币和其他应用场景。安全和隐私问题一直是互联网和数字世界面临的挑战，所幸这些问题在书中也得到了充分的关注。毫无疑问，无论你是商人、技术投资者、技术专家、政府官员还是大学生，都会从这本书中获得关于元宇宙的最新知识和见解。

这本书的作者是业界和学术界的资深专家黄连金和马文彦。多年来，我一直对连金作为云安全联盟大中华区研发副总裁的研究能力和领导能力印象深刻。

作为区块链领域公认的技术领导者，连金发布了许多标准、白皮书和培训内容，2021 年他还荣获中国"区块链 60 人"。我相信，没有人比连金和文彦更适合将区块链与元宇宙的知识分享给大家。

耶鲁大学李雨航

乌克兰工程科学院外籍院士

云安全联盟大中华区主席

美国华盛顿州西雅图

| 致 谢 |

20 世纪 90 年代中期是中国科技和互联网繁荣的初期，我在上海复旦大学主修电子材料和半导体物理。为了去美国读研究生，我努力学习英语准备托福和 GRE 考试，其间我还参加了一场全国考试，获得了一个 20 年后跟我的职业不再相关的专业证书——"软件程序员"。

当时，中国的软件程序员非常少，中国组织了国家资格考试，鼓励年轻一代学习计算机科学。感受到中国科技革命的巨大潜力，为了有"国家认证的软件程序员"资格，我参加了为期一天的考试，考试内容是用 C 语言、Fortran 和 Pascal 语言解决编程问题。然而，今天，那些编程语言对于编程者来说已经"老"了，并且没有必要进行这样的国家考试，因为在过去 10 年移动互联网热潮和伴随着新冠疫情而产生的后互联网时代的 Web3 革命的推动下，已经有大批计算机科学专业的大学生毕业了。

这就是为什么在我对前五年中国数字革命和科技力量的研究之后，2022 年我的书重点关注区块链和 Web3，因为我们正在进入一个新的全球数字化转型时代。如果我没有幸运地与像连金这样的行业领导者合作，就不可能写出关于如此复杂并且快速发展的主题的书。他在云安全、身份认证、访问管理以及 PKI 和日期加密方面拥有超过 20 年的网络安全和区块链技术经验。

首先，我对纽约大学法学院的 Rita 和 Gus Hauser 博士，以及在我攻读比较法法学硕士学位时纽约大学法学院的传奇院长 John Sexton 致以最深切的感谢。我的 PE/VC 投资、投资银行和执业律师的经历都始于 1997 年慷慨的 Hauser 奖学金。在 John 担任纽约大学校长长达 10 年的任期内，他创建了世界上第一个也是唯一一个全球网络大学（GNU），并亲切地邀请我参加他的首届校长全球理事会。我在纽约大学的经历为我后来成为一名在跨境商业领域工作的全球专业人士奠定了基础。

我衷心感谢中国投资有限责任公司（CIC）首任董事长兼总裁楼继伟先生和高西庆博士在公司成立之初聘用我。成为 CIC 的一员最令人欣慰的是，我有机会广泛地接触到全球金融市场的最新发展。同时，这个独特的平台也让我接触到了世界各地的风云人物以及将全球科技创新与中国市场联系起来的硅谷项目。

同样，我要感谢 CIC 的两位领导丁学东董事长和李克平总裁。我还要感谢 Davis Polk & Wardwell 纽约总部高级合伙人 Linda Simpson 和摩根大通纽约总部总经理 Santosh Nabar，华尔街的这两位前老板为我在全球资本市场的事业发展打下了基础。

非常感谢亚洲基础设施投资银行行长、CIC 原监事会主席金立群先生，他让我了解了莎士比亚的作品，并在专业上给予我指导。阅读《哈姆雷特》《麦克白》和《李尔王》提高了我的英语写作水平，希望本书的写作风格比我以前撰写的金融教材《投资中国》（*Investing in China*）更有趣、更吸引人。

面对充满变化的图书主题，我从世界经济论坛（WEF）的一群出众的机构投资者、科技企业家和商业领袖那里获得了最佳的市场情报，特别是来自长期投资委员会、数字经济与社会委员会以及全球青年领袖（YGL）社群的成员。WEF 创始人兼执行主席 Klaus Schwab 教授对世界可持续、共享的数字化未来有着宏伟的愿景，这也是本书的重要主题之一。

WEF 长期投资委员会聚集了来自主要主权财富基金和公共养老金的最具前瞻性的领导者，我从自己与他们的讨论中学到了很多关于主权数字货币的东西（这也是本书的主题之一）。他们包括 Alison Tarditi（澳大利亚 CSC 首席信息官）、Adrian Orr（新西兰 NZ Super 首席执行官）、Gert Dijkstra（荷兰 APG 首席战略官）、Hiromichi Mizuno（日本 GPIF 首席信息官）、Jagdeep Singh Bachher（美国 UC Regents 首席信息官）、Jean-Paul Villain（阿联酋 ADIA 主任）、Lars Rohde（丹麦 ATP 首席执行官）、Lim Chow Kiat（新加坡 GIC 首席执行官）、Reuben Jeffery（美国洛克菲勒公司首席执行官）以及 Scott E. Kalb（韩国 KIC 首席信息官）。

我要感谢其他许多优秀的朋友、同事、从业者和学者，他们给我提供了专业意见、反馈、洞见和改进建议。对于逸事、指引和持续不断的现实验证，我经常向他们求助，因为他们身处行业和商业实践的前沿。我还要特别感谢 CloudTree Ventures（一家专注于驱动互动娱乐和元宇宙技术的风险投资基金）的合作伙伴 Trevor Barron、Jeffery Schoonover 和 Adam Smith，以及在 Capgemini 的朋友们，我是 Capgemini 顾问团队的一员，顾问团队包括 Cornelia Schaurecker（沃达丰全球人工智能和大数据总监）、Lila Tretikov（微软副首席技术官）和 Mishka Dehghan（T Mobile 战略、产品和解决方案工程高级副总裁）。

从一系列思想和主题到一本成形的书，手稿经历了多次修改，并在 John Wiley 的责任编辑 Gemma Valler 的领导下进行了细致的编辑和审查。我们的长期合作始于我 2016 年出版的《中国移动互联网经济》（*China's Mobile Economy*）一书。在新冠疫情期间，我们出版了《寻找独角兽：主权基金如何重塑数字经济投资》（2020 年）和《数字战争：中国科技力量如何塑造人工智能、区块链和网络空间的未来》（2021 年）。编辑经理 Purvi Patel 和文字加工编辑 Cheryl Ferguson 在书稿最终形成的过程中做出了重要贡献。我还要特别感谢 Gladys Ganaden 设计的封面和插图。

在感谢名单中排在最后，在我心中却是第一，那就是我的妻子 Angela Ju-hsin Pan，感谢她给予我爱和支持。你是我真正的合作伙伴，为帮助我构思和创作这部作品做出了巨大贡献。也感谢你对我的耐心，我为了写这本书放弃了我们许多美好的周末和夜晚。

马文彦

2016 年年末，我辞去了在华为负责区块链技术战略研究和金融科技产品开发的职位。我辞职的主要原因是在大型科技公司内部无法实现去中心化技术及其相关创新。

去中心化技术及其相关创新是本书的主要主题。当我与我的合著者马文彦一起写本书时，我们更加明确的是，区块链技术的创新将在由许多小型初创公司领导的元宇宙中发生。

我非常感激马文彦，在全球新冠疫情期间，随着去中心化技术和代币经济学创新的发展，是他提出了本书的初步想法，并为本书的内容做出了重要贡献。

我也非常感谢麦肯锡咨询公司、中国科技风险投资公司，以及我在哥伦比亚大学的校友 Sally Gao，她为本书提供了所有插图，创建了术语表。

我和女儿 Grace Huang（美国投资管理公司 PIMCO 的产品经理）经常散步并深入讨论关于区块链、DeFi、NFT 和元宇宙的想法，我非常享受这个过程。她们这一代人有很大的潜力，本书中的许多亮点都是与我女儿讨论的结果。也感谢我的妻子 Queenie Ma 和我的儿子 Jerry Huang（他正在攻读硕士学位，并在佐治亚理工学院担任区块链课程的助教），他们给予了我爱和鼓励，就本书我们也进行了深入的讨论。

在过去的几年中，我对去中心化、区块链安全性、隐私、DeFi 和元宇宙应用的看法也得益于以下朋友（排名不分先后），我对他们深表感激：

- Michael Casey，CoinDesk 的首席内容官，我们就隐私和自主身份进行了深入讨论。

- Vitalik Buterin，以太坊的联合创始人，我们对区块链扩展解决方案、隐私、分片、Layer2 等许多话题进行了讨论。

- 肖风博士，万向区块链的董事长，对我之前关于区块链安全的书提供了支持和建议，并在后续进行了持续的讨论。

- 斯坦福大学的 Whitfield Diffie 教授，我们针对密码学和隐私问题进行了深入的讨论。

- Jim Waldo，哈佛大学教授，他在哈佛大学肯尼迪学院的高管项目上教授我关于政策和技术交集方面的网络安全知识。

- 林儒明，世界银行首席信息安全官，我们针对区块链进行了许多讨论，他对我之前的书给予了支持。

- 李雨航，云安全联盟大中华区主席，他与我合作撰写了云安全联盟发布的《区块链安全白皮书》。

黄连金

马文彦，注册金融分析师、律师

马文彦是一位投资者、律师、作家和全球数字经济领域的兼职教授。他是 CloudTree Ventures 的联合创始人和管理合伙人，该公司是一家聚焦交互式娱乐领域的种子期至早期增长阶段的风险投资公司。他目前担任纳斯达克上市公司 MCAA——一家欧洲科技 SPAC（特殊目的收购公司）的董事会主席，同时他也是 Capgemini 顾问委员会成员、纽约大学法学院的兼职教授。

在最近 10 年里，他担任 CIC（中国的主权财富基金）北美办事处的董事总经理和负责人。在 2008 年 CIC 刚成立时，他是 CIC 最早一批海外聘用人员之一。他是 CIC 私募股权部门及后来直接投资特别投资部的创始成员（2014—2015 年担任 CIC 北美办事处负责人）。他先后在金融服务、科技（TMT）、能源和矿业等领域的全球投资中担任领导职务，包括在硅谷设立了跨境增长资本基金 West Summit Capital，这是 CIC 的第一笔海外科技投资。

在此之前，马文彦曾担任巴克莱资本的股本市场副总监，摩根大通投资银行的副总裁，以及 Davis Polk & Wardwell LLP 律师事务所的公司律师。

早在 1994 年，马文彦就成为中国国家认证的软件程序员。他是《中国移动互联网经济》（2016 年）、《数字经济 2.0》（*Digital Economy* 2.0）（2017 年中文版）、《数字丝绸之路》（*The Digital Silk Road*）（2018 年德文版）、《中国人工智能大爆炸》

(*China's AI Big Bang*)(2019 年日文版)和《投资中国》(2006 年)等书的作者。他的新书包括《寻找独角兽：主权基金如何重塑数字经济投资》(2020 年)和《数字战争：中国科技力量如何塑造人工智能、区块链和网络空间的未来》(2021 年)。

马文彦在密歇根大学罗斯商学院获得工商管理硕士学位，同时他还在纽约大学法学院获得法学硕士学位。他在中国复旦大学获得理学学士和法学学士学位。他还被选为 2013 年世界经济论坛杰出青年领袖，并在 2014 年获得纽约大学杰出校友奖。

黄连金

黄连金是 DistributedApps 的首席执行官，同时也是云安全联盟大中华区的区块链安全工作组组长。在过去的 18 年里，他一直致力于金融科技和医疗保健行业的应用安全、身份访问管理、云安全和区块链领域的工作。自 2007 年以来，他持有 CISSP 信息系统安全专业认证，并且撰写了一本名为《区块链安全技术指南》的著作，该书于 2018 年由中国机械工业出版社出版。

作为 DistributedApps 的首席执行官，他为全球初创公司提供关于区块链和人工智能的网络安全咨询服务。在新冠疫情前，他曾被提名为 2018 年由谷歌、软银和斯坦福大学组织的区块链和人工智能初创企业比赛的评委。作为 W3C 凭证社区小组的成员，他对关于身份管理的文件 NIST 800-63 发表了自己的见解和评论。

作为云安全联盟大中华区的区块链安全工作组组长，他与区块链领域的顶级安全专家合作，共同撰写了 10 多份关于区块链安全的白皮书或技术指南。作为云安全联盟的忠实成员，他是 2021 年 2 月发布的《量子时代的区块链》的评审人员，也是 2021 年 4 月发布的云安全联盟文件《加密资产交易所安全指南》的主要作者。

他是英国 NFT 游戏项目 Timeraiders.io 的区块链顾问，还是中国香港网络安全公司 KnownSec 的顾问。2021 年 1 月，他完成了哈佛大学肯尼迪学院网络安全高管项目。

他受邀在全球多个会议上发表演讲，包括达沃斯世界经济论坛、CoinDesk Consensus、IEEE、ACM、世界银行、斯坦福大学、加州大学伯克利分校、中国银行和华为等，内容涵盖区块链、人工智能和安全等领域。他在达沃斯世界经济论坛2020年年会的演讲中，关于新技术层次及其融合的内容被许多中国加密货币领域的媒体广泛报道，并成为本书前两章的原始资料。

读者可以通过领英（LinkedIn）联系作者，提供有关《搭建元宇宙：平行世界的底层逻辑与商业赋能》一书的评论和反馈。

2021 年是区块链和加密货币有史以来热度最高的一年，公众对加密资产的关注也日益增加。比特币和以太坊的价格创下了新的历史高点，NFT 也从默默无闻升至新闻头版。我们看到，大公司的技术创新、资本注入和机构收购比以往任何时候都多。然而，这样的加密货币辩论还只是围绕区块链和下一代互联网——Web3 混战的一小部分。

本书术语

Web3 的倡导者认为，通过去中心化，区块链和加密货币将在未来的互联网中发挥关键作用。对于他们来说，这是一个改变世界的机会，可以打造更好的互联网，并将互联网控制权从 Meta 和亚马逊（Amazon）等大型科技公司手中夺回。与此同时，Web3 也受到了强烈的抵制，主要是来自那些对加密货币整体持怀疑态度的声音。Web3 是未来，是一个骗局还是两者兼而有之？

事实上，很难定义 Web3，许多人经常将区块链与比特币混淆，而区块链和 Web3 的整合是由议论、乐观主义、困惑、神学争论和纯粹的猜测混合而成的新兴概念。正如电视节目主持人约翰·奥利弗所说，这些概念涉及"关于你不理解的一切金钱与计算机相关知识的结合"。

Metaverse 这个术语最早出现在 1992 年尼尔·斯蒂芬森的小说《雪崩》中。Bitcoin 是一种去中心化的点对点电子货币，于 2008 年开始兴起，现在是最流行的加密货币。就像许多"科技术语"一样，它首字母的大小写意义不一样。在本书中，我们将 Metaverse 作为一个宏观概念，是基于虚拟现实的互联网后继者，使用 metaverse 作为一个常见术语，类似"一个理论上任何人都可以创建的虚拟宇宙"。我们使用 Bitcoin 来描述概念或整个比特币网络，使用 bitcoin 来描述货币。

我们写这本书是为了向读者全面深入地介绍如何在全球范围内生成和构建 Web3 元宇宙。我们深入探讨了一些将影响我们生活的用例，如艺术、银行、游戏、支付、交易、音乐、社交媒体等。本书旨在提供一份详细的指南，将区块链和 Web3 背后的复杂、快速发展的思想提炼出来，打造成易于理解的参考手册，展示其背后实际上正在发生的事情。

本书的组织结构如下。

第一部分　元宇宙中数字技术的大融合

为了支持像元宇宙这样超前的概念，我们需要比现在高几个数量级的强大计算能力，以在多种设备和屏幕上实现更低的延迟。作为 Web3 的支柱，区块链在这个充满数据的世界中至关重要。

第 1 章　元宇宙：技术和商业模式的融合

本章描述了元宇宙的未来将建立在七层协议之上，类似于 ISO 互联网标准，每层协议的核心都采用区块链技术，以实现多种功能，包括治理协议、激励机制、全球支付渠道、不可靠参与和全球不可变总账，这些都是元宇宙中的关键部分。数据价值的创造和分配从集中的行为者（如大型科技公司和主权国家）中剥离，转移到了由分散的个人组成的群体手中。

第 2 章　区块链：Web3 的支柱

作为去中心化数据技术，区块链将成为下一代互联网——Web3 的基石。本章介绍了区块链的四个关键组件：智能合约、公钥加密、共识算法和点对点网络。本章还涵盖了区块链与其他先进的数字技术（如物联网（IoT）、分布式存储、人工智能、云计算和网络安全）的融合。

第二部分　区块链突破为数字经济奠定交易、隐私和安全基础

就像区块链不仅仅限于比特币一样，Web3正在超越其金融起源，成为基于所有权和去中心化的新一代互联网。加密货币、DeFi、NFT、游戏和社会工作之间的相互作用，正在推动基于区块链的创作者经济中的更多技术创新和应用场景。

第3章　加密货币与代币经济

如果说加密货币作为一种资产，其增长迫使每个人都关注2021年加密货币世界数万亿美元的市值，那么加密货币在货币之外的增长有可能对各个行业产生影响。本章先介绍了作为加密货币起源的比特币和以太坊，然后深入探讨了近几年出现的更多样化的代币。多样化意味着更多的应用场景，随着更多的应用场景而来的是更广泛的应用。由于这种正向升级效应，加密货币行业正在向外扩展。

第4章　DeFi：无银行元宇宙

DeFi是去中心化元宇宙的下一个金融前沿领域。本章解释了DeFi的治理代币和收入来源、分层协议的安全问题以及DeFi大规模采用面临的挑战。除了在传统金融中与"中心化金融"竞争和合作，DeFi正在扩展到全新的领域，如NFT、游戏和社交网络。

第5章　NFT、创作者经济和开放元宇宙

NFT正在推动区块链技术进入主流。本章解释了为什么NFT带来了数字艺术和内容创作领域的数字复兴。虽然NFT市场最初从数字艺术开始，但它将在创作者经济中得到更广泛的应用。在这个真实体验与虚拟体验之间的界限变得模糊的时代，NFT将成为消费者业务的新工具。但NFT市场必须克服重大的挑战才能在未来取得成功，最终从投机到被大规模采用。

第6章　元宇宙中的区块链游戏

本章探讨了随着区块链技术的加入，游戏世界已经展示了一些关于元宇宙如何发展的关键元素。区块链和数字资产对游戏产业来说，代表了一场前沿的基础

设施革命。加密货币和区块链技术将深刻地颠覆游戏和数字娱乐领域，因为游戏内容创作和游戏内的数字资产会大量转移到区块链上，就像边玩边赚（play-to-earn，P2E）的 NFT 模式所展示的。

第 7 章　元宇宙隐私：区块链与大型科技公司

消费者数据将是元宇宙的核心，而大型科技公司在元宇宙中进行的广泛数据收集将带来比如今更严重的数据隐私问题。本章讨论了元宇宙应用的几种数据治理模型，以及可以整合从而提供更好的隐私保护的新技术，包括零知识证明、安全多方计算、同态加密和联邦学习。

第 8 章　元宇宙安全

区块链的加密、不可篡改和去中心化属性使其成为一个很好的保护数据的选择。然而，区块链本身也不是完全没有安全风险的。正如本章中身份安全问题和其他安全主题所阐述的那样，任何元宇宙应用都面临着两个基本的安全问题：技术专家多年来一直在应对的熟悉的挑战，以及专门为元宇宙环境构建的全新挑战。本章详细探讨了最新的安全漏洞案例。

第三部分　开放元宇宙、大型科技公司的封闭生态和主权国家之间的三方竞争

就像在数字货币的背景下，加密货币、大型科技公司代币和央行数字货币之间的三方竞争加剧一样，对于 Web3 基础设施，开放的元宇宙必须与大型科技公司和政府支持的区块链网络竞争。

第 9 章　公共加密货币、央行数字货币和大型科技公司代币

本章解释了为什么加密货币生态系统必须在两个前线展开货币交锋：一是与政府的金融机构进行竞争，包括国家的央行数字货币，它们与加密货币在元宇宙中的交易领域竞争，加密货币监管限制了加密资产的使用和交易；二是 Meta 等大型科技公司正试图借助自己的数字货币（Diem）和数字钱包（Novi），在单一平台上前所未有地扩展金融产品。

第 10 章　基于区块链的 Web3 创作者经济

本章探讨了围绕"开放元宇宙"概念面临的机遇和挑战，开放元宇宙在开放、无许可的区块链架构上运行。开放元宇宙正面临着与大型科技公司（它们开始将 Web3 的理念融入其集中式平台）以及提供经济、实惠、便利的许可区块链基础设施的主权国家的三方竞争。在 Web3 的世界中，加密货币、DeFi、NFT 等更多基于区块链的技术正在汇聚成一场以用户及其主权（包括身份、数据、创作和财富）为导向的范式革命。

第一部分
元宇宙中数字技术的大融合

第 1 章　元宇宙：技术和商业模式的融合 ／ 2

第二部分

区块链突破为数字经济奠定
交易、隐私和安全基础

第三部分
开放元宇宙、大型科技公司的封闭生态
和主权国家之间的三方竞争

元宇宙中数字技术的大融合

为了支持像元宇宙这样超前的概念，我
们需要比现在高几个数量级的强大计算能力，
以在多种设备和屏幕上实现更低的延迟。作
为 Web3 的支柱，区块链在这个充满数据的
世界中至关重要。

元宇宙
技术和商业模式的融合

- 元宇宙、全宇宙和人类共同体验
- 大型科技公司与 Web3
- 技术栈的七层协议
- 元宇宙中的商业模式融合
- 为创作者经济打造更好的互联网

1.1　元宇宙、全宇宙和人类共同体验

2021 年 10 月，全球最大的（备受争议的）社交网络公司 Facebook 宣布更名为"Meta"，以履行其作为"元宇宙"公司的承诺。正如 Meta 所描述的，"元宇宙是一个利用虚拟现实和增强现实等技术进行互联的虚拟体验新阶段"。随后，创始人马克·扎克伯格（Mark Zuckerberg）以 MetaCEO 的新身份宣布，Instagram 很快将允许用户展示并铸造 NFT——基于区块链的非同质化代币。

Meta 的未来将不再由社交网络定义，而由元宇宙定义。但是，确切来说，什么是元宇宙呢？

元宇宙是两个已经存在了很多年的想法的融合：虚拟现实和数字化的第二人生。让我们了解一下像扎克伯格这样的科技公司的 CEO 怎么理解它：元宇宙是互联网的未来，或者是虚拟现实技术和增强现实技术，或者是一种视频游戏，或者可能是深度沉浸版本的 Zoom（不确定那是否更令人不适），甚至是一个映射我们现实物理世界的虚拟世界。

实际情况是，元宇宙可以包含以上所有内容，并且可以理解为覆盖互联网未来任何发展的一种广泛的术语。除 Meta 之外，一批新一代的重要的科技、互联网和游戏公司已经加入这一行列，它们有自己对元宇宙的看法（见图 1-1）。例如：

不同科技公司领导者对元宇宙的看法

图 1-1 大型科技公司对元宇宙的（不同）看法

资料来源：Meta、Nvidia、Roblox、Decrypt.co. 的官方网站，《华盛顿邮报》。

- **英伟达（NVIDIA）**，人工智能计算公司，将元宇宙称为全宇宙（Omniverse）。它的平台将 3D 世界连接到一个共享的虚拟宇宙中。全宇宙可以用于真实模拟类似建筑和工厂的项目，它可能是元宇宙的基础组成部分。
- **Roblox**，一个 2021 年上市的电子游戏平台，同年 11 月，就宣布了围绕玩家建立元宇宙的计划。该公司表示希望创建一个虚拟空间，使人们能够"在数以百万计的 3D 体验中相聚，学习、工作、娱乐、创造和社交"。Roblox 将这称为"人类共同体验"，这个术语表明元宇宙涵盖的范围不仅限于游戏。

- **Epic Games** 早已涉足元宇宙领域。该公司的《堡垒之夜》这款深受欢迎的游戏已经不仅仅是一款射击游戏。Epic/《堡垒之夜》平台允许玩家参加舞会和虚拟音乐会，例如为流行歌手爱莉安娜·格兰德（Ariana Grande）举办的一场音乐会。Epic Games 的一位高管表示："我们不将《堡垒之夜》视为元宇宙，而是将其视为元宇宙里一个美丽的角落。"

与此同时，传统的大型科技公司也在探索元宇宙的世界，希望能够利用自己现有的互联网平台创造新的发展机会，例如：

- 谷歌以最新工具 Google Lens 的形式推出了它的元宇宙计划，该工具让用户可以使用设备的相机捕捉物体，然后利用图像识别技术和谷歌的搜索系统来描述物体并提供与之相关的信息。这样的系统将来有可能会配合头戴式设备一起在元宇宙中使用。
- 微软已经开始开发一系列"元宇宙应用程序"，以帮助旗下 Azure 云计算服务的商业用户将虚拟和现实元素结合在一起。"元宇宙的本质是创造游戏，"其 CEO 萨提亚·纳德拉（Satya Nadella）说，"它能够把人物、地点、事物放在一个物理引擎中，然后互相关联。"
- 据报道，中国的社交媒体和游戏巨头腾讯正在进入元宇宙领域，专家表示虚拟世界可能会成为 Meta 和腾讯之间的一场战役。腾讯与 Epic Games 和 Roblox 等公司有战略合作关系。此外，腾讯的业务范围涵盖虚拟办公和移动支付等领域，因此它将在多个行业拥有庞大的受众群体。
- 2021 年 11 月，中国 5G 和智能硬件领军企业华为与中国文化娱乐集团完美世界达成了战略合作，这一合作将在游戏行业中整合元宇宙元素。完美世界自主研发的 ERA 引擎将与华为的鸿蒙操作系统合作，应用分布式计算和遮罩技术，打破单一设备的硬件限制，从而可能提供更好的游戏体验。

就目前而言，美国的 Meta、谷歌、微软以及中国的腾讯、阿里巴巴和小米等大型科技公司正在利用新兴数字技术的融合（如超快速的蜂窝 5G 网络、物联网、人工智能（AI）、区块链、云计算、大数据分析、增强现实技术 / 虚拟现实技术（AR/VR）、游戏技术、去中心存储（如 IPFS）、去中心化网状网络甚至量子计算）来打造由现实世界和虚拟世界的大数据驱动的元宇宙。但是，重要的问题出现了：我们是否愿意移居到由大型科技公司构建的元宇宙中？

1.2　大型科技公司与 Web3

大型科技巨头为我们带来了我们所了解的互联网，但同时也带来了沉重的包袱。只有几家巨头公司控制着网络，无论是谷歌、亚马逊、微软、苹果还是 Meta（和其他主要的"平台公司"），它们乐于保持这种状况。虽然当前的互联网扩大了社交连接，使更多的用户可以参与其中（例如用户生成的内容），但我们已经见证了，这需要用户停留在巨头公司各自的应用程序和设备中的大型封闭平台，这种便利的代价是，用户被限制在这些大型平台的生态系统中。

同样重要的是，当前的互联网被提供服务以换取个人数据的公司所支配。因为数据已成为人工智能和数据驱动技术中的关键资源，所以互联网巨头更加主动地收集用户的数据。因为普通用户在他们的日常生活的各种事务中使用这些热门的互联网平台，所以互联网巨头收集了用户各个方面的数据，包括身份数据、网络数据和行为数据（见图 1-2）。以精准营销为例，用户的数据可以被分析，根据这些数据，用户会被赋予不同的特征标签（例如"热衷于旅行""化妆爱好者"）。然后，公司根据标签的匹配度向潜在客户展示特定的广告信息。

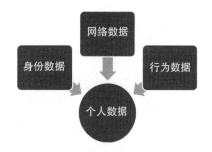

图 1-2　个人数据是数字经济的关键资源

- **身份数据**。它包括一个人的基本信息，例如姓名、性别、手机号码和身份证号码，主要用于验证用户的身份。

- **网络数据**。它包括位置数据、日志数据和设备信息。例如，移动支付服务可能鼓励用户与他人共享位置数据、个人信息和购买习惯。
- **行为数据**。当用户浏览网站或应用程序时，这些行为会被记录以提取用户的行为习惯。例如，从 Facebook "赞" 的模式中，数据分析师可以预测用户的性取向、宗教信仰、饮酒习惯和药物使用习惯、关系状况、年龄、性别、种族、政治观点等。

这对于竞相进入元宇宙的大型科技公司来说意味着什么？元宇宙可能是互联网整合的下一个阶段，成为大型科技公司日益扩张和增强影响力的营销阵地。大型科技公司可以用新名字来重新推销它们庞大的产品阵容，并且由于元宇宙旨在打造一种更加"沉浸式"的互联网，因此将会收集更多的用户数据。如果是这样的话，就像现在一样，元宇宙仍然是大型科技公司的阵地，问题只会更多。

即使是"新"的平台也无法解决"现有"平台的问题。例如，Epic Games 的 CEO 蒂姆·斯维尼（Tim Sweeney）曾在 VentureBeat 的一篇报道中公开表示，由"一个中心公司"统治并"比任何政府更强大"的、类似苹果生态系统的元宇宙存在着威胁。（Epic Games 在 2021 年对苹果公司提起了反垄断诉讼，挑战苹果公司在《堡垒之夜》等游戏中对所有游戏内交易收取 30% 的费用的政策。我们将在第 10 章更详细地介绍此案件。）

斯维尼在《华盛顿邮报》分享的对于元宇宙的愿景，包括通过《堡垒之夜》的游戏平台和 Epic Games 的虚幻引擎，使得网络空间可以互操作。毫不奇怪，审理 Epic Games 起诉苹果案件的法官写道："Epic Games 寻求一种系统性变革，这将带来巨大的经济利益和财富……这个诉讼是对苹果和谷歌的政策和做法的挑战，这些政策和做法打破了斯维尼对即将到来的元宇宙的憧憬。"

同样地，与之竞争的游戏引擎公司 Unity 的 CEO 约翰·里奇蒂洛（John Riccitiello）认为，大型科技公司对元宇宙的愿景是集权的。他的解决方案是什么？每个人都应该使用 Unity。他说"这降低了技术围城的围墙高度"。在互联网的历史中，事物发展呈现出相似的规律。从 20 世纪 80 年代的微软到 21 世纪 10 年代的苹果、谷歌、Facebook 和亚马逊，所有科技巨头一开始都提供了消费者喜爱的独特服务，并且为了更开放的竞争与已有的公司进行斗争。然而，随着它们赢得了在新互联网中的领导地位，它们对开放竞争的热情逐渐减退，它们成了"新垄断者"。

　　因此，在我们看来，元宇宙的实际承诺不会（也不应该）完全由大型科技公司实现。谁想要像 Web2.0 [⊖]那样构建一个元宇宙呢？大型科技公司可能会建设一个 Web2.0 元宇宙，因为它们不会放弃基于服务器的运行模式或数据收集方法，我们甚至可能会看到一个基于现有主要平台的 Web2.0 元宇宙的迅速扩展。

　　但新的开源元宇宙项目现在正寻求对抗无可避免的下一代全面服务（即大型科技平台构建的环境互联网）的方法。真正的元宇宙爱好者相信，下一代网络应该建立在开放的协议和标准（包括区块链技术）之上。元宇宙生态系统的公平、开放和社区建设的真正精神将来自区块链上的去中心化社区。开源开发人员的快速创新将在 Web3 元宇宙经济中留下他们的印记。

　　图 1-3 显示，从互联网用户的角度来看，Web1.0 是"只读"的，Web2.0 平台经济是可"读、写"的，而 Web3 或元宇宙将是可以"读、写、执行、拥有"的。关键是，互联网本身的所有权应该从大型科技公司转移到个人用户手中。Web3 的终极愿景是不存在占主导地位的"巨型公司"。相反，元宇宙将由数百万名创作者、程序员和设计师构建，每个人获得的回报额度都比目前科技巨头允许的更大。

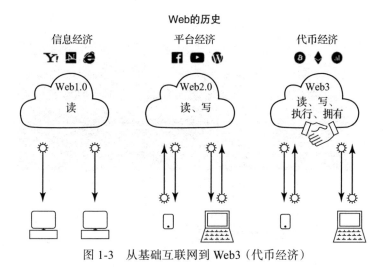

图 1-3　从基础互联网到 Web3（代币经济）

　　⊖　当前智能手机上的移动互联网通常被称为 Web2.0，而个人电脑上的互联网则是 Web1.0。

（在本书中，"Web3"和"元宇宙"可以交替使用，它们都与当今互联网形成了彻底的界限。使用"元宇宙"这个独特的描述词让我们可以理解这种变革的巨大影响，进而了解可能产生颠覆的机会，而"Web3"这个术语则是直接表达我们需要构建一个更好的互联网。）

我们认为，元宇宙的未来是由类似于 ISO 互联网标准的七层协议构建而成的，每层协议的核心都采用了区块链技术，以实现多种功能，包括治理协议、激励机制、全球支付渠道、无信任参与和全球不可变总账，这些都是元宇宙中的关键部分。在接下来的章节中，我们将定义这些层，并描述区块链在所有层中所起的核心作用。

1.3　技术栈的七层协议

与 ISO 互联网标准类似，元宇宙的互联网由七层协议组成，从最底层的物理和网络层（即第一层）到第七层的元宇宙数字经济（见图 1-4）。本节将深入探讨元宇宙的每一层。（对于更关心元宇宙商业应用的读者，你可以跳过本节，必要的时候再回来参考本节知识。）

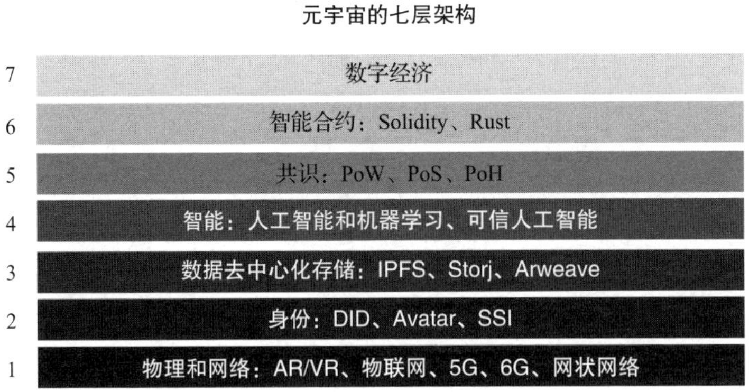

元宇宙的七层架构

7	数字经济
6	智能合约：Solidity、Rust
5	共识：PoW、PoS、PoH
4	智能：人工智能和机器学习、可信人工智能
3	数据去中心化存储：IPFS、Storj、Arweave
2	身份：DID、Avatar、SSI
1	物理和网络：AR/VR、物联网、5G、6G、网状网络

图 1-4　元宇宙的七层架构

1.3.1　第一层：物理和网络层

物理层包括物联网设备和 AR/VR 设备。网络层包括 5G/6G 网络和"网状网络"（mesh network）。5G 网络的速度和普及性，使得区块链交易可以更高效地传播并降低网络瓶颈，从而提高区块链的性能和可扩展性。从物联网设备和 AR/VR 设备收集的数据可以传到上层，使用去中心化身份保护数据隐私和主权，最后为元宇宙经济赋能。

网状网络允许网络节点直接、动态和非分层地连接到尽可能多的其他节点，并相互协作以有效地将数据从客户端路由到客户端。这种不依赖于一个节点的特性使得每个节点都可以参与信息的中继。网状网络具有动态自组织和自配置的能力，易于安装。

自配置的能力使得工作负载可以动态分配，尤其是在一些节点故障的情况下。这反过来有助于提高容错性并降低维护成本。智能合约可以部署在网状网络上，以促进工作负载执行、带宽共享和数据共享，最终成为元宇宙互联网的基本构建模块。区块链技术可以通过其不可篡改性、激励机制和全球支付架构，用于增强 5G 的安全性并实现网状网络连接和带宽共享。

1.3.2 第二层：去中心化数字身份验证层

去中心化身份（DID）验证或自我主权身份验证方案（如元宇宙的 DNA 数字身份验证 Avatar、Serto、Sovrin 等许多其他 DID 实现）是允许个人管理和控制自己的身份的最初尝试。其背景是，像 ISO 的七层协议和四层 TCP/IP 协议栈这样的传统互联网设计，并没有考虑数字身份验证。这是传统互联网安全问题频发的主要原因之一，也是现在数字身份被认为是新防火墙的原因。

我们仍然有时间将数字身份作为底层核心技术和生态模块来构建 Web3。在 Web3 协议的第二层中引入 DID 的好处包括：

1. **提升安全性**。由于身份数据的分散存储，Web3 的安全性得到提高。没有集中式身份数据数据库，每个用户持有并控制着自己的身份数据。黑客通常更有动机攻击集中式身份数据数据库，因为可以一次获取大量的身份数据。对于 DID，黑客的动机较低，因为他们必须逐个攻击每个 DID。

2. **移动身份验证**。将身份验证和访问控制从集中式存储迁移到终端用户的钱包应用程序中。这样做可以增强访问控制，提高用户的安全意识和隐私意识。

3. **实现 KYC/AML**。在元宇宙应用中，通过顾客同意来实现"了解你的客户"（KYC）和反洗钱（AML）的功能。在大部分国家，大多数实际的元宇宙应用程序需要进行 KYC/AML 操作以满足监管要求。DID 可用于关联 KYC/AML 工作流授予的可验证证书，以满足监管要求。同时，它的机制允许实现 KYC 一次性认证在之后可以重复使用，降低了元宇宙应用的监管合规成本。

4. **提供基础模块**。为数据所有权验证提供基础模块，这对于数据共享经济至关重要。为了使元宇宙应用程序发挥潜力，数据必须具有正确的所有权。在 Web2.0 中，数据共享意味着"复制粘贴"，数据所有者通常会失去对数据的所有权。在元宇宙应用中，数据可以在规定的时间内共享，数据所有者不会失去对数据的所有权。

5. **验证链外数据**。对于链外数据提供者或 Oracle 来说，如果数据提供者或 Oracle 是基于去中心化身份验证的，则可以确立 Oracle 或数据提供者的声誉，使链上智能合约能够获取准确的数据输入并用于业务应用。

1.3.3　第三层：分布式数据层

数据将以分布式和去中心化的方式存储，使用诸如 IPFS、FileCoin 和 BigChainDB 等技术。去中心化的点对点存储系统具有以下优势：

1. **更低的成本**。去中心化的数据存储系统鼓励利用闲置存储空间，通过代币经济模型来减少存储资源的浪费，从而降低整体存储成本。随着去中心化存储市场的发展，与 AWS S3 或其他类型的云存储等集中式云存储系统相比，去中心化存储的整体存储成本将更低。我们预计，在未来 10 年，去中心化存储将逐渐取代集中式云存储而在存储市场中占据主导地位。

2. **更高的可靠性**。数据在去中心网络中分布并存储于多个主机上。系统保存原始数据的副本（特意创建数据冗余）。在出现任何数据丢失或硬件故障的情况下，系统会提供备份副本。此外，所有共享数据的块可以使用唯一的哈希单独加密。这种额外的安全层可以保护数据不受入侵者的侵害。（区块链的哈希加密将在后面的章节中详细解释。）

3. 更快的速度。 与集中式存储系统不同，去中心化存储系统使用点对点技术。数据传输不通过中央服务器，否则在高峰流量时速度会变慢。未来，借助先进的路由、负载均衡和缓存算法，可以进一步提高传输速度。此外，由于数据在多个位置存储了多个副本，下载速度可以更快。

4. 良好的价格发现功能和公平的市场定价。 在存在数百万个节点的情况下，使用去中心化存储系统的市场变成了完全竞争的市场。没有单个节点可以收取溢价。这确保了整个市场良好的价格发现功能和公平定价。这样的市场也保证了只有优质的节点才能在竞争中存活下来。

5. 加强的安全性和隐私保护。 最重要的是，去中心化数据存储系统提供了高水平的安全性。它们将数据分割成较小的片段，并对分片的原始数据进行复制，并使用哈希或公私钥（public-private keys）分别对每个分片进行加密。整个过程可以保护数据免受恶意行为的侵害。

1.3.4　第四层：分布式智能层

人工智能（AI）和机器学习（ML）目前是动态 Web2.0 技术栈的核心组成部分。但是，当前 AI/ML 的主要问题在于其孤立的数据和专有算法。不同组织之间的数据共享和算法共享导致了严重的隐私问题以及难以标准化的问题。在 Web3 和元宇宙时代，我们将看到利用了区块链技术的 AI/ML 变得更加分布式和去中心化。

智能合约和代币经济可以为拥有高质量数据和算法的 AI/ML 提供激励机制。可以将 AI/ML 算法的哈希值发布在区块链上，这样在元宇宙应用中每次调用 AI/ML 之前，可以计算并比较哈希值是否发生变化，这有助于判断算法是否被黑客修改过。你可以定义一个工作流流程来审核和发布高质量的数据和 AI/ML 算法，使用区块链技术来签署并执行工作流任务。

通过基于智能合约实施基于角色的访问控制，可以管理数据共享的隐私问题，只允许授权用户访问数据，从而最大限度地减少隐私问题，允许不同组织之间共享数据。可以使用标准的应用程序编程接口（API）技术（如 Rest API 和 GraphQL）来对高质量数据和算法进行标准化的访问，同时可以激励不同数据提供者参与（例如，"The Graph"项目为区块链项目提供去中心化的链上数据）。

1.3.5　第五层：共识层

共识层由一个或多个混合共识算法组成，以确保所有参与者对元宇宙网络的状态达成一致。从区块链技术的角度来看，共识算法是一种机制，通过该机制，区块链网络的所有节点可以就分布式账本的当前状态达成共识。通过共识算法，区块链网络实现了可靠性，并在分布式计算环境中建立了未知节点之间的信任。

除了区块链算法中使用的技术共识，我们还认识到"社会共识"的重要性。在元宇宙中，"社会共识"意味着个人或组织在元宇宙生态系统内的治理和积极参与。元宇宙中的"社会共识"需要满足以下要求：

- **达成一致**。生态系统中的每个人都尽量达成一致，以使整个元宇宙生态系统受益。
- **合作**。生态系统中的每个人都致力于更好的一致性，以实现整个生态系统的利益。
- **协作**。生态系统中的每个人都将以团队为单位来工作，而不是聚焦在个人利益上。
- **平等的权利**。生态系统中的每个人都根据其在系统中的权益，拥有对应的投票权。必须采取措施处理生态系统中的股权集中问题或所谓的"鲸鱼"⊖问题，可以使用诸如二次方投票（quadratic voting）或其他机制来解决这个问题。
- **激励参与**。需要建立激励机制来鼓励积极参与。
- **无国界**。需要全球性的社会共识，没有任何界限。

⊖　这里指持有非常大比例股权的个人或组织。

1.3.6　第六层：智能合约层

智能合约层可以被视为元宇宙经济的协调层。与关键交易相关的复杂业务逻辑和工作流程通过智能合约来执行。

智能合约就像任何合同一样，确立了协议的条款。但与传统合同不同的是，智能合约的条款由在 Etherum、Polkadot、Solana 和 Hyperledger Fabric 等区块链上运行的代码执行。智能合约允许开发者构建基于区块链的去中心化应用，并利用区块链的安全性、不可篡改性、完整性和链上可验证性，提供复杂的点对点功能，包括从价值交换、保险、贷款，到贸易金融和游戏等。与其他任何合同一样，智能合约规定了协议或交易的条款。然而，使智能合约"智能"的是，条款是以代码形式在区块链上运行和执行的，而不是停留在律师桌上的纸上。

智能合约可以由多种编程语言编写（例如 Solidity、Rust、Java、C++ 和 Web Assembly）。在公链生态系统中，每个智能合约的代码都存储在区块链上，任何有兴趣的当事方都可以检查合约的代码和当前状态，以验证其功能。网络上的每台计算机（或"节点"）都存储着所有已存在的智能合约及其当前状态的副本，同时还包括区块链和交易数据。

由智能合约驱动的应用程序通常被称为"去中心化应用"或"DApps"，包括旨在改变银行业的去中心化金融（DeFi）技术。DeFi 应用程序允许来自世界各地的加密货币持有者进行复杂的金融交易，例如储蓄、贷款和保险，无须银行或其他金融机构收取费用。

除了 DeFi 应用程序，智能合约在元宇宙中的各种去中心化应用中也将发挥关键作用，包括游戏、教育、医疗保健、旅游、供应链管理、贸易金融、法律应用等许多行业和领域。这些领域的业务流程和相关逻辑可以使用智能合约来实现。需要注意的是，对于真实世界的元宇宙应用，智能合约需要从第三层（数据层）和第四层（智能层）获得可靠的输入，然后利用第五层（共识层）和第六层（智能合约层）来执行相关的业务逻辑。这将带来生产率的大幅提升，为社会创造巨大的价值。

1.3.7 第七层：元宇宙数字经济层

第七层是元宇宙经济层。分层体系结构允许开放平台设计和组件可重用性。较高层的协议可以在较低层的协议之上构建。使用分层体系结构构建的不同产品和系统可以通过 API 进行通信（但是，安全问题将成为每一层的核心，需要应用"安全优先"的设计原则）。

元宇宙经济有四个核心要素：数字创作、数字资产、数字市场和数字货币。第一个要素是数字创作，这是元宇宙经济的起点，没有它就没有可供交易的商品。在现实世界中，人们生产各种各样的物品或服务，我们将其描述为产品；当它们进入市场进行流通时，被称为商品。在元宇宙中，人们进行数字创作并创造数字产品。数字创作是数字化的，其本质是一组数据。正如后续章节将讲到的，现在，新的数字技术使得普通互联网用户也能够成为数字内容的创作者。

第二个要素是数字资产，它们以数据形式表示，具有产权，在元宇宙中可以用于交易。第三个要素是数字市场，代表着数字世界的市场和每个人都必须遵循的交易规则。第四个要素是数字货币，这使得能够以最低费用进行实时结算和清算，从而实现全球数字资产的交易。因此，元宇宙经济本质上是"创作者经济"。

1.4 元宇宙中的商业模式融合

虽然 Web3 技术堆栈仍在发展中，但许多公司已经加入这股潮流，并宣布了围绕元宇宙的热情而模糊的商业理念。除了前面提到的大型科技公司，像阿迪达斯、可口可乐、Dolce & Gabbana、Gucci、NBA 和耐克等大品牌也认为元宇宙为它们创造了无限可能，使得它们可以以全新的方式创造新体验，与客户建立全新的连接。

与此同时，许多 Web3 初创公司正在这个领域崛起，以去中心化的背景创建元宇宙。对于大型科技公司和初创公司来说，元宇宙是未来的社交网络并且不局限于此，这是它们共同的信念。元宇宙将连接每个人，甚至可以连接一切。因此，元宇宙提供了一个平台和生态系统，让不同的商业模式汇聚。

本节中的案例研究会从大型科技公司和早期初创公司的角度来看商业模式在元宇宙中的融合。

1.4.1　案例 1：Meta——AI、AR/VR、大数据、社交网络和 UGC 的融合

Facebook 一直在计划进入元宇宙领域，甚至可能已经投入好几年的时间了。但将母公司改名为 Meta 可能是该公司能够做出的最大胆的表态。在宣布更名时，CEO 马克·扎克伯格表示："下一个平台和媒介将是更具沉浸感和具体化的互联网，你将置身其中，而不仅仅是作为旁观者，我们称之为元宇宙。"

扎克伯格认为，元宇宙在现有概念下为公司提供了很好的发展机会，但元宇宙对于 Meta 而言有意义的原因还有很多（见图 1-5）：

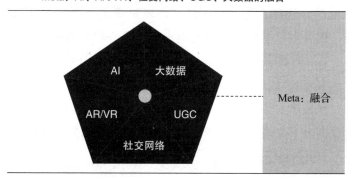

图 1-5　Meta——AI、AR/VR、大数据、社交网络和 UGC 的融合

- **增加用户参与度**。虚拟现实被认为能够增加用户在线时间，从而促进内容消费。
- **新的内容市场**。元宇宙为创作和销售虚拟 3D 内容提供了巨大的机会，远远超过 Instagram 或 TikTok 一类的应用程序所能提供的。
- **全新的交流能力**。元宇宙使得相距数千公里的人像坐在同一个房间里一样进行交流。
- **一个新的经济系统**。根据扎克伯格的说法，元宇宙一定会拥有自己的全面经济系统。

Meta 平台不仅拥有全球六大社交媒体平台中的四个，还收购了 VR 硬件制造商 Oculus。10 年来，VR 已经成为主流，但还远未普及，这使得该公司一直在试图从这项 20 亿美元的收购中获利。每个人都将需要 VR 头显来访问未来的互联网，有什么比这更能有效地推销这种产品呢，尤其是如果这个互联网就是 Meta 自己的呢？

1.4.2 案例 2：Roblox——3D 交流、社交网络、AR/VR 和 NFT 的融合

"人类共同体验"是 Roblox 首席执行官大卫·巴斯祖奇（David Baszucki）提出的一个术语。在一次演讲中，巴斯祖奇表示："现在被称为元宇宙的概念，我们称之为人类共同体验。"巴斯祖奇借用了移动游戏和娱乐行业的理念，将元宇宙定义为一个将高保真通信与新的叙事方式相结合的地方。根据巴斯祖奇的说法，这种新的元宇宙或共同体验基于八个基本要素：身份、社交、沉浸感、低延迟、多样性、随时随地、经济系统和文明。

基本上，"人类共同体验"是指将 3D 交流、社交网络、AR/VR 和 NFT 等元素融合到元宇宙中（见图 1-6）。Roblox 的用户可以在不同的沟通模式之间无缝切换，从文本、语音、视频到 3D 沉浸式交流。实际上，对话中的不同参与者可以根据上下文选择最方便的沟通方式。最终结果是个性化的、沉浸式

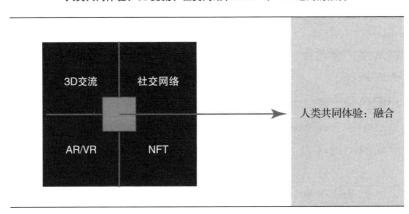

图 1-6　Roblox——3D 交流、社交网络、AR/VR 和 NFT 的融合

的共同体验，人们可以在数百万个 3D 体验中相聚，学习、工作、娱乐、创造和社交。

1.4.3 案例 3：Soul——社交网络、AI 和数字货币的融合

中国腾讯支持的 Soul 应用程序将自己定位为年轻一代的"Soul"cial（social 的延伸）元宇宙。Soul 应用程序于 2016 年 11 月上线，并进入北美、日本和韩国等海外市场。

根据 Soul 的 CEO 张露所说，这个应用程序所解决的问题是"年轻人通常有一些情感和观点，他们不太愿意与周围的人或微信上的人分享"。解决这个问题的方法是建立一个匿名空间，通过爱好和价值观将网民联系在一起。Soul 将自己定义为一个"社交网络元宇宙"，可能是希望将自己与陌陌和探探等约会应用程序区分开来，陌陌和探探被视为 Tinder 的本土模仿者。

Soul 背后的产品逻辑远没有这么复杂：连接和内容是激发社交欲望的关键。例如，Meta 吸引来自现有的社交圈的用户，并通过朋友和家人创建的内容提高用户的参与度，而像 Twitter 和 Instagram 这样的内容平台通过其原创且引人入胜的内容吸引并留住新用户。但是，Soul 通过在这两个层面上应用其基于人工智能和大数据的独特推荐算法，成功解决了应该优先考虑内容还是优先考虑现有社交圈这一难题（见图 1-7）。

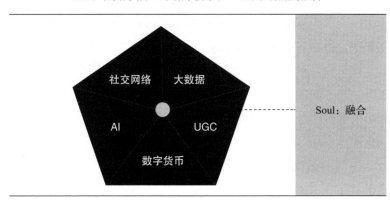

图 1-7 Soul——社交网络、AI 和数字货币的融合

尽管 Soul 自称拥有未来主义的设计和用户界面（UI），但该产品仍然与元宇宙相去甚远。它是建立在在线社交模式上的社交平台，而不是一个用户可以"创建内容和体验"的开放世界。虽然这个应用程序拥有一个 Avatar 定制系统，但它缺少通过人机接口（HMI）或其他 AR/VR 工具实现的互动功能。该平台的盈利主要依赖 VIP 订阅和电子商务。

此外，Soul 的代币经济系统并没有完全起作用。Soul 中类似于元宇宙的元素包括其由 AI 驱动的匹配算法和一种被称为"Soul 币"的货币，这种货币可以用于购买 Avatar 装饰和赠送虚拟礼物。然而，这些礼物无法交易，也不能兑换回"Soul 币"，更不用说这个应用程序内的货币并非去中心化的。（下一节将讨论真正的 Web3 生态系统特性。）

与 Meta 一样，Soul 并不是通过自称元宇宙公司将自己变成一个元宇宙公司的。至于支持该项目的顶级游戏开发者，他们只是希望获取其流量和用户行为的数据。真正的元宇宙平台将由去中心化社区构建，将在 Web3 的新时代中蓬勃发展，并满足我们在下面定义的生态系统属性。

1.4.4 案例 4：Loot——NFT、创意、艺术、衍生品和游戏的融合

2021 年 8 月底，由 Vine 的联合创始人多姆·霍夫曼（Dom Hofmann）积极推动的 NFT 实验项目 Loot 向公众推出。在一周的时间里，该项目迅速走红。Twitter 上充斥着各种评论——对该项目有质疑的、有坚定支持的以及介于两者之间的。从维塔利亚·布特林（Vitalik Buterin）到克里森·迪克森（Chris Dixon），许多思想领袖都认为 Loot 在元宇宙、NFT 和游戏本身的构想上引起了范式革命。约翰·帕尔默（John Palmer）甚至说："'Loot 之前'和'Loot 之后'是不同的时代。"然而，其他人则认为这只是对一种缺乏内在价值的资产的投机炒作。（第 5 章将对 NFT 进行深入讨论。）

Loot 的概念非常简单（见图 1-8）。总共有 8 000 个"Loot 包"，每个包都是包含八个短语的文本文件。每个"物品"都类似于你在龙与地下城等游戏中发现的物品，这也是为什么霍夫曼将其称为"冒险者装备"。这些 Loot 包是基于以太坊的 NFT，具有可证明的稀缺性和可交易性，并且可以与其他

开放协议进行组合。Loot 将创作者经济、艺术、衍生品、游戏和去中心化自治组织的商业模式融合到自己的元宇宙版图中，并使用 Lootverse 一词来表示。

Loot：NFT、创意、艺术、衍生品和游戏之间的融合

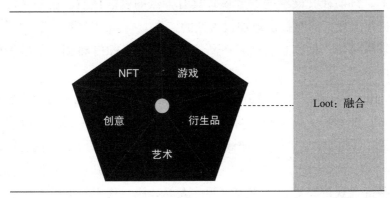

图 1-8　Loot——NFT、创意、艺术、衍生品和游戏的融合

但实际上，你可以用 Loot 包做什么？答案非常简单，甚至可能令人不那么满意。根据项目描述："Loot 是在链上随机生成和存储的冒险者装备。统计数据、图像和其他功能被故意省略以留给其他人自行解释，人们可以随意使用 Loot。"

换句话说，至少在开始阶段，没有可以使用 Loot 的游戏，构建的过程本身就是"游戏"。人们找到了不同的方法来重新混搭、整合并基于 Loot 生态进行建设。因此，Loot 是一组开源对象，它们的价值来自它们在未来的使用方式。

再换句话说，Loot 是一种采用自下而上方式的独特游戏。没有人拥有或控制 Loot，原始合约的密钥在治理投票后被销毁。用户、开发者和持有人的社区决定了 Loot 对他们意味着什么，以及他们如何使用自己的"物品"。在 Loot 发布后的几周内，艺术家、开发人员和其他受该项目启发的创作者迸发出高涨的创作热情。

截至 2021 年年底，Loot 的开发势头已经放缓，社区规模仍然较小，外界的兴趣也逐渐消退。然而，Loot 已经取得的成就不容小觑。在合适的时机和适当的推动下，Lootverse 很可能再次受到人们的欢迎。

1.4.5 案例 5：SocialFi——社交网络、游戏、金融、支付和 NFT 的融合

SocialFi 这一概念，指将社交网络、游戏、金融、支付和 NFT 融合到一个平台上。目前社交网络的商业模式具有天然的剥削性质。这些平台获取用户的数据并出售，同时提供愈加侵入性的广告。有一句话这么说："用户不会为社交媒体付费，他们自己就是产品。"现在，SocialFi 将创作的经济权利还给了用户。

SocialFi 旨在通过社交网络的影响力与金融化和代币化，为用户提供利益和回报（见图 1-9）。摩纳哥星球（Monaco planet）是 SocialFi 领域的一个早期采用者。通过引入"写作即挣钱"（write-to-earn）的概念，将内容创建本身作为挖矿[⊖]（mining）的一种形式。在摩纳哥星球上活跃的内容创作者和讨论参与者将持续获得原生代币作为收益。大部分原生代币将分发给生成内容的用户，从而创造一种可持续、包容和有生产力的挖矿形式。

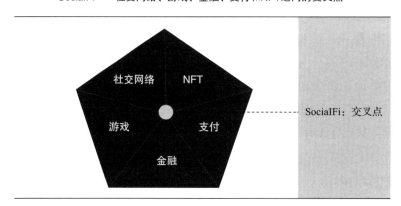

SocialFi——社交网络、游戏、金融、支付和NFT之间的交叉点

图 1-9　SocialFi——社交网络、游戏、金融、支付和 NFT 的融合

一个真正的 SocialFi 平台应该归属于用户，而不是互联网巨头。由于摩纳哥星球的大部分原生代币将作为内容创作的奖励分发给用户，因此摩纳哥星球作为一个真正的去中心化自治组织，由原生代币持有者来进行管理，代

⊖　"挖矿"是指在区块链生态系统上"赚取"加密代币，第 3 章中将详细解释。

币持有者可以提交提案并投票。作为一个 SocialFi 平台，摩纳哥星球的所有权和治理由用户自己来决定。此外，原生代币持有者还将享受平台经济活动增长所带来的货币升值收益。

1.5 为创作者经济打造更好的互联网

总之，2021—2022 年是元宇宙的盛大开幕年。社交网络巨头 Facebook 将自己更名为 Meta，致力于开发 VR 数字世界。图形芯片制造商英伟达将重心转向数字孪生技术，即人们可以在计算机生成的世界中操纵和研究现实世界事物或空间的虚拟版本。NFT 从默默无闻跃升为头条新闻，它生成的数字资产可以代表现实世界中所有可能的事物，从艺术、音乐到墨西哥卷饼和卫生纸。

元宇宙是当今二维互联网的持久的、3D 的、交互式的续集，用户可以身临其境地在虚拟世界中工作、娱乐、购买和销售，它已成为互联网的下一个大事件（Web3）。作为过去 10 年的移动互联网的继承者，Web3 代表了互联网范式的转变，是现实世界和数字世界的统一，让你身临其境，而不是望眼欲穿。

上述案例研究，尤其是摩纳哥星球和 SocialFi 案例，让我们一窥元宇宙最初的商业模式，以及如何通过在不同的元宇宙中开发或互动，让普通人享受身临其境、回报丰厚且有利可图的体验。新技术尤其是区块链和其他分布式技术，将为处于互联网革命边缘的数十亿人带来机遇，使他们能够成为即将到来的创作者经济中的参与者。（见图 1-10）。

相比之下，Meta 的推广却因用户数据的问题而饱受批评。鉴于 Facebook 的过往记录，人们有充分的理由对该公司专注于 VR 的新举措产生严重的隐私担忧。扎克伯格试图在这些担忧之前先行一步，承诺在公司重塑 Meta 品牌的过程中提供多层隐私保护。迄今为止，Meta 的元宇宙愿景有多少认同就有多少质疑，因为公众想知道这家社交媒体巨头这次有什么不一样的计划。（在更改公司名称和战略后的几个月里，Meta 的股价大幅下跌，但这也可能是市场因素造成的。）

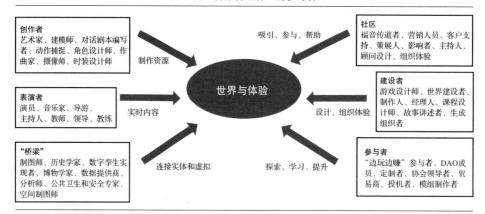

图 1-10　元宇宙"创造者经济"

资料来源：Jon Radoff，*Building the Metaverse*。

　　因此，是时候建立一个更好的互联网了，让用户而不是大科技平台控制他们的数据价值、数据隐私和数据安全（见图 1-11）。我们相信，下一次计算创新（以及全新的经济领域）将建立在去中心化技术的基础上。这就是 Web3——一组包含数字资产、去中心化金融、区块链、智能合约、代币、去中心化自治组织等的技术。

图 1-11　用户控制元宇宙中的数据隐私、数据安全和数据价值

　　在我们看来，真正的元宇宙应该由去中心化的社区，而不是由一个中央集权的 IT 巨头创建。在元宇宙平台上生成的数据应该属于用户，用户可以决定与其他平台共享数据，并作为数据所有者获得货币化的价值。同时，由于没有集中式的数据收集，用户数据的隐私可以得到保护，用户的数据可以存储在由区块链等分布式账本技术（DLT）提供支持的元宇宙平台上。（目前，用户的数据被"困"在大型科技平台上，而由大型科技平台创建的元宇宙可能仍旧保持封闭的状态，并有可能创造出一个反乌托邦的社会。）

　　以下是元宇宙商业模式应满足的生态系统特性列表，前面部分提到的商业模式案例已经展示了其中的一些特性：

- **公平性**。元宇宙的生态系统应对每个参与者保持公平，禁止通过内部交易和秘密交易剥削其他参与者。摩纳哥星球平台强调确保对平台上的每位参与者保持公平。

- **点对点**。在元宇宙中，不会有任何中介机构，所有的交互、交易和各种活动都是点对点进行的。生态系统内解决方案的提供者也是生态系统内其他解决方案的消费者或客户。几乎所有由去中心化社区开发的基于区块链的项目都试图将点对点交互、通信和交易作为平台的核心组成部分，与科技巨头（如 Meta）及其元宇宙项目（如腾讯的 Soul）形成鲜明对比。

- **全球支付平台**。必须具备全球实时结算和清算功能，通过加密货币实现支付。

- **去中心化自治组织（DAO）**。DAO 将管理和治理业务关系、交易和活动。

- **可持续的代币经济**。元宇宙需要结合现实世界和数字世界，采用可持续的商业模式和真实的价值创造方式，才能蓬勃发展并使所有参与者受益。代币经济必须鼓励和激励生态系统参与者的参与和贡献，奖励积极贡献者，惩罚恶意行为者。像庞氏骗局一样的系统，使用后来参与者的资金来支付早期参与者，只能存活很短的时间，不具备可持续性。

- **安全性**。安全性应该是元宇宙平台最重要的方面。必须采取全面防御的方法来保护元宇宙生态系统中的每个技术层和构建模块。除了网络和技术安全之外，生态系统还必须考虑代币经济的安全性和监管合规性。

- **自我主权身份（SSI）**。SSI 意味着个人应该拥有和控制自己的身份，而无须第三方和中央机构干预。个人数据以分散的方式存储和管理，从而提升了其保护级别。数据所有者可以访问与其身份相关的信息，数据共享之前必须获得数据所有者的同意。自我主权身份是创作者经济的基础构建模块，因为用户将成为数字资产的创作者。

- **沉浸式体验**。"沉浸式体验"可以让人们享受比今天的二维屏幕更加引人入胜、丰富和有益的体验。沉浸式技术通过将现实世界与数字或模拟现实融合，创造出独特的体验。AR 和 VR 是两种主要的沉浸式技术。

- **多维度体验**。可以通过多个空间和时间维度来增强互联网体验，使用户能够在毫秒级的时间内被传送到不同的二维或三维空间，并进行时光旅行，前往过去或未来。

在不久的将来，基于区块链的 Web3 将环绕我们，我们的生活、劳动和休闲活动都将在其中进行。区块链互联网有望革新各个行业和功能，从金融和医疗保健到传媒娱乐和房地产，创造出数万亿美元的新价值，并彻底重塑社会。在接下来的章节中，我们将讨论使元宇宙应用成为可能的数字技术的融合，并介绍 Web3 元宇宙的不同应用，以及安全和隐私方面的内容。

元宇宙可能是继万维网（Web1.0）和移动互联网（Web2.0）之后下一个重要的计算平台。它将代表个人和社区使用技术方式的极大革新。数据的价值创造和利益分配正从中心化的参与者手中夺回，交到去中心化的个体手中。除了大型科技公司，主权国家也在积极投资于元宇宙研究和下一代数字基础设施，包括由国家支持的区块链网络。建立新的、去中心化的、由区块链驱动的互联网（也被称为 Web3）的竞赛已经展开。

第 2 章

区块链

Web3 的支柱

- 区块链的基本概念
- 区块链的四个关键组成部分
- 数据技术的大融合
- 区块链和云计算
- 区块链与网络安全
- 区块链应用的五大挑战和可能的解决方案
- 为什么区块链对元宇宙至关重要

2.1 区块链的基本概念

互联网及其数字革命面临一个最重要的问题：数字数据可以被复制。本质上，这意味着任何数字系统都可能受到攻击。因此，保护数字世界的完整性是一项艰巨的任务。由于元宇宙旨在将每个人甚至每件物品连接到数字世界中，元宇宙经济（和社会）的核心是蕴含在数据中的洞察力、智能和信息的爆炸。因此，对于基于元宇宙的新互联网来说，数据管理问题比以往任何时候都更加关键。

这就是为什么说区块链是元宇宙的支柱。在我们深入探讨区块链应用的具体功能并分析区块链与人工智能、虚拟现实和增强现实以及物联网等尖端数字技术如何融合并为元宇宙提供动力之前，让我们先从区块链的基本概念开始讲起。

那么，什么是区块链？美国国家标准与技术研究院（NIST）的官方定义是：

> 区块链是一种分布式数字账本，其中包含经加密签名的交易，这些交易被组合成区块。每个区块在经过验证和共识决定后，都与前一个区块加密连接（使其具有防篡改性）。随着新区块的增加，旧区块变得更难修改（产生抗篡改性）。新区块会被复制到网络内的账本副本中，任何冲突都会通过既定规则被自动解决。

维基百科也有类似的定义：

> 区块链是一个不断增长的记录列表，这些记录被称为区块，通过加密技术连接在一起。每个区块都包含前一个区块的加密哈希值、时间戳和交易数据（一般表示为 Merkle 树）。时间戳证明了交易数据在区块发布时就已存在，以便获得哈希值。由于每个区块都包含前一个区块的信息，因此它们形成了一条链，每增加一个区块都会加强前一个区块。因此，区块链可以抵御数据修改，因为任何给定区块中的数据一旦被记录，就无法在不修改所有后续区块的情况下进行追溯修改。

简而言之，区块链是一种分布式账本或数据库，通过公共或私人计算网络共享。网络中的每个计算机节点都拥有账本的副本，因此不存在单点故障。每条信息都经过数学加密，并作为一个新的"区块"添加到历史记录链中。在将新区块添加到链上之前，会使用各种共识原代码与其他参与者一起验证新区块。这可以防止欺诈行为或重复消费，而且无须中央授权。

除了"分布式数字账本"或"记录列表"的概念，区块链技术的其他关键要素还包括智能合约、公钥（加密）、共识算法和点对点网络。这些技术共同实现了区块链的各种基础架构和应用。区块链涉及许多不同的技术，包括博弈论、时间戳、事务排序和分布式计算。下面我们将详细讨论区块链的四个关键组成部分（见图 2-1）。

图 2-1　区块链的四个关键组件

2.2　区块链的四个关键组成部分

2.2.1　智能合约

NIST 是这样定义智能合约的：

> 智能合约是在区块链网络上使用加密签名交易部署的代码和数据的集合（有时称为函数和状态）。智能合约由区块链网络内的节点执行，所有节点必须得出相同的执行结果，执行结果被记录在区块链上。

智能合约最初是在以太坊区块链中引入的，现在已在许多不同的区块链生态系统中广泛应用，如 Avalanche、Binance 智能链（2022 年 2 月更名为 BNB 链）、Polygon 和 Polkadot。智能合约编程逻辑在 2016 年年初的许多首次代币发行（ICO）中展示了它的威力，最近又被广泛应用于 DeFi、NFT、GameFi 和元宇宙中。如果没有智能合约编程，区块链技术可能只能用于小规模的点对点支付。

2.2.2　公钥（加密）

公钥加密也叫非对称密钥加密。顾名思义，公钥加密使用两个非对称密钥（即两个不同的密钥）：一个密钥用于加密过程，另一个密钥用于解密过程。比特币交易中使用的公钥加密的高级示意图如图 2-2 所示。（比特币是世界上第一种也可以说是最成功的去中心化数字货币。用户可以通过点对点（P2P）网络支付或接收比特币，该网络由其底层区块链协议支持，详细讨论见第 3 章。)

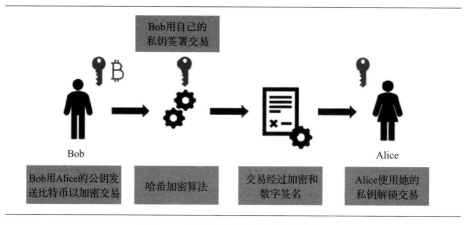

Bob给Alice发送比特币

Bob用自己的私钥签署交易

Bob

Alice

| Bob用Alice的公钥发送比特币以加密交易 | 哈希加密算法 | 交易经过加密和数字签名 | Alice使用她的私钥解锁交易 |

图 2-2　比特币交易中的公钥加密

在该图中，Bob 想给 Alice 发送一个比特币。他使用一个比特币钱包。比特币钱包会用 Alice 的公钥对交易进行加密，这样其他人就无法解锁交易中的比特币。Bob 还必须用自己的私钥签署交易，这是为了向 Alice 和整个网络证明，他拥有这个比特币的所有权。比特币在 P2P 网络中进行广播，并由被称为"矿工节点"的网络节点进行验证。如果一切顺利，就会达成共识，交易就会被记录在区块链网络中。由于交易是用 Alice 的公钥加密的，因此只有 Alice 才能解锁该比特币。最终，Alice 将使用她的私钥解锁交易并获得比特币。("矿工"和"挖矿"的概念将在第 3 章中解释。)

2.2.3　共识算法

共识算法最简单的定义是，让不同的分布式计算机就区块链的相同状态达成一致，并将协议存档，而无须信任任何参与的计算机或区块链网络中的"节点"。精心设计的共识算法必须考虑到点对点网络的不稳定性和异步性。

优秀的共识算法允许某些节点处于故障状态，这意味着节点可以是恶意的，或者干脆停止参与共识过程，但区块链网络仍能与大多数诚实的节点达成一致。例如，比特币的共识算法工作量证明利用博弈论和计算能力，可以在容忍高达 50% 攻击的不可信网络环境中存档可靠的计算结果。

不同的区块链网络还使用了其他共识算法，如权益证明、消逝时间证明、历史证明和复制证明。这些共识算法的主要思想是允许区块链节点以无信任和分布式的方式就区块链交易和账本状态达成一致，而不对底层网络施加过多的假设和限制。任何共识算法的基本假设都是，大多数网络节点是诚实的节点，因此，网络中可以允许一些"坏苹果"，即恶意节点的存在。

共识算法可以从纯粹的技术算法扩展到区块链生态系统中的社会行为，即社会共识。区块链生态系统不仅由没有生命的计算机节点组成，还需要人类参与者、开发者、投资者、买家、玩家、创造者、钱包持有者、外汇市场甚至政府实体和监管机构的参与。社会共识是指个人和组织之间就区块链网络的价值、区块链代币经济的公平性、参与的意愿以及对区块链网络的贡献达成的协议。

社会共识隐含在 DAO 结构中，以促进区块链网络的共同利益和治理。技术共识和社会共识都将在元宇宙应用中发挥重要作用。由于 DAO 的"社会共识"创造了一种新的去中心化治理模式，DAO 可能会取代公司，成为元宇宙中流行的组织结构，这将在第 10 章中讨论。

2.2.4 点对点网络

尽管点对点（P2P）网络并不是一个新概念，早在比特币网络出现之前就已存在，但它有别于传统的客户端/服务器架构，传统的架构由作为服务器的不同计算机，为作为客户端的不同计算机提供服务。在 P2P 网络中，每个计算节点既可以是服务器，又可以是客户端。对等节点可以发现一组其他对等节点并进行通信，而无须任何认证或授权。这可以让信息自由流动，让网络面对可能发生的系统崩溃有更强的弹性。

在区块链中，对等节点可以广播区块，参与共识算法，验证每一笔对等交易，并获得贡献奖励。P2P 网络的理念可以延伸到区块链中，它倡导区块链网络中的每个人或组织都有平等的发言权和平等的权利。每个人的权利可以用其在区块链网络中的权益（从权益证明（PoS）共识算法的角度），或者他们可以为网络使用的电力（从工作量证明（PoW）共识算法的角度）来衡量。如果每个人在网络中都拥有同等的权益，那么他们就不会凌驾于其他人之上。（在第 3 章讲解比特币时会讨论 PoW 和 PoS。）

2.3 数据技术的大融合

作为去中心化数据技术，区块链将成为下一代互联网（Web3）的基础。如前所述，我们今天所熟知的网络是从静态内容发布的 Web1.0 发展到目前的中心化 Web2.0 的。

Web2.0 整合了 SoLoMoCo（社交、基于位置、移动应用程序和云计算）技术，产生了巨大的经济效益，造就了亚马逊、谷歌、Facebook、阿里巴巴和腾讯等大型互联网公司。

Web3 是更多技术的大融合。为了支持像元宇宙这样大胆的概念，我们需要更强大的计算能力，同时需要以更低的延迟跨多种设备和屏幕访问。除了 SoLoMoCo，我们还看到 Web3 正在通过融合人工智能、区块链、大数据、去中心化身份（虚拟化身）、金融科技、分布式存储、物联网、AR/VR、视频渲染、游戏、量子计算等技术进一步增强元宇宙的能力。

与以往相比，数据将在元宇宙中爆炸式增长。人类目前的数据创建速度使我们每两年就能将全球数据量翻一番，而且这一速度预计还会加快。到 2025 年，数据量将每 12 小时（甚至更短的时间）就翻一番。我们的生活中创造的这些数据财富呈指数级增长，它们有可能改变我们的生活、工作和投资方式，但前提是我们必须拥有区块链这样的数字技术来管理这些数据，确保数据安全，并在使用数据时适当保护隐私。（见下面的专栏：区块链与数字化转型。）

区块链与数字化转型

从《财富》500 强到初创企业，各种规模各种类型的公司都迎来了数字化转型的时代。数字化转型指的是公司利用增强的技术来提高业务能力、运营效率，并最终改善客户体验。数字化转型的一个重要目标是利用准确可信的数据实现业务流程的数字化。

区块链技术可以在数字世界和物理世界之间架起桥梁，从而帮助企业实现数字化转型。要在两个世界之间实施数据战略，企业必须确保两点：数据真实性和数据可用性。

数据真实性是指数据如何在物理世界中生成，以及如何上传和验证。仅靠软件很难确保数据真实性。一种有效的方法是使用硬件芯片，用芯片中嵌入的私钥对数据进行"签名"。由于私钥创建的数字签名无法伪造和篡改，因此可以在区块链节点上使用相应的公钥对签名进行验证。

此外，在数据传输过程中，还可以进行加密，以确保数据隐私和数据完整性。区块链技术可用于验证硬件签名，启用 P2P 传输协议和安全传输协议，并进行链上验证，以确保从链外到链上的整个过程都是安全的，即确保数据真实性。

数据可用性是指在物理世界的大量噪声数据中，存在实际可用的数据。不同的数据具有不同的价值，只有高度相关和可用的数据才具有较高的价值。得益于区块链的激励机制和智能合约，智能合约使用数据的频率可以用来为数据定价。当数据以其使用方式来定价时，数据价格就间接反映了数据的有效性。

可以设计一种基于贡献值证明（PoC）的共识算法来确定数据的质量和使用情况，从而使数字化转型过程更加客观有效。当获得并分析了准确、可用和有效的数据后，AI/ML 算法就可以对数据进行分析，并将分析结果存储到区块链上，从而在元宇宙平台上实现实时监管、欺诈检测和信用监控等功能。

此外，区块链技术还可以提高数据的准确性。在数据存储到区块链上之前，区块链网络的参与节点会通过共识算法对数据进行交叉检查和检验，数据必须经过数字签名，以确认数据的有效性和所有权。这就提高了数据的准确性。

与此同时，新冠疫情大流行凸显了全球现有数据处理方法的不足。无法（有时是不愿意）共享和使用数据来对抗新冠疫情或保护数据免受掠夺性使用，这对全球各地的个人、私营企业、研究机构和政府都产生了负面影响。缺乏信任和不对称的经济利益结合，减缓了发展的脚步——特别是在跨境背景下。

2021 年勒索软件和软件供应链攻击的爆发暴露了企业（无论规模大小）内部中心化数据存储的脆弱性。

新冠疫情危机表明，如果没有适当的技术、协议和治理，社会就有可能创造出这样的世界：要么是数据访问受到过度限制，阻碍人类进步和创新；要么是在创建数据共享解决方案时没有适当尊重包括企业在内的相关各方的权利。这就是区块链对元宇宙至关重要的原因。

当然，如果不与其他技术相结合，区块链本身的应用范围也很有限。区块链与其他技术结合起来，可以共同解决链外数据的真实性、网络安全、风险控制以及元宇宙中的数据治理等问题。不同的技术可以相互促进并创建一个自动化生态系统——物联网设备收集数百万设备的数据，这些数据被分布式存储，由区块链管理，然后被整合到云端，并用于训练和改进人工智能算法，以实现现实生活中的各种应用（见图 2-3）。

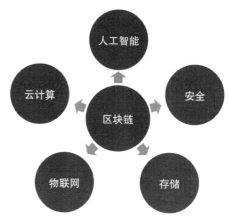

图 2-3 区块链与人工智能、云计算和物联网的融合

随着这些技术的相互影响和改进，巨大的协同效应将刺激更多的创新。在接下来的几节中，我们将讨论区块链与物联网、分布式存储、人工智能和机器学习、云计算和网络安全等技术的融合。（后两者将在各自的章节中讨论。）

2.3.1 区块链和物联网

物联网的重点是改进用于各种目的的合适的数据的收集方式，而区块链的重点则是确保数据完整性保持不变。物联网允许设备将数据传输到区块链网络中，创建防篡改的共享交易记录。商业伙伴可以使用区块链交换和访问物联网数据，而无须中央控制和管理。此外，所有交易均可验证，从而可以最大限度地减少纠纷，并能在网络参与者之间建立信任。

将区块链应用于物联网有以下好处：

- 降低从物联网设备接收的数据被篡改的风险，从而增强物联网业务各方之间的信任。
- 利用区块链的共识算法进行数据验证和数据完整性检查，从而减少使用中介机构的费用。
- 创建不可更改的审计跟踪，以避免拒付风险。
- 利用智能合约和代币经济实现机器对机器支付。
- 随着边缘计算在物联网中变得越来越重要，区块链技术可以用来激励边缘计算的参与者提供高质量的数据，同时在上传到区块链分布式账本之前在边缘进行处理和验证。

货运是物联网和区块链融合的一个应用实例。运输货物是一个复杂的程序，涉及多个具有不同优先权的当事方。运输过程中，集装箱的温度、位置、到达时间和状态都可以存储在物联网区块链上。不可篡改的区块链交易可以确保各方信任数据并迅速高效地开展业务。

2.3.2 区块链和分布式存储

对于未来的区块链发展而言，存储是不可或缺的功能。人工智能、物联网等很多应用场景都需要大量的数据存储，这些技术与区块链的结合必然需要消耗大量分布式的、随时可用的数据存储。目前，主流区块链无法直接存储大量数据，因为全节点需要同步所有区块链数据。如果区块链上存在大量数据，节点负载就会过大，区块链的效率就会变低。因此，最流行的上链方式是将数据放在星际文件系统（IPFS）等分布式存储系统中，同时将哈希值、元数据和交易日志等少量数据存储在区块链上。

然而，仅靠 IPFS 技术无法激励参与的网络节点存储链外数据并使数据始终可用。为了落实激励机制，Filecoin 项目提出了复制证明和时空证明。复制证明和时空证明通过激励机制确保数据可以被复制、存储，并可以供矿工随时检索。我们还可以进一步利用 IPFS 和 Filecoin 等分布式存储技术来提高数据的可用性。不过，这种机制是否成熟稳定，还需要业界验证。

2.3.3 区块链与人工智能和机器学习

人工智能和机器学习（AI/ML）可以帮助区块链在实际应用中变得更加智能。例如，在供应链金融领域，为了控制风险，可以为区块链提供经过 AI/ML 处理的数据。此外，AI/ML 还能分析异常行为，为链上交易提供欺诈检测，提醒链上运营商注意恶意活动。与传统的人工智能应用相比，当与区块链技术结合时，共识机制确保了 AI/ML 的训练数据和算法可以被验证，并且 AI/ML 算法的哈希值也可以在链上被存储和验证，这确保了 AI/ML 算法输出的准确性。

区块链还可以利用智能合约定义的激励机制，帮助人工智能提高数据共享能力。为减少隐私问题，可以采用零知识证明（ZKP）、安全多方计算（MPC）和同态加密算法。通过使用智能合约和激励机制，可以实现数据权限验证、数据互换交易以及数据定价的功能。

此外，区块链还可以帮助 AI 推广优化的人工智能算法，为深度学习任务建立分布式计算能力，有效利用闲置的计算资源。区块链智能合约可以用于管理人工智能算法的行为，避免人工智能算法使用不当导致的安全问题。

2.4 区块链和云计算

云计算（又称云技术）是指服务器、数据存储、数据库、网络、软件和分析都托管在互联网上，并存储在大型私有数据中心。AWS（亚马逊网络服务）、微软 Azure 和谷歌云平台等云计算平台提供了三种类型的云产品：

1. **基础设施即服务（IaaS）。** IaaS 云服务包括为云消费者提供计算、网络和存储等服务。

2. **平台即服务（PaaS）。** PaaS 提供商提供中间件、数据库、运行环境和开发工具。

3. **软件即服务（SaaS）。** SaaS 向云消费者提供已经实际实现的应用程序，因此云消费者无须安装任何软件或购买服务器、存储和网络设备等计算资源即可使用云上的应用程序。

云提供商使终端用户能够以按使用量付费的方式"租用"和远程访问云提供商提供的 IT 资源，这为本地托管和运营 IT 资源提供了一个高效的替代方案。企业订购云服务并按月或按年支付费用，就像从电网购买电力一样。该费用由企业的用户数量和所需的数据量决定，这使企业更容易扩大或缩小业务规模。总体而言，与传统的 IT 基础设施相比，云计算既提高了系统的可扩展性，又节约了成本。

总之，与单个公司托管的传统数据中心相比，云计算具有许多优势，这对于必须处理数据爆炸式增长的元宇宙参与者来说至关重要：

- 它消除了对昂贵的 IT 基础设施的前期投资。
- 云计算提供商提供"即用即付"等定价模式，这意味着消费者只需为其使用的服务付费。
- 用户无须配置和管理 IT 基础设施，因为云提供商会处理这些工作。

然而，云计算提供商也会遭遇服务中断问题，而且这通常会比传统数据中心遭遇的中断带来更多负面影响。例如，2021 年 12 月 7 日，亚马逊的网络托管平台遭遇重大故障，导致 Facebook、Netflix、Disney+ 和 Venmo 等主要网站瘫痪。此外，亚马逊的送货服务也中断了，导致司机无法获得路线信息和包裹，亚马逊与其所依赖的数千名司机之间的通信也中断了。

这次故障还导致多家加密货币交易所瘫痪，如 Coinbase、Binance 以及其他一些将应用程序托管在亚马逊的区块链相关服务。甚至连去中心化衍生品交易所 dYdX 也受到了影响，这不禁让人质疑，如果前端用户界面托管在中心化云端，那么去中心化交易所（DEX）的去中心化程度到底有多高？

利用 IPFS 来托管 Web3 应用程序的 UI 可能会成为一种趋势，因为元宇宙应用程序寻求在云服务中断时获得保护。与 HTTP 协议（现有互联网）通过 URL 查找对象（文本文件、图片、视频）存储在哪个服务器上不同，IPFS 通过文件的哈希值查找对象。IPFS 根据文件内容创建文件的哈希值。因此，如果你想访问某个特定页面，IPFS 会询问整个网络是否有人拥有与该哈希值相对应的文件，IPFS 上拥有该哈希值的节点会返回文件，从而允许你访问该文件。

因此，IPFS 在 HTTP 层使用内容寻址，这意味着内容可以用于确定内容的地址。该机制是获取文件并运用哈希算法加密，这将为你提供文件的安全表示。这确保了没有其他人可以找到另一个具有相同哈希值的文件并将其用作地址。此外，所有文件都是全局分发和复制的，可以通过由区块链技术支持的激励机制永久存储。

这只是利用区块链解决云服务中断问题的一个例子。此外，区块链还可以用去中心化的方式利用闲置计算资源。地球上有许多闲置的计算资源，如CPU、GPU、存储和网络带宽，但由于其中心化的性质，目前的云计算提供商还无法利用这些资源。更好的云计算方法是利用区块链技术激励计算资源、存储和网络带宽共享，同时降低安全漏洞的风险。

作为示例，我们将在本节的剩余部分分别讨论如何在 IaaS、PaaS 和 SaaS 服务中运用区块链。

2.4.1　IaaS 服务

对于 IaaS 服务，我们可以举例说明：计算能力或中央处理器（CPU）共享；存储共享；网络带宽共享。

1. CPU 共享。其中一个例子是 SETI@home，这是加州大学伯克利分校的一项科学实验，利用连接互联网的计算机寻找地外文明（SETI）。你可以运行一个免费的应用程序，下载并分析射电望远镜的数据，从而参与其中。该项目目前处于暂停状态。这个优秀项目暂停的主要原因之一是缺乏激励机制和奖励计划来使那些有空闲 CPU 资源的人参与进来。Three Fold 和 IEx 等区块链项目正试图利用代币经济在"去中心化云计算"中创建点对点计算能力共享。其目的是建立一个 P2P 公共覆盖网络，连接地球上的一切计算资源。连接是端到端加密的，并采用最短路径。该团队还打算利用代币经济来激励网络资源共享。

2. 存储共享。最好的例子就是 Filecoin。Filecoin 是一个开源的、公共的加密货币和数字支付系统，旨在成为一种基于区块链的合作数字存储和数据检索方法。它由 Protocol Labs 制作，建立在 IPFS 之上，允许用户租用闲置的硬盘空间。据 Filecoin 的发起人称，它是一个去中心化的存储系统，旨在"存储人类最重要的信息"。Filecoin 是一个开放协议，由记录了网络参与者做出的承诺的区块链支持，交易使用该区块链的原生货币 FIL 进行。

与中心化存储方式相反，Filecoin 旨在以去中心化的方式存储数据，从而抵御中心化存储中出现的问题。由于 Filecoin 的分散性，它可以保护数据位置的完整性，使数据易于检索、难以审查。它还允许该网络上的人成为自己存储数据的保管人。此外，Filecoin 还奖励在其区块链网络上挖矿和存储数据的网络节点。类似的基于区块链的存储共享系统还有 Sia、MaidSafe 和 Three Fold。

3. **网络带宽共享**。例如，Helium 是一个全球分布式热点网络，可为支持 LoRaWAN 的物联网设备创建公共的、远距离的无线覆盖。热点生成 HNT（Helium 区块链的原生加密货币）生产并以 HNT 的形式获得补偿。Helium 区块链是一个全新的开源公链，完全是为了激励创建物理的、去中心化的无线网络而创建的。如今，Helium 区块链及其数十万个热点提供了世界上最大的 LoRaWAN 网络。

2.4.2　PaaS 服务

关于 PaaS 服务，最好的例子就是各种元宇宙、DeFi 和 NFT 应用程序，它们可以作为“元宇宙乐高”，这意味着它们可以被重复利用，以开发新的元宇宙应用程序。在开发工具方面，Remix 是开发智能合约实体代码的 PaaS 工具的范例。还有一个很好的例子是 Infura API 服务，它允许开发人员与以太坊或 IPFS 服务交互。Infura 是受到开发人员广泛认可的 PaaS 工具之一，用于连接以太坊和 IPFS，现在 Infura 每天处理数十亿个 API 请求。

2.4.3　SaaS 服务

SaaS 服务有许多成功的例子。其中，最著名的是“The Graph”和“Chainlink”项目。有了 DeFi 和 NFT（将在接下来的两章中讨论），在区块链上开发和部署的 DApp 都可以被视为由去中心化节点提供支持的 SaaS 产品。

- **The Graph 网络**解耦了互联网应用堆栈的 GraphQL API 和查询层。开发人员可以在自己的基础设施上运行 The Graph 的节点，也可以在 The Graph 托管服务上进行开发。在 The Graph 网络中，任何索引程序都可以通过 The Graph 的代币（GRT）来参与网络，并通过为子图提供索引来获得奖励，通过为这些子图提供查询服务来获得服务费。消费者可以通过按使用量付费的方式在这些多样的索引程序组成的集合中进行查询，The Graph 通过提供一个模型来按照供求规律支持协议提供的服务。

- **Chainlink** 是一个基于以太坊的去中心化区块链 Oracle 网络。该网络旨在用于促进防篡改数据从链外数据源传输到链上智能合约。其创建者声称，通过"将合约直接与现实世界的数据、事件、支付和其他输入连接"，该网络可用于验证智能合约的参数是否符合要求，其方式独立于合约的任何利益相关者。

  Chainlink 采用 SaaS 模式运营。Chainlink 的消费者支付 Chainlink 的平台代币"Link"，即可以从该平台接收防篡改数据。Chainlink 节点通过提供可信数据以无信任方式赚取 Link，而提供不准确数据的节点则会受到惩罚。

目前，基于区块链的去中心化云计算技术仍处于起步阶段，但谷歌、微软、亚马逊和 IBM 等公司已经开始在该领域开展研究。虽然具体细节尚未公开，但可以预见，未来的云计算将更加安全、稳定、高效、节能，更多的个人计算资源可以得到有效利用。由于区块链的赋能，云计算的商业模式和供应商的运营模式正在快速发展。

2.5 区块链与网络安全

区块链的不可篡改性是其重要的安全属性，它能有效保证数据的完整性。然而，在将区块链集成到元宇宙应用中时，我们需要采用一种深度防御的方法。区块链的一些顶级安全控制措施包括（但不限于）智能合约安全、共识算法安全、区块链节点加固、加密货币交易所安全、身份和访问管理、节点到节点流量加密以及链上和链下数据加密。

2.5.1 智能合约安全

智能合约一旦部署到区块链主网（mainnet，用于描述区块链协议开发完成并部署好的术语）上，就无法修改，因此，如果智能合约存在安全漏洞，往往会造成直接的经济损失，而且难以挽回。一个典型的例子就是对 DAO 的攻击。

DAO，即去中心化自治组织，是一个建立在以太坊区块链网络上的程序，旨在成为最大的众包平台。DAO 旨在利用技术上的民主方法取代中心化的管理结构，由投资者和利益相关者做出决策。DAO 智能合约部署到以太坊主网上后，一名黑客发现了 DAO 代码中的漏洞，并成功窃取了价值约 5 000 万美元的以太币，这让以太坊社区陷入恐慌，最终导致了以太坊硬分叉（hard fork）。

另一个智能合约攻击案例是针对 Poly Network 的攻击。Poly Network 是一种跨链网络，本质上允许两个或多个区块链"相互通信"。更准确地说，它能让用户在不同的区块链上进行交易，而无须在交易所转换数字货币。这个总部位于中国的平台专门建立在多个区块链之上，包括比特币、以太坊、BNB 智能链、Neo 和 Elrond。

2021 年 8 月 10 日，Poly Network 报告称，一群攻击者入侵了其网络的智能合约，转移了大约 6.1 亿美元（主要是以太币、币安币和美元稳定币），并将其转移到外部钱包地址。据网络安全公司 SlowMist 称，之所以发生这次黑客攻击，是因为 Poly Network 对两个重要智能合约之间的访问权限管理不善。虽然黑客因为担心自己的身份（如 IP 地址、电子邮件和他们在中心化加密货币交易所的账户）会被发现并遭到起诉，最终将资金归还给了 Poly Network，但如果黑客更加注意自己的身份，同样的事情可能会再次发生，而这次黑客可能就不会归还资金了。

安全智能合约开发的好方法是建立健全的内部安全审查流程，在代码有任何改动时都要对智能合约代码进行审查。此外，在智能合约部署到主网上之前，聘请至少两家独立的外部智能合约审计公司对其进行审计也非常重要。审核和验证智能合约的成本很高，不过，即使经过审核，也很难完全避免安全风险。考虑到遭受攻击的严重后果，用于审计的资金仍然物有所值。

尽管市场上有许多静态代码分析和形式化验证工具（包括开源工具和商

业工具），但审计智能合约代码的大部分工作仍是通过经验丰富的智能合约安全审计员进行人工代码审查。因此，任何元宇宙项目都必须在内部聘请一名智能合约安全审计员，负责在代码开发过程中进行持续的安全审查，并在项目上线前聘请第三方审计员。

2.5.2 共识算法安全

共识算法是区块链网络的根本。它使网络节点能够就账本的状态达成一致。如果共识算法受到攻击，那么区块链就不安全，如果链上存储着有价值的货币，那么经济损失足以给区块链生态系统的参与者带来毁灭性打击。例如，2019 年，一种名为"Sync Hotstuff"的共识算法被发现存在一个关键性安全漏洞，对手可以利用该漏洞进行所谓的"强制锁定攻击"，从而导致双重消费或拒绝服务。

还有一个例子是对维塔克利·布特林（Vitalik Buterin）等人编写的Gasper 算法的攻击。Gasper 是一个抽象的权益证明共识层，由 Beacon Chain协议（即将推出的以太坊 2.0 网络的底层协议）实现。Gasper 的一个关键组件是终结机制，该机制能确保交易的持久性（安全性）和系统的持续运行（活跃性），即使在受到攻击时也是如此。它将最终确定性工具 Casper FFG 与 LMDGHOST 分叉选择规则相结合，旨在实现安全性和活跃性。然而，斯坦福大学的研究人员在 2020 年撰写的一篇论文中正式证明，可以对 Casper 发起攻击，从而影响其安全性和活跃性。

2.5.3 节点安全

区块链节点也称为共识节点。它们分布在世界各地，负责验证交易签名，并使用共识算法保持账本更新。节点由节点软件和为节点软件运行提供执行环境的硬件（或微服务环境）组成。节点安全包括节点软件的安全和节点执行环境的加固。

在节点安全方面，EOS 节点软件就是一个很好的例子。EOS 区块链是Block.One 开发的一个著名区块链。中国互联网安全研究公司奇虎 360 发现了

EOS 生产者节点上的一个关键漏洞，黑客可以利用该漏洞远程管理节点上的代码。奇虎 360 官网上的文章写道：

> 通过向受害节点上传恶意合约并让节点解析恶意合约，攻击者可以利用此漏洞在 NodeOS（操作系统）进程中实现远程代码执行。在真正的攻击中，攻击者可能会向 EOS 主网发布恶意合约。

幸运的是，该漏洞在 EOS 启用前得到了修补，没有造成资金损失。如果这个漏洞没有得到修补，EOS 投入使用后，价值数十亿美元的资金将面临风险。

节点安全的另一个很好的例子是节点运行的执行环境和防火墙设置。在 2018 年的一个案例中，8545 端口遭到攻击，该端口是包括 Geth 在内的以太坊客户端远程过程调用（RPC）接口的默认监听端口。这里说一下，所有以太坊客户端都有一个内置的 RPC 接口，可以通过 API 提供第三方访问，从而可能暴露敏感信息和操作。

在默认情况下，大多数以太坊客户端都会停用 RPC 接口，但对启用远程以太坊区块链访问感兴趣的用户可以激活 JSON-RPC 接口。虽然支持身份验证和访问控制列表（ACL），但如果连接到互联网，该接口会暴露用户的矿工信息和钱包详情。这一案例中，由于矿工错误配置了回送（lookback）地址，并将 8545 端口暴露在互联网上，黑客通过使用 JSON-RPC 调用矿工的该端口，从矿工地址中盗取了价值约 2 000 万美元的 ETH。

总之，就节点安全而言，在节点软件用于生产环境（或主网）之前，必须对节点软件进行安全测试以查找漏洞。对于节点执行环境，开发人员必须确保操作系统和微服务环境被锁定和加固，关闭不必要的服务，只允许必要的端口开放，并对端口实施访问控制，关闭其他开放端口。互联网安全中心（CIS）的基准可以作为主机环境加固的良好参考。

2.5.4 数据加密安全

区块链对数据进行了一定程度的加密，以保护用户的隐私。例如，区块链系统中的地址由用户生成，但与用户的身份信息无关。地址的创建和使用不需要中心化的第三方参与。因此，与传统账户（如银行卡号）相比，区块链地址具有更好的匿名性。

不过，用户在使用区块链时可能会泄露一些敏感信息。例如，黑客可能会利用区块链交易在网络层的广播，从无关的区块链交易中推断出用户的 IP 地址、公钥或钱包地址，并且通过大数据分析找出用户的真实身份。此外，由于任何人都可以查看公链上的数据，因此，重要的是不要将个人身份信息、财务记录或医疗记录等敏感信息放在区块链上。

出于交叉验证和数据完整性检查的目的，将敏感数据的哈希值（也称数字摘要）放在链上是一种很好的方法，因为哈希加密是加密的一种方式。获取数据的哈希值非常容易，如果哈希算法足够强大，在数学上就不可能从哈希值推导出明文数据。其他各种加密算法，如零知识证明、安全多方计算和同态加密，作为数据加密的新工具，也已得到广泛应用。（第 7 章和第 8 章将详细介绍数据隐私和数据安全主题。）

2.6 区块链应用的五大挑战和可能的解决方案

当前的区块链技术面临五大挑战：隐私保护、可扩展性、共识算法、链上数据的真实性和互操作性。

2.6.1 隐私保护

从隐私角度来看，目前的区块链项目还不够成熟。在隐私保护领域，零知识证明、安全多方计算、同态加密、环签名、BLS 签名、Schnorr 签名、Mibble Wimble 等隐私算法值得研究。针对带有访问控制的状态通道和可信计算环境（TCE）的研究一直非常活跃，这也促进了隐私保护技术的发展。

研究人员面临的挑战是，既要满足欧盟的《通用数据保护条例》(GDPR)、美国的《健康保险可携性和责任法案》(HIPPA) 等隐私法和其他法规的隐私要求，又要满足 KYC/AML 的要求，需要在隐私保护和 KYC/AML 监管要求之间取得平衡。

2.6.2 可扩展性

区块链技术最初只是爱好者之间的一个小众项目，它能否成功扩展到全球层面？这是一个大问题。我们可以把它比作早期的互联网，当时的技术正在努力应对用户群的急剧增长、与之相关的挑战和增长速度的放缓。从可扩展性的角度来看，有三层解决方案。我们以以太坊的扩展解决方案为例（见图 2-4）。

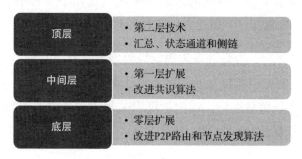

图 2-4　以太坊的三层扩展

2.6.2.1　第二层技术

顶层（称为第二层技术）使用在以太坊主网或第一层之上运行的不同网络。以太坊第二层解决方案以智能合约的形式留在以太坊网络上。第二层解决方案无须修改与主网交互的基础协议。以太坊第二层扩展解决方案可以实现不同的功能，如链外计算和支付的可扩展性。

所有第二层解决方案的工作都集中在一个独特的要素上（即把大部分交易移出链）。因此，第二层解决方案可以提高交易的处理速度，同时还能减少交易所需的服务费用。许多以太坊第二层解决方案已成功获得关注。这里探讨第二层扩展的三种主要思路：汇总（rollups）、状态通道（state channel）和侧链（side chain）。

汇总。汇总扩展解决方案在第一层区块链之外执行交易，并将交易数据发布到第一层区块链上。由于数据在基础层，因此第一层可以保证汇总的安全。汇总有两种不同的安全模式：

- **乐观汇总**。这些系统默认交易是有效的，因此，它们只在出现问题时进行计算，以检测欺诈行为。

- **零知识汇总**。这些汇总在链外运行计算，随后，它们向基础层或主链提交有效性证明。

以 Polygon（前身为 Matic）、Arbitrum 和 Optimism 为例，汇总有助于提高交易吞吐量和开放参与度，并能减少用户的交易费用。

状态通道。状态通道允许区块链参与者之间进行双向通信。通过这种方式，可以减少参与者的等待时间，因为在这个过程中没有第三方（例如第一层链上的矿工）的参与。下面是它的工作原理：

- 利用智能合约，参与者预先同意以数字方式签下基础层的部分代币。
- 然后他们就可以直接互动，而无须让第一层链上的矿工参与进来。
- 在完成整个交易集后，他们就可以关闭通道，并将最终状态提交给基础层区块链。

侧链。侧链是促进大量交易的独立链。它有一个独立于第一层的共识机制，可以对该机制进行优化，以提高可扩展性和处理速度。在这种情况下，主链必须确认交易记录、维护安全并处理争议。侧链与状态通道的不同之处在于，侧链公开记录分布式账本中的所有交易。此外，如果侧链出现安全漏洞，也不会影响其他侧链和第一层主链本身。

2.6.2.2 第一层扩展

中间层被称为第一层扩展。在这一层中，其想法是使用分片技术或隔离见证（segregated witness，SegWit）技术，增加区块大小（即增加每个区块中包含的数据量），减少区块确认时间，使用有向无环图（DAG）或改进基础链上的共识算法，以提高基础链的性能和可扩展性。

2.6.2.3 零层扩展

底层也被称为零层扩展。在这一层，主要想法是改进 P2P 路由和节点发现算法，以获得更好的可扩展性，或者在未来利用 5G 技术来获得更好的网络带宽。一般来说，第二层、第一层、零层都需要改进。为了提高区块链的可扩展性，这三层技术都在积极研究中。

2.6.3 共识算法

从共识算法的角度来看，由于异步通信领域的 FLP 不可能定理已经证明，在完全异步通信的分布式环境中，如果一个节点失效，整个网络就无法达成共识。因此，由于共识算法研究人员试图绕过 FLP 不可能性，大多数共识算法都假定多数的网络节点是诚实的，并且部分（或完全）同步。

例如，比特币使用的 PoW 算法假定存在 51% 的诚实节点和响应时间的上限（部分同步），各种类型的 PoS 算法也假定存在大多数的诚实节点和不同程度的同步。

PoS 算法的关键问题是所谓的"无利害关系"（nothing at stake）攻击。无利害关系是指由于 PoS 算法中投票成本几乎为零，如果区块链中存在多个分叉，每个验证者会对所有分叉进行投票，以获得所有分叉的奖励。此外，PoS 还面临远程攻击和其他攻击。使用博弈论方法并引入对恶意 PoS 节点的惩罚措施，可以在一定程度上弥补 PoS 的漏洞。

学术界和产业界仍在积极开展 PoS 方面的研究，以确保其安全性。这些研究的例子包括以太坊 2.0 的权益证明算法和 Cadano 的 Ouroboros 权益证明。其他共识算法仍在积极研究中。我们认为这是区块链技术面临的主要挑战之一，因为很难同时实现安全性、可扩展性和去中心化，这就是所谓的区块链三难问题。

区块链三难问题涉及三个相互竞争的概念。你总是可以通过牺牲其他属性来实现可扩展性、安全性和去中心化这三个主要属性，但你不可能同时最大化这三个属性。因此，共识算法设计需要根据实际商业案例在安全性、可扩展性和去中心化之间找到平衡点。因此，不会有一个区块链主导所有应用。不同的区块链会有不同的共识算法，适用于不同的场景。

2.6.4 链上数据的真实性

数据真实性是指数据在创建后没有被破坏过，并且必须代表现实世界的场景。数据真实性还意味着数字对象确实是它所描述的或它被描述的那样。

为了使区块链技术在现实世界的应用中发挥作用，亟须为区块链提供真实的数据。虽然区块链具有链上数据的不可篡改性，但它仍然面临着将现实世界中物理对象的属性映射到链上的"第一英里[⊖]"问题。如果没有数据真实性的保障，区块链上的智能合约就可能在虚假和垃圾数据上运行，因此执行智能合约可能会导致资产损失或其他严重后果。

为区块链获取认证数据的方法有很多，其中包括以下几种：

1. 使用得最多的是所谓的"Oracle"技术，该技术主要用于为 DeFi 应用（第 4 章将讨论）提供可信数据，如比特币市场价格、股票市场价格和美元汇率。这种技术的主要缺点是没有有效的无信任 Oracle scheme。引入惩罚机制和数字身份机制可能会带来更好的解决方案。除了对错误 Oracle 数据的惩罚机制，使用去中心化身份作为 Oracle 也是一种潜在的解决方案。

2. 对于高端传感器或服务器，TCE 可以用于对收集到的数据进行数字签名。由于 TCE 对用于签名的私钥进行物理保护，因此私钥在没有物理主体的情况下会失效。这就确保了数据在传输过程中不会被篡改。类似的技术包括安全元件（SE）、物理不可克隆功能（PUF）和其他技术。

3. 对于具有可测量的独特物理特性的资产，数据真实性解决方案则更为简单。例如，Everledger 利用钻石的独特物理特性在区块链上记录有价值的钻石数据，使天然钻石行业足以应对合成替代品的增长（带来的压力）。

4. 利用人工智能、机器学习算法识别虚假数据，提高链上数据的真实性。

5. 利用视频监控和其他安全控制手段监控物联网和其他数据资产。

6. 在物理对象的随机位置使用专用芯片（通常是具有 NFC 功能的安全元件芯片），以最大限度地减少物理对象的交换、篡改或伪造。

2.6.5 互操作性

区块链的互操作性包括共享和调用来自不同区块链网络的智能合约的能

⊖ 1 英里 =1 609.344 米。

力，而无须中介或中央机构。元宇宙应用程序将使用不同特性的区块链（治理规则、区块链技术版本、共识算法、权限控制等），但各自独立的区块链无法协同工作，目前也没有使不同的网络能够相互通信的通用标准。

缺乏互操作性会增加在元宇宙平台上大规模应用区块链的难度。好消息是，在过去几年里，我们已经看到越来越多的互操作性项目在努力弥合不同区块链之间的差距。其中许多项目旨在将私有网络相互连接或连接到公链。包括 Polkadot、Cosmos 和许多其他项目在内的跨链项目都取得了不同程度的成功。（在第 10 章中，我们将介绍互操作性方面的最新进展，这将使开放的元宇宙能够与大型科技平台竞争。）

2.7 为什么区块链对元宇宙至关重要

本章讨论了区块链技术的特点以及区块链与其他数字技术在元宇宙应用中的融合。现在我们可以理解为什么区块链是一项关键的为元宇宙赋能的技术。如图 2-5 所示，区块链技术可在以下八个主要方面为元宇宙赋能。

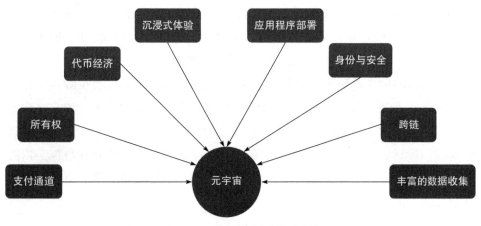

图 2-5　区块链技术赋能元宇宙

1. 全球实时支付通道

元宇宙经济需要一个能够进行实时结算和清算交易的全球支付系统。传统的支付系统（如 SWIFT）仍然依赖于结算和清算交易的批量处理，无法满足元宇宙支付的要求。区块链共识算法实现了实时结算，因为区块链网络中参与共识的节点使用算法结算金融交易，而无须等待批量处理来执行不同金融机构之间的对账和清算任务，因为不同金融机构有各自的金融记录副本。（详见第 3 章和第 4 章的讨论。）

2. 数字资产所有权验证

要让元宇宙应用在系统中创造价值，数字资产的所有权至关重要，因为数字资产在现实世界中并不存在，也没有物理上的类似物。可以利用区块链的分布式账本系统和 NFT 的不变性来实现所有权验证。一旦 NFT 被"铸造"，NFT 的转让或出售就会被记录在链上，人们可以使用链上交易和所有者的公钥来验证 NFT 的所有权。NFT 的所有权由所有者的私钥证明。（请参阅第 5 章对 NFT 的详细解释。）

3. 为创作者经济提供动力的加密代币

如何激励用户生成内容（UGC），如何激励对元宇宙生态系统的参与和管理？加密代币和相关智能合约已成功用于促进区块链协议的参与和管理。

在元宇宙应用中，代币设计将带来新的变量和维度，以鼓励用户持续创造价值并参与其中。一般来说，元宇宙经济设计需要考虑各种动态变量，如用户数量、代币货币政策、系统中不同种类的代币（如 ERC20、ERC721、ERC1155）以及这些代币在元宇宙生态系统中的相互作用。

例如，P2E 游戏和元宇宙集成平台中，NFT 可以用于奖励在游戏中存档的技能和花费的时间，ERC20 代币可以作为元宇宙系统的基本货币，平台允许用户使用 ERC20 代币铸造新的 NFT 或其他类型的代币。平台需要进行谨慎的经济设计，使平台代币能够达成一个可持续的、可控的通胀目标，以鼓励价值创造，同时抑制过多的代币发行或过高的通胀。（详见第 6 章关于区块链游戏的讨论。）

然而，纯粹的通货紧缩代币会使代币过于昂贵，从而阻碍新用户参与元宇宙。因此，好的代币设计需要好的货币政策。元宇宙的经济设计团队类似现实世界中的美联储，经济设计团队的任务是有针对性地控制通胀水平，以鼓励用户参与和创造价值。代币经济设计还要求收入也来自现有用户，而不仅仅是新用户，以避免庞氏骗局。

4. 区块链 /AI 打造沉浸式体验

区块链可以通过写入智能合约的激励机制，鼓励元宇宙参与者共享高质量的学习数据和 AI/ML 算法，AI/ML 可以创造丰富的沉浸式体验。AI 可以创造出类似人类的声音和独特的内容。通过激励机制鼓励共享的一些学习数据样本，数据可以被自动地转换成游戏、视频、新闻、广告和讲座材料。AI 有可能利用元宇宙世界中的大量数据创造出大量模仿人类行为的内容。（这与第 10 章讨论的创作者经济的人才瓶颈有关。）

5. 用于应用程序部署的去中心云

元宇宙应用程序可以部署在云端、IPFS 和区块链上。UI 内容，如视频和音频内容，可以储存在 IPFS 以及高效的 AWS 或微软 Azure 云中。智能合约可以部署在以太坊主网、第二层汇总区块链或其他以太坊替代区块链上，如 BNB 智能链、Polygon 或 Avalanche。从长远来看，区块链驱动的云计算环境将为 AWS 和 "大型科技公司的云服务" 提供更安全、更廉价的替代方案。（参见本章的相关讨论。）

6. 去中心身份和网络安全

当前的互联网是基于 TCP/IP 协议的，其中并不包括身份安全和网络安全的规范与实现。元宇宙可以利用区块链实现数据整合、智能合约执行的安全保障以及数据所有权的去中心化身份。零信任、应用程序接口安全和访问管理等常见的网络安全实践可以进一步利用区块链为元宇宙应用提供基础支持。（我们将在第 8 章详细讨论元宇宙的安全问题。）

7. 跨链计算将 "多元宇宙" 变为元宇宙

元宇宙要想蓬勃发展，就必须是一个开放和可互操作的系统。可以进一步加强 Cosmos 和 Polkadot 等跨链工作，以支持可互操作的元宇宙应用。为了确保跨链元宇宙交易的数据隐私安全，还可以使用隐私保护技术（我们将在第 7 章中详细讨论）。（互操作性将在第 10 章进一步讨论。）

8. 在元宇宙中实现新的数据经济

随着人们对元宇宙的兴趣与日俱增，开发和使用新的数字方法来交换虚拟 3D 资产（如虚拟土地、神奇宝贝卡牌和游戏武器）的热潮也随之兴起。这种模式的关键在于区块链技术，它使用户能够验证所售数字资产的真实性。

这最终将影响如何开发 AR 应用，如何将 AR 应用转化为有利可图的项目。例如，Cappasity 是一个用于 3D 内容交换的去中心化 AR/VR 生态系统，它使用区块链技术，允许 3D 内容创作者通过 Cappasity 市场制作、出租和出售 AR/VR 内容。每个资产都有一个唯一的识别码，以防止侵犯版权。

在 3D 互动背景下，元宇宙是用户数据和用户行为数据的一个巨大的、全新的来源。除了浏览和交易数据，元宇宙玩家还使用 AR/VR 头显和物联网设备等新硬件收集比以往更多的数据。其中一些数据将非常有价值，如果数据管理不到位，可能对隐私安全产生影响。区块链技术可以用于定义数据所有权、实现数据的价格发现功能以及以保护隐私的方式促进数据交换。随着我们慢慢构建起元宇宙，实时数据分析将成为各类组织的新范式。(参见第 6、7和 8 章的相关讨论。)

总之，区块链是 Web3 的支柱。在本书的第二部分，我们将讨论为数字经济奠定交易、隐私和安全基础的前沿区块链突破。

区块链突破为数字经济奠定交易、隐私和安全基础

就像区块链不仅仅限于比特币一样，Web3正在超越其金融起源，成为基于所有权和去中心化的新一代互联网。加密货币、DeFi、NFT、游戏和社会工作之间的相互作用，正在推动区块链创作者经济中的更多技术创新和应用场景。

| 第 3 章 |

加密货币与代币经济

- 虚拟土地、虚拟货币
- 为什么元宇宙需要加密货币和基于区块链的交易
- 比特币：加密货币与信任的开端
- 以太坊：智能合约执行平台
- 比特币与 Web3（纯去中心化与修正的去中心化）
- Visa 和万事达卡：代币经济成为主流
- 元宇宙展望：不只是货币的加密货币

3.1 虚拟土地、虚拟货币

自 2021 年 Facebook 更名 Meta 以来，元宇宙中的虚拟土地销售量激增。据商业内幕（Business Insider）2021 年 12 月的一篇文章称，投资者将现在的虚拟土地销售形容为"在 19 世纪的第五大道[⊖]上买地"，各种元宇宙网站的地块正被迅速抢购。

⊖ 在 19 世纪的时候，美国政府就决定将第五大道打造成一条现代化的商业型街区。起初，这条街道无比空旷和荒凉，只是一片用于耕种的农田。但在 1883 年，第五大道的命运发生了改变，因为美国亿万富翁科尼利尔斯·范德比尔特在这里建造了一栋私人豪宅。这里用来比喻非常有投资价值。

其中一些昂贵的交易包括：2021 年 11 月，Republic Realm 以 430 万美元的价格从视频游戏发行商 Atari SA 购得 Sandbox 元宇宙中的一块土地。同样，据《海峡时报》报道，2021 年 11 月，Decentraland 元宇宙中的一块土地以创纪录的 240 万美元的价格卖给了加拿大加密货币公司 Tokens.com。交易时，Decentraland 曾表示，这是迄今为止该平台上最昂贵的一笔虚拟地产购买交易。Tokens.com 的子公司 Metaverse Group 使用 Decentraland 的加密货币 MANA 以 618 000MANA（购买时相当于 2 428 740 美元）的价格进行了购买。

虚拟土地出售现象并不局限于上述平台。根据加密货币数据网站 Dapp.com 的数据，在 2021 年 12 月的第一周，四大元宇宙网站——Sandbox、Decentraland、Cryptovoxels 和 Somnium Space，出售了价值超过 1 亿美元的虚拟地产。

投资者的购买理由不一而足，包括为客户打造身临其境的体验（类似于在实体中央商务区建造或租赁商店），或者推测虚拟土地可能成为未来世界的元资本而具备极大价值。可以说，随着像 Meta 这样的行业重量级公司成为元宇宙公司，投机者将此举理解为行业巨头确认元宇宙是未来的主要发展方向，未来会将其约 29 亿月活跃用户（截至 2021 年第二季度）带入元宇宙。

因此，我们从区块链在元宇宙中最明显的应用案例——货币开始我们第二部分的讲解。区块链是比特币、Ether（以太坊区块链的代币）等加密货币的基础，也是元宇宙爱好者在 Decentraland 元宇宙中购买虚拟土地时使用的加密货币的基础（Decentraland 基础将在第 6 章区块链游戏中介绍）。除了土地，我们在元宇宙中还能购买到现实世界中能买到的任何东西的数字版本。

然而，在加密货币和区块链出现之前，像"第二人生"（Second Life）这样的在线社交空间并不能被视为真正的元宇宙，因为它所产生的所有价值都被锁定在其中央服务器中。对于用户来说，他们无法从"第二人生"中取出自己的物品，带着它们前往元宇宙中的不同目的地。由于区块链能够作为一种通用语言来证明数字对象的出处，因此加密货币使这一切成为可能。话不多说，让我们先来解释一下为什么区块链技术是元宇宙拼图的关键部分。

3.2 为什么元宇宙需要加密货币和基于区块链的交易

区块链货币交易系统有哪些优势？我们可以将区块链视为一个由众多参与者共享的数据库，每个参与者都有一台计算机。在任何时刻，区块链的每个成员都拥有一份完全相同的区块链数据库副本，所有参与者都能访问相同的信息。因此，所有区块链都有以下三个吸引人的特点：

1. **加密安全数据库（也被称为分布式账本）**。这意味着，当从数据库中读取或写入数据时，需要两个密钥才能完成：一个是公钥，基本上是地址和存储信息的数据库；另一个是私钥，也就是个人密钥，这是真正的安全来源，用于阻止没有正确密钥的其他人更新和修改信息。没有正确的密钥，用户本人也无法更新区块链。区块链的密钥提供了采用领先技术的安全性，其安全性远远超出了标准分布式账本。由于区块链数据库是分布式和去中心化的，因此该技术还消除了出现单点故障的可能性。如果一个节点出现故障，从其他地方仍可获取信息。

2. **一种能够共享数字交易日志的数字网络**。交易信息可以通过区块链网络实时获取。最有名的公共网络是比特币区块链，本章将对此进行详细讨论。区块链网络既可以是"公共网络"，也可以是"私人网络"——任何人都可以加入或离开公共网络，无须明确许可，而私人网络则只有通过邀请才能进入。在公链中，你可以一次又一次地加入和离开，没有人真正知道谁在加入和离开。

   例如，IDC公布了一长串可以使用区块链技术促进信任的行业清单，包括政府、医疗保健、物流、航运，当然还有区块链的"发源地"——金融。有分析师曾预测，2022年美国卫生与公众服务部会制定医疗保健区块链数字身份标准，实现通用医疗数据互操作性、全面的患者数据、患者"健康评分"和人工智能。他们还认为，支持区块链的电子投票终将出现，2023年，全球有8%的管辖区测试该系统。IDC分析师预测，2022—2023年，65%的跨洲航运将被立法使用区块链，链上数据包括船员健康信息、燃料采购和货物原产地数据。到2023年，15%的供应链交易尝试使用区块链来记录交易过程，推进合

乎道德的、可持续的实践，以提高数字信任度。这些分析师表示，到
2025 年，10% 的金融机构将在"了解你的客户"（KYC）合规方面使用
区块链技术，以创建透明的、可审计的实体记录。

为什么说这对互联网的发展（进入 Web3 时代）来说令人兴奋呢？经
过 30 年的发展，大多数互联网应用都只是两点之间的连接，即使在高
速连接的情况下，其潜在用途也很有限。区块链的特点是，最终让交
易中的众多当事方能够同时互动，并通过网络安全地转移资产。例如，
为了取代房屋买卖中的电子邮件和文书工作，买方、卖方和经纪人将
与律师、抵押贷款银行和产权审查员使用同一个区块链系统。

3. **区块链网络创建的审计追踪。**分布式账本技术将多方之间的所有交易
记录在一条理论上不可更改的链上。数据库只有在以下两件事发生时
才能更新：首先，用户必须提供正确的公钥和私钥；其次，网络中的
大多数参与者必须验证这些凭证。这就降低了恶意用户非法访问网络
并进行未经授权更新的风险。

由于链上的每个人都能实时看到所有数据，包括所有交易，这就降低了
欺诈风险。例如，在房地产交易中，用户可以追溯信息块，轻松查看以前记
录在数据库中的信息，如某处房产的上一个所有者。此外，公司也更容易证
明自己符合法规要求，节省了昂贵的审计费用。

智能筷子和区块链鸡

2014 年 9 月举行的公司年度技术大会上，百度首席执行官李彦宏发布了
名为"百度筷搜"的"智能筷子"原型。这些筷子配备了传感器，可以收集
酸碱度、过氧化值和温度等数据，并可以与智能手机的应用程序连接，为用
户提供被测油的安全得分。但一些食品专家立即警告说，地沟油生产商可能
会比智能筷子更聪明。据专家称，由于传感器只对少数变量进行分析，地沟
油生产商可以轻易地添加相关化学物质，使其食用油获得虚假的安全读数。

现在，食品安全的前沿技术是区块链。区块链可以用于收集有关食品的
原产地、安全性和真实性的数据，并在整个供应链中实现实时可追溯性。由
于数据共享系统复杂且分散，往往基于手写，容易出错，这在传统上一直是

一个挑战。区块链解决方案将为消费者和监管机构提供有关货架上食品的更多信息：来源和地区、运输过程、检验和认证以及其他有用的信息。

例如，阿里巴巴在电子商务领域的主要竞争对手京东商城为中国部分城市的消费者试用了一款区块链应用程序，以追踪位于中国内蒙古的牛肉生产商科尔沁的肉类。通过与牛肉生产商合作，京东允许消费者访问商品的详细信息，如牛的品种、屠宰时间和所做过的细菌检测。此外，京东商城还与澳大利亚出口商 InterAgri 合作，使用区块链追踪进口黑安格斯牛肉的生产和交付情况。

始终保持成长心态的科技公司认为，它们可以借助区块链走得更远。2019 年，中国在线财产保险公司众安在线（阿里巴巴是其股东之一）旗下子公司众安科技开发了基于区块链的家禽监测技术"步步鸡"（GoGo Chicken），记录鸡的整个成长过程，以证明它是有机鸡（或非有机鸡）。据该公司称，每只鸡的脚上都会佩戴一个追踪装置，该装置会自动将鸡在供应链中的实时移动情况上传到区块链数据库。传感器监测温度、湿度和鸡所处环境的其他方面信息，算法则通过视频分析评估鸡的健康状况。众安科技计划在中国数百家农场推广该系统，并相信有生态意识的消费者会乐意支付高价，以确保他们购买的鸡是真正的无笼养鸡。

简而言之，区块链是一种能够去中心化、安全地存储和传输信息的技术，它可以成为追踪和交易的强大工具，可以最大限度地减少摩擦、减少腐败、增加信任并赋予用户权利。区块链是一种允许加密货币在没有银行或其他中介协助的情况下在线转手的技术。

在过去 10 年的移动互联网和智能手机"移动革命"中，互联网用户已经习惯了随时随地购物。现在，元宇宙正在进一步推进这一趋势——从消费品到新的数字资产，而基于区块链的加密货币则是未来数万亿笔交易的入口。在下面的章节中，我们将从所有加密货币的起源——比特币开始讨论加密货币。

3.3 比特币：加密货币与信任的开端

2011 年，一枚比特币价值 1 美元。2021 年年底，一枚比特币的交易价格约为 50 000 美元，而所有加密货币（比特币是众多加密货币中的一种）的价值约为 2.3 万亿美元。在 2021 年 11 月的价格历史最高点，包括比特币、以太币（将在下一节详细介绍）和各种小型代币在内的加密货币市场总价值为 3 万亿美元。当时，比特币的价格接近 69 000 美元，以太币的价格接近 4 900 美元（见图 3-1）。

图 3-1　比特币的历史价格走势

资料来源：in2013dollars。

简而言之，随着比特币和以太币的价格在 2021 年创下历史新高，加密货币正式进入主流。比特币和以太币的崛起让许多人开始憧憬金融业截然不同的未来，并开始质疑长期以来对价值的看法。区块链——创造比特币（或"挖矿"）的基础，已经成为一种看待价值的新方式，也是一种在各方之间创建交易的新方式，在这种交易中，你不需要第三方中介就可以追踪事物，真正拥有了信任。

简短的比特币历史可能会对此提供一个很好的概述。关于比特币的诞生日期，大多数流行的说法是在 2008 年 8 月 18 日，当 bitcoin.org 域名首次被注册时。2008 年 10 月 31 日，一位化名为"中本聪"的开发者通过 metzdowd.com 的密码学邮件列表发布了比特币白皮书，标题为《比特币：一种点对点电子现金系统》。一些大型网站开始接受比特币作为支付货币，例如 2011 年的维基解密和 2012 年的 WordPress。2013 年 2 月，Coinbase 报告称，它在一个月内以超过 22 美元 / 比特币的价格售出了价值 100 万美元的比特币。

过去 10 年间，随着比特币的普及，世界各国政府对比特币的看法也发生了转变。2016 年，日本内阁通过了一系列法案，帮助银行拓展业务，并承认比特币等虚拟货币具有与真实货币类似的功能。据商业内幕报道，俄罗斯同样在 2017 年将加密货币的使用合法化，为比特币和以太币等加密货币的交易建立了法律框架（见图 3-2，本书第三部分将介绍去中心化加密货币与政府监管之间的矛盾）。

比特币的关键里程碑事件

| 2008—2009：中本聪发布比特币白皮书；Genesis区块被创建并开始挖矿；比特币VO.1、VO.2发布 | 2010—2012：比特币VO.3发布；比特币总市值超过100万美元；比特币价格达到1美元/比特币，并在该价格附近波动；比特币交易所遭遇黑客攻击；WordPress接受比特币 | 2013—2014：比特币价值100美元/比特币；Mt.Gox交易所破产；比特币核心0.9.0版本发布 | 2015—2016：全球超过10万家零售商接受比特币；日本通过法案，承认虚拟货币与实物货币具有类似的功能；比特币减半事件 | 2017—2018：日本正式承认比特币为法定货币；中国关闭所有国内加密货币交易所；比特币价值2万美元/比特币；比特币核心0.17.0版本可用 | 2019—2020：纽约证券交易所推出比特币期货市场；中国支持区块链；新冠疫情导致比特币价格下跌50%；以太坊在结算价值上迎头赶上 | 2021：比特币价格5万美元/比特币；摩根士丹利提供比特币基金渠道；Coinbase上市；中国加大对加密货币的监管力度；萨尔瓦多采用比特币作为法定货币 |

图 3-2 比特币的重要里程碑事件

资料来源：Medium、TradingView、HowMuch.net。

中本聪的论文将比特币设想为一种无须中央银行存在的去中心化货币和"运行在一种只需最低限度结构的网络上的纯粹的点对点版电子现金系统"。拉夫堡大学的荣誉研究员戴夫·埃尔德－瓦斯将中本聪对比特币交易的设想描述为："匿名、安全、或多或少不受政府干预"。2009 年 1 月 3 日，中本聪通过 SourceForge 平台发布了比特币的第一个创世区块（也称 0 号区块），即包含首批 50 个比特币的原始区块。区块 1 于 2009 年 1 月 9 日被挖出，也就是在发布区块 0 的六天之后。

像比特币为我们展示的，区块链大大减少了验证交易需要的时间和资源。区块链是一个公共数据库，通过网络中的许多计算机进行更新和共享。区块指的是存储在被称为"区块"的连续组中的数据和状态；链指的是每个区块都以加密方式引用其父区块。换句话说，区块被"链"在一起。网络中的每台计算机都必须就每个新区块和整个链达成共识，这些计算机被称为节点。

节点可以确保与区块链交互的每个人都拥有相同的数据。

为了达成这种分布式协议，区块链需要一种共识机制。如果不改变所有后续区块，区块中的数据就无法改变，这就需要整个网络达成共识。区块链的所有核心元素都是为了使协议无法被伪造或复制而设计的。每个区块的时间戳都标记着之前所有交易的日期，每个区块中的加密哈希值都映射到之前的区块中，因此，如果不破坏其他区块，就无法更改任何一个区块（见图 3-3）。

区块链：它是什么，它可以用来做什么

问题	现实	应用和使用案例
1. 什么是区块链? 区块链是比特币吗	区块链不是比特币，区块链技术可以在比特币以外的许多应用中被使用和配置	记录保存——静态信息的存储 1.静态注册（例如专利） 2.身份（例如身份记录） 3.智能合约（例如保险理赔）
2. 区块链比传统数据库更好吗	区块链并不一定比传统数据库更好，但它在参与者无法直接交易的低信任环境中很有价值	
3. 区块链是防篡改的或者说，是100%安全的吗	如果超过50%的网络计算能力被控制，并且之前的所有交易都被重写，区块链可能会被篡改——这在很大程度上是不可能的	交易——交易信息登记处 1.动态清册（例如药品供应链） 2.支付基础设施（例如跨境点对点支付） 3.其他（例如首次代币发行）
4. 区块链是"真相机器"吗	区块链可以验证所有交易和数据，这些交易和数据完全包含在区块链上，并原生于区块链，但它无法评估外部输入是否准确或"真实"	

图 3-3　区块链神话与现实

资料来源：改编自麦肯锡公司的《区块链解释：什么是区块链，什么不是区块链，为什么区块链很重要》。

在比特币中，第一个验证交易并向数字账本添加新数据块的参与者或"矿工"将获得一定数量的代币作为奖励。在这种被称为 PoW 系统的模式下，矿工有动力快速展开行动。但是，验证交易并不是简单地验证比特币是否已经从一个账户转移到了另一个账户，而是矿工必须通过正确识别与交易相关的字母数字序列来回答加密问题。

这种活动需要大量的试错，因此哈希率（完成一个操作的计算速度）对于比特币来说极其重要。根据加密货币交易所双子座（Gemini）的说法，PoW系统历来能为用户提供更好的安全性，因为它是去中心化的，而且要求矿工投入巨大的计算能力来验证交易。单个恶意行为者需要拥有天文数字的计算能力和费用，才能试图控制网络的大部分计算能力。（第8章将详细讨论比特币和其他加密资产的安全问题。）

PoW 与 PoS

尽管 PoW 系统的共识机制有其优点，最显著的可能是它的安全性，但正是这一特性成为市场参与者设计并选择其后继者 PoS 系统的原因。

PoW 意味着，任何想在区块链上添加新区块的人都必须解决一个需要大量计算能力才能解决的难题。解开谜题就"证明"你利用计算资源完成了"工作"，这种努力被称为"挖矿"（因此玩家被称为"矿工"）。挖矿通常是蛮力试错，但成功添加一个区块可以获得比特币奖励。换句话说，当你向某人发送比特币时，这笔交易必须被挖出并包含在一个新的区块中。更新后的状态将与整个网络共享。

然而，PoW 系统对计算能力要求的另一面是，挖矿的能耗非常高，已经成为一种破坏环境和耗费经济的行为。Digiconomist 的比特币能源消耗指数报告显示，比特币加密货币的碳足迹（carbon footprint）与新西兰的碳足迹相当，每年产生 36.95 兆吨二氧化碳。

目前，以太坊正在考虑升级到以太坊 2.0，用 PoS 系统取代 PoW 系统。在 PoS 系统中，参与者根据其数字钱包中的硬币数量和持有这些权益的时间长短获得奖励。与之前的"矿工"PoW 共识机制相比，PoS 系统采用了"权益"共识机制模式。在这些因素中得分最高的参与者将被选中验证交易并获得奖励。许多其他大型加密货币网络，包括 Cardano、Dash 和 EOS，也在研究 PoS 算法。

PoS 系统有几个优点，其中包括更高的安全性、可访问性和可持续性。首先，它们有助于加密货币网络建立一个由忠实参与者组成的可信网络，这可能会减少安全漏洞的产生；其次，它们为加密货币矿工提供了公平的竞争环境，因为拥有最强计算能力的矿工不一定是赢家；最后，矿工还认为，PoS

系统能效更高，交易速度更快，从而减轻了挖矿对环境造成的能源负担。

然而，PoS 系统并非没有缺点。由于 PoS 依赖于验证者的系统，而验证者将交易的一部分作为权益，因此参与其中的验证者有可能不守信用、验证错误或出现冲突的交易，而验证者本身付出的代价却微乎其微。由于 PoS 不需要大量能源，如果验证者可支配的能源较少（但质押的权益较多），就可能对整个交易系统造成危害。转向 PoS 系统可能会对服务于加密货币玩家的半导体公司产生重大影响，因为这将使芯片需求转向新的方向。至于久经考验的 PoW 系统和新兴的 PoS 系统，哪一个会成为未来被采用的主要机制，我们仍在等待市场参与者如何适应和应对。

因此，区块链技术最重要的作用是作为验证交易的一种方式。它对企业的实际影响在于简化的验证流程可以节省时间和金钱。然而，这背后存在重大的环境、社会和治理问题。

例如，2021 年 3 月，特斯拉首席执行官埃隆·马斯克（Elon Musk）曾在 Twitter 上宣布，该汽车制造商将接受最流行和最大的加密货币——比特币作为购买电动汽车的支付方式。然而，这家电动汽车制造商在同年 5 月中旬停止了接受比特币，原因是人们担心"挖掘"加密货币（需要大量功能强大的计算机）会导致气候变化。在接受数字货币 49 天之后，特斯拉于 2021 年 5 月 12 日改变了方向，表示由于担心"挖掘"加密货币会加剧化石燃料的消耗和气候变化，它将不再接受比特币。

马斯克表示，一旦确认矿工合理使用清洁能源，公司将恢复比特币交易。马斯克在一条推文中写道："当确认矿工合理使用（约 50%）清洁能源并且未来呈现积极的趋势时，特斯拉将恢复比特币交易。"在 2021 年 7 月的一次比特币会议上，马斯克暗示特斯拉未来可能会帮助比特币矿工转用可再生能源，还表示如果比特币挖矿的可再生能源使用率达到 50% 以上并呈现出良好趋势，"特斯拉将恢复接受比特币"。

除了使用可再生能源，另一种减少碳排放的方法是使用不同的算法来验证区块链上的交易。在幕后，加密货币市场正在发生微妙的变化，参与者试图通过开发 PoS 等新算法来最大限度地降低计算能力的重要性。（见上面的专栏：PoW 与 PoS。）

3.4 以太坊：智能合约执行平台

继比特币之后，许多别的加密货币（也称为"替代币"）被创造出来，以改善比特币的某些缺陷或解决某些低效问题，它们可以通过各种网络获得。流行的替代币包括达世币（Dash）、莱特币（LTC）和瑞波币（XRP，由 Ripple 提供）。在所有替代加密货币网络中，以太坊最受欢迎（见图 3-4）。它是一个开源平台，允许用户构建和启动去中心化应用，包括加密货币或数字账本。用户必须使用特定的数字货币——以太币，才能在以太坊上运行应用程序。以太币也可以作为普通货币的替代品，但其主要目的是促进以太坊的运行。

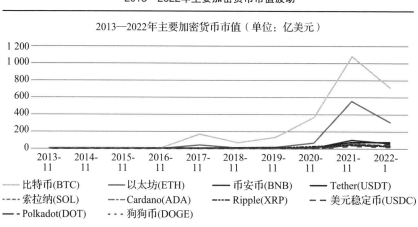

图 3-4　主要加密货币的市值（2013—2022 年）

注：Polkadot 于 2020 年 5 月推出，索拉纳于 2020 年 3 月推出，美元稳定币于 2018 年 5 月推出，币安币于 2017 年 7 月推出，Cardano 于 2017 年 9 月推出，以太坊于 2015 年 7 月推出，Tether 于 2014 年 7 月推出，狗狗币于 2013 年 12 月推出。成立日期之前无对应的数据。

资料来源：Forbes（2021 年 11 月 30 日）、CoinMarketCap（2014—2022 年，2014—2021 年 11 月 30 日，2022 年 1 月 30 日）、Statista（2013 年）。

如比特币部分所示，区块链是一个分布式账本或数据库，在公共或私人计算网络中共享。网络中的每个计算机节点都拥有账本的副本，因此不存在单点故障。每条信息都经过数学加密，并作为一个新的"区块"被添加到历史记录链中。在将新区块添加到链上之前，会使用各种共识协议与其他参与者验证新区块。这可以防止欺诈或重复消费，整个过程无须中央机构参与。

以以太坊为代表，区块链账本还可以用"智能合约"编程，即在区块链上记录一组条件，以便在条件满足时自动触发交易。例如，智能合约可以用于自动支付保险赔款。它允许使用计算机代码交换金融资产和其他资产，无须律师或托管代理人参与。（正如第 8 章将讨论的，智能合约本身是一种新型编程方式，要确保智能合约安全、节能并降低漏洞风险，需要仔细地验证和审查，我们将在"智能合约安全"一节中介绍。）

2014 年，以太坊提出了构建去中心化应用程序的新主张。人们可以在一个单一的区块链上部署任何类型的程序。为了实现这一目标，以太坊将应用层变成了一个名为以太坊虚拟机（EVM）的虚拟机。这个虚拟机能够处理被称为智能合约的程序，任何开发者都可以在无权限的情况下将这些程序部署到以太坊区块链上。这种新方法允许成千上万的开发者开始构建去中心化应用程序。

智能合约只是一个在以太坊区块链上运行的程序。它是代码（其功能）和数据（其状态）的集合，位于以太坊区块链上的特定地址。在最基本的层面上，智能合约可以被看作是一种自动售货机：当调用带有特定参数的脚本时，如果满足某些条件，脚本就会执行某些操作或计算。例如，如果调用者向特定接收者发送以太币，一个简单的供应商智能合约就可以创建并分配数字资产的所有权。

智能合约是以太坊账户的一种合约，账户被定义为网络中可以持有余额和发送交易的实体。这意味着它们有货币价值余额，可以通过网络发送交易。然而，它们不受用户控制，而是被部署到网络中并按程序运行。用户的账户可以通过提交交易与智能合约交互，执行智能合约上定义的功能。智能合约可以像普通合约一样定义规则，并通过代码自动执行。默认情况下智能合约无法被删除，与智能合约的交互也是不可逆的。

以太坊目前使用 PoW 共识机制。EVM 本质上是一台单一的、典型的计算机，以太坊网络中的每个人都对其状态达成一致。参与以太坊网络的每个人（即每个以太坊节点）都保存着这台计算机状态的副本。此外，任何参与者都可以通过广播请求这台计算机执行任意计算。每当广播此类请求时，网络上的其他参与者就会验证、确认并执行计算。执行计算会导致 EVM 的状态发生变化，这种变化会被提交并传播到整个网络。

计算请求被称为交易请求，所有交易的记录和 EVM 的当前状态都会被存储在区块链上，而区块链又会被所有节点存储并达成一致。任何发出交易请求的参与者都必须向网络提供一定数量的以太币作为赏金。谁最终完成了验证交易、执行交易、将交易提交到区块链并向网络广播的工作，谁就能获得这笔赏金。支付的以太币数量与完成计算所需的时间相对应。

以太坊加密货币支持以太坊算力的定价机制。当用户要进行交易时，他们必须支付以太币才能使其交易在区块链上得到认可。这些成本被称为"燃气费"，燃气费取决于执行交易所需的算力以及当时全网对算力的需求。由于 2021 年加密货币交易的蓬勃发展，以太坊网络被推到了满负荷状态，因此以太坊的燃气费也随之飙升。随着 Web3 的发展，对加密基础设施的需求也在增加。

3.5 比特币与 Web3（纯去中心化与修正的去中心化）

就像我们所说的，区块链代币化（tokenization）和智能合约技术可以作为一种高级软件，确保协议内容得到执行，从而实现对数据权利、风险和回报的认可。在创建经济价值模型方面，区块链可以作为市场机制的推动者，为数据附加价值和权限。

但是，哪种加密货币将成为元宇宙的货币？这是比特币和以太坊之间的战争吗？毫无疑问，比特币是有史以来最受认可的第一种数字资产，但生态系统中还有数百种甚至数千种其他的数字资产。也有人担心，比特币作为第一种数字资产，可能会受到以太坊等竞争对手的创新性破坏（就如 MySpace 和 Meta 的故事）。

换句话说，是否会有一个明显的赢家成为主要的元宇宙货币？还是说，多种加密货币将一直并存，各自发挥着略微不同或完全不同的作用？

为了解决这些问题，让我们先重新审视一下"Web3"这个名称的含义。Web3 希望通过区块链技术，让用户或消费者拥有并因此能够掌控自己的数据，并通过授权使用自己的数据，拥有平台"股份"并成为"股东"。Web3 中的"股份"是加密货币或代币，代表网络或区块链的所有权。相比之下，当前的主要互联网（Web2.0）由少数的科技巨头决定，如谷歌、Meta、亚马逊、Twitter 和苹果。

自加密货币诞生以来，由于其带来了一种革命性的可能性，即提供了一个用于记录和转移价值的去中心化平台，因此无数能人志士一直在寻求互联网的去中心化和民主化。Web3 的愿景是，与当前的互联网不同，通过特定的加密货币（即特定加密平台的原生"货币"），人们可以对平台本身进行实际投资（这在 Web2.0 互联网中是不可能实现的），从而实现并支持特定平台上的所有价值记录和转移处理。

对于 Web3 的"纯粹主义者"来说，他们对未来互联网的愿景是完全去中心化的：（1）绝不允许任何一方或一小群人控制平台或对平台施加压倒性的影响（"不可信任"）；（2）具有极高的数据安全性（比特币网络无法被黑客攻击）；（3）抵御审查（任何人都可以使用比特币，没有人可以通过技术手段阻止任何交易）；（4）确保极高的隐私性（尽管不一定需要保密）。

现在，我们回到区块链故事的开始。第一个区块链是比特币，它是一种点对点的数字货币，创建于 2008 年，使用 PoW 这种新颖的共识机制。它是区块链上第一个去中心化应用，同时也是一个真正的去中心化平台。促成比特币成功的因素包括：

- 比特币创建者的匿名性（这可能是其他任何代币都难以企及的）。
- 公平推出（对早期投资者或任何其他投资者均无"预付费"或代币分配）。
- 发行的比特币数量有限（"稀缺性"）。
- 与 PoS 相比，PoW 支持是一种更公平的分配方法，而 PoS 应用更广泛，能耗更低。
- 投资者群体相对分散。

然而，比特币"去中心化优先"的特性具有两面性。一方面，比特币从根本上不同于其他任何数字资产，比特币是最安全、最去中心化、最健全的数字货币（相对于其他数字资产而言），因此其他任何数字资产都不可能改进比特币的货币属性（即没有任何其他数字资产可能会成为一种比比特币更好的数字货币）。换句话说，任何"改进"都必然面临取舍。

另一方面，比特币是一个僵化的生态系统，不容易扩展。几年前，当人们开始意识到去中心化应用的潜力，社区中出现了构建新应用的愿望时，这一点就变得很明显了。当时，开发去中心化应用程序有两种选择：要么分叉比特币代码库，要么在其基础上构建。然而，比特币代码库非常单一；所有三个层（网络层、共识层和应用层）都混在一起。此外，比特币的脚本语言非常有限，对用户也不友好。我们需要更好的工具。

因此，"智能合约"应运而生。任何开发者都可以创建一个智能合约，并将其公开在网络上，用区块链作为其数据层，但需要向网络支付一定的费用。然后，任何用户都可以调用智能合约来执行其代码，同样需要向网络支付费用。因此，有了智能合约，开发者就可以构建和部署任意复杂的面向用户的应用程序和服务，如市场和游戏等。在实践中，参与者并不是每次请求在EVM 上进行计算时都要编写新代码。相反，应用程序开发人员会将程序（可重复使用的代码片段）上传到 EVM 的存储器中，而用户则会设定不同的参数来请求执行这些代码片段。

由于以太坊和智能合约推动了加密货币世界的传播，Web3 社区的一部分人主张在元宇宙中使用基于智能合约的区块链平台，如以太坊、Solana、Cardano、Polkadot 和 Avalanche，这些平台支持许多新的、多样化的加密货币功能，例如：

- DeFi（去中心化金融）。
- NFT（非同质化代币）。
- 使用区块链技术的"边玩边赚"（P2E）游戏。

这些平台允许进行透明、不可逆和开放的交易，其中每个平台都实现了去中心化的一个方面的目标。（后面章节中将详细讨论这些"新"加密货币的功能。）然而，这些平台中的每一个都体现了创始人、风险投资人和资本家的动机，他们希望确保特定平台及其原生加密货币的成功。相比之下，比特币是最大化去中心化的一个平台。如前所述，对比特币的任何"改进"都必然面临取舍。

总之，就目前而言，比特币是最纯粹的去中心化加密货币，持有量最大，市值最高。然而，其他加密货币（替代币）在价值和使用者数量上都在不断超越比特币。由于在完全去中心化的平台上无法轻易或快速地部署技术更新和变革，因此，在一个活跃的创造者或开发者群体的"控制"下，替代币可以得到扩展、积极营销和广泛"销售"，这是有意义的。

因此，比特币网络的成功与所有其他数字资产网络的成功并不一定是相互排斥的。相反，数字资产生态系统的其他部分可以满足不同的需求，或者解决比特币无法解决的问题。在可预见的未来，随着 Web3 的发展，我们可能会看到比特币和智能合约替代币共存共生。在某一时刻，中心化项目的积极方面将超过消极方面，加密生态系统将转向一个新的方向，即去中心化平台与某些中心化模式的混合。为此，我们可以从后面关于 DeFi、NFT 和区块链游戏的章节中看到元宇宙的早期版本。

3.6　Visa 和万事达卡：代币经济成为主流

元宇宙是一个虚拟世界，网民可以在其中社交、购物、工作和体验各种活动。关于元宇宙将如何发展，人们有很多设想，但某种形式的加密货币可能会成为首选支付方式。此外，还可以使用区块链来确保支付自动化，从而全面管理元宇宙所需的小额支付。例如，我们已经看到有人在各种虚拟宇宙中使用加密货币购买土地和其他商品（更多例子将在后续章节中介绍）。（第 9 章将讨论公共加密货币、政府央行数字货币和大型科技公司代币之间的三方竞争。）

元宇宙必须具备一个全球支付通道——通过加密货币实现全球实时结算和清算。在 Web1.0 时代，我们只能在台式电脑上运行文本图像，网上购物非常罕见，而且让人望而生畏。Web2.0 增加了视频和移动功能，可以一键完成购买。Web3 将包括 3D 世界、虚拟现实、增强现实和混合现实（XR）、人工智能和去中心化商务，其普及速度将超过前几代互联网。购买将像思考一样瞬间完成。

现实情况是，我们仍处于代币经济的早期阶段。区块链和加密货币交易仍然存在严重的技术缺陷，尤其是在可扩展性和性能表现方面。目前，区块链无法像中心化移动支付应用那样处理大量交易，而且由于技术原因，确保区块链上的交易安全所需的能量（PoW 共识机制）会随着时间的推移而增加。

但基于区块链的数字金融未来才是我们的愿景。新的区块链公司（如 Ripple、BlockFi、Coinbase 等）正在实现传统金融产品（如借贷、投资、跨境支付）的民主化，并首次为没有获得银行充分服务的人群（尤其是在新兴市场）提供使用金融工具的机会。毫无疑问，精通技术的千禧一代和 Z 世代正在引领加密货币革命。2021 年，根据 CNBC 的一项调查，加密货币是唯一一种年轻人参与比例很高的投资类型：在 18 ～ 34 岁的年轻人中，15% 的人拥有加密货币，而在 35 ～ 64 岁的人群中，这一比例为 11%，在 65 岁及以上的人群中，这一比例仅为 4%。

2021 年，加密货币已经不可忽视，其市值有时甚至超过 3 万亿美元，部分原因是加密货币和独特的数字资产已成为被传统金融体系拒之门外的一代人的首选。除了加密社区对代币的使用，真正将加密资产带入主流的是 Visa 等成熟的大型金融机构越来越多地参与。

过去几年，Visa 与 Coinbase 和 FTX 等加密货币交易所建立了合作关系。2021 年，Visa 披露其已通过银行卡计划与不少于 50 个加密货币平台建立了合作关系，"使数字货币在全球 7 000 万家商户的兑换和消费变得更加容易"。Visa 为了保持与客户的紧密联系和客户参与度，正在通过将加密货币作为其平台上的一个选项来保证用户忠诚度。Visa 与美国首家联邦特许数字资产银行，也是 Visa 数字货币结算独家合作伙伴 Anchorage 合作，推出了一个试点项目，允许 Crypto.com 向 Visa 发送 USDC（一种"稳定币"，详见第 4 章的讨论），以结算 Crypto.com 的 Visa 卡项目的部分债务。

Visa 的标准结算流程要求合作伙伴使用传统法定货币（即政府货币）进行结算，这可能会增加使用数字货币开展业务的成本和复杂性。以 USDC 结算的能力最终可以帮助 Crypto.com 和其他原生加密货币公司评估全新的业务模式，而无须在财务和结算工作流程中使用传统法定货币。（顺便说一句，Visa 的资金管理升级和与 Anchorage 的整合也加强了 Visa 直接支持未来出现的新型 CBDC 的能力。）

Visa 的竞争对手万事达卡也在改进和执行其金融科技战略，将加密货币纳入其中并加以利用。根据 2021 年 Coindesk 的一份报告，万事达卡宣布，作为万事达卡"Start Path Crypto"计划的一部分，它正在与五家初创公司合作，以解决区块链领域的全球性挑战。万事达卡选择合作的初创公司包括智能合约构建商 Ava Labs、专注于人工智能的移动银行应用程序 Envel、点对点储蓄平台 Kash、比特币银行应用程序 LVL 和加密奖励平台 NiftyKey。

与 Visa 采用基于加密货币的支付系统类似，万事达卡也拥抱区块链和加密货币，努力为其越来越多的对加密货币好奇的用户提供更多的支付选择、交易方式、产品和服务。根据 2021 年万事达卡新闻室的一份报告，万事达卡为用户提供加密支付选择的理念并非一定要鼓励用户使用加密货币，更多的是让用户可以"选择"使用加密货币："万事达卡不会建议你开始使用加密货币。但我们的目的是让客户、商家和企业能够以任何方式（传统或加密货币）转移数字价值。这是你的选择，因为这是你的钱。"

万事达卡的卖点还在于它会选择某些加密货币纳入自己的网络，而不是向所有加密货币敞开大门。一旦加密货币符合万事达卡的安全性、可靠性和风险要求，万事达卡就会考虑将其纳入。对于那些对涉足加密货币领域的风险心存疑虑的用户来说，通过万事达卡进行操作或许是一种更安全的尝试。

与 Visa 和万事达卡一样，许多消费品公司和工业公司都有些姗姗来迟，因为从代币经济的早期开始，大多数区块链应用都是面向加密货币或金融交易的。但随着越来越多的区块链商业应用在新的元宇宙思维的推动下从概念走向现实，它们的参与度也在不断提高。传统公司和公众普遍对加密货币交易越来越适应，这可能会进一步提高加密货币的使用率。

3.7 元宇宙展望：不只是货币的加密货币

加密货币和代币正在改变的不仅是金融和货币，还影响着创作者如何组建互联网原生组织并在其中创作和分享价值。Web3 已经成为新经济理念的代表，这些理念涉及互联网应如何架构，以及个人应如何分享这种价值创造，而加密资产将为此发挥重要作用。

加密资产按其主要功能可以分为两大类：原生币和加密代币。原生币，如比特币，通常与传统形式的货币竞争，提供替代货币工具和支付基础设施。与原生币不同，代币中的实用代币嵌入了内在价值，这些内在价值与实用代币发行实体的商业模式及其生成的生态系统的质量有某种联系。

换句话说，加密货币是加密资产的一个子类，但并非所有的加密资产都是加密货币。加密资产通常具有许多与加密货币相同的特征，即会有一种代币作为价值存储，并具有转移该价值的能力，但通常还会添加第二层功能。

由于区块链技术的普及，越来越多的加密资产进入市场。

如果说加密货币作为一种资产，其增长迫使大家关注 2021 年加密货币世界的数万亿美元市值，那么加密货币超越传统货币的增长能力才有可能在各行各业引起反响。自 2021 年以来，元宇宙社区见证了不同加密货币行业的出现，每个行业都有不同的价值驱动力。在这个新时代，与比特币无关的加密货币使用场景——各种实用代币，终于得到了验证，并得到了有意义的采用。

实用代币将在这个新系统中发挥积极的促进作用。购买实用代币的消费者支持了网络的稳定性和流动性。网络中发生的服务或商品的买卖越多，网络就越有效。新用户使用实用代币会增加代币的价值，从而增加其他用户的投资价值。

更重要的是，网络中的用户越多，网络的安全性就越高。这意味着使用实用代币的投资者也在为其他用户提供更好的网络。因此，利益相关者之间的区别将逐渐消失：客户也将成为投资者，反之亦然。基于实用代币的商业公司将有可能从正反馈中受益，代币的使用将使整个平台受益。

对于某些支付类型，分布式账本技术正在实现更具成本效益、更安全的支付，而且在大多数商业使用案例中，资金流动是完全可追溯的。在竞争激烈的跨境支付领域，区块链实现了近乎即时和透明的支付，消除了复杂和不透明的收费结构。代币经济学改变商业模式的一个例子是"给农民小费项目"（Tip the Farmer projects），在该项目中，区块链代币使咖啡饮用者能够追踪原始（种植咖啡的）农民，并直接向他们提供经济价值。（见下面的专栏：给农民小费。）

给农民小费

Paramount Software Solution 公司是"给农民小费"区块链商业模式的典范。该公司创建了 FarmToPlate.io，这是一个食品追踪工具，通过二维码记录食品（如苹果）的全过程，从最初播种的农民，到如何运输，到商店，再到最后出现在消费者盘中。如果消费者喜欢这种食品，他们可以选择给农民微薄的小费。这项工作不仅通过其透明机制和其他技术功能帮助减少了数百万磅[⊖]

　⊖　1 磅 =0.453 6 千克。

的食物浪费，还有可能为经济困难的发展中国家的农民带来更多利润。

　　Paramount 并非唯一一家通过区块链向农民提供小费的公司。以向肯尼亚农民提供可持续收入为使命的肯尼亚咖啡品牌 Kahawa1893 也致力于让最终消费者清楚地了解咖啡的原产地。2019 年，Kahawa1893 将区块链技术注入其供应链，使消费者能够向农民提供小费。与 Paramount 类似，Kahawa1893 的消费者可以扫描 Kahawa1893 商品上的二维码，直接向咖啡农的电子钱包发送小费。

　　据 2019 年《福布斯》关于该公司的一篇文章称，由于肯尼亚无处不在的移动支付服务提供商 Mpesa 的帮助，小费会即时汇入农民的电子钱包。总部位于肯尼亚的初创公司 BitPesa 采用分布式账本结算，客户无须银行账户甚至无须注册钱包，就可以发送和接收低成本、近乎即时的付款。

　　在第 5 章中的另一个例子中，我们将看到 NFT 首先为艺术市场带来了新的活力，然后再扩展到艺术市场之外，成为新文化经济的基础。NFT 代币为未来的创作者经济提供了金融基础设施，资产会随着社区的建立而不断增值。

　　随着这些变化，区块链商业应用市场也在不断升温，因为出现了很多不同的代币，而 BaaS 软件开发简化了区块链的实施。多样化意味着更多的使用案例，而更多的使用案例则意味着更广泛的使用。由于这种积极的放大效应，加密货币行业正在不断扩展。加密货币已经不仅是投资组合中的一篮子代币资产，它正开始渗透到日常生活中（例如融资活动，这将在接下来的第 4 章中讨论）。这就是 Web3 的意义所在。

DeFi
无银行元宇宙

- 金融科技 2.0：DeFi 与 CeFi
- 治理代币和收入来源
- 稳定币：连接 DeFi 和 CeFi
- 分层协议和 DeFi 安全
- 通往大规模应用的坎坷之路
- 征服新领域：DeFi+NFT、游戏和社交网络

4.1　金融科技 2.0：DeFi 与 CeFi

去中心化金融（DeFi）是去中心化元宇宙的下一个金融前沿领域。DeFi 结合了现有的区块链相关技术（如数字资产、钱包、智能合约）和包括 Oracle（一种数据库）在内的辅助服务创造了新的金融交易形式，绕过了商业银行等传统机构。简单来说，DeFi 是由去中心化区块链技术支持的抵押贷款和资产衍生品等金融产品，而不是银行和交易所中传统的中心化金融（CeFi）系统。

2020 年，DeFi 在新冠疫情流行、政府实施货币宽松政策和财政刺激政策期间展示了自主权和点对点金融的力量，并席卷了金融科技领域。根据 2022 年 Statista 的一份报告，2022 年 3 月，DeFi 的独立用户数量从 2017 年

12 月的 189 增长至约 450 万。尽管与拥有 6 000 多万名客户的美国银行等大型商业银行相比，DeFi 的用户数量仍然很少，但过去两年的增长速度惊人（见图 4-1）。

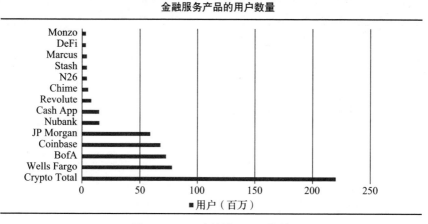

图 4-1　DeFi 创新与 CeFi 机构

资料来源：Grayscale Report 2021。

DeFi 已经开始重塑全球金融和电子商务，但对于大多数人来说它仍然神秘莫测。DeFi 的优势在哪里？如表 4-1 所示，DeFi 试图提供一种范式转变，以区别于传统银行业目前的交付方式。

表 4-1　DeFi 与 CeFi

	CeFi（中心化金融）	DeFi（去中心化金融）
客户	仅限于特定地区和特权客户，需要国家的反歧视法律监管	对任何连接到互联网的人一视同仁
结构	银行服务由传统公司或法人实体提供	银行服务由开源加密网络软件协议提供
参与方	服务由指定公司及其员工提供	服务由任何人以点对点方式向其他任何人提供
所有权	系统由公众股东、私人股东或政府实体所有	系统为公众所有并向用户社区中的任何人开放
治理	管理层、行业机构和监管机构做决定	协议、开发人员和用户社区做决定
资产托管	资产由机构或托管人持有	资产由用户直接持有或在非托管智能合约中持有
账目单位	以法定货币表示	以数字资产表示
交易	通过中介机构执行	通过智能合约执行
清算	通过清算所促成	通过协议促成

（续）

	CeFi（中心化金融）	DeFi（去中心化金融）
结算	3～5个工作日，取决于周一至周五工作日的交易时间	秒到分钟，取决于区块链的操作时间，每天24小时，一年365天都可操作
法律纠纷	书面法律协议由缓慢而昂贵的传统地方法院系统解决	数字法律协议由软件自动结算，费用为典型交易费用
可审计性	每季度进行一次授权的第三方审计	开放源代码和公共账本，任何人都可以逐块审核
抵押品	在许多情况下中介机构的担保不足使系统面临风险	在大多数情况下是全额抵押或超额抵押；降低系统性风险
风险	易受黑客攻击，泄露数据	易受智能合约黑客和数据泄露的影响

资料来源：Grayscale Report 2021。

DeFi 的主要特点是，没有银行账户的人也可以访问现代金融系统。根据世界银行 2017 年的一项调查，全球有 17 亿人无法使用银行账户。在这 17 亿人中，约有 4.6 亿人生活在东南亚，3.5 亿人生活在非洲。在美国，也仍有大约 5 500 万人没有银行账户。

现在他们可以很容易地成为 DeFi 玩家。只需一部智能手机和基本的互联网连接，世界任何角落的任何人都可以访问 DeFi 协议并享受各种金融服务。例如，去中心化贷款服务（如 Compound Lending 和 AAVE）或去中心化资产管理服务（如 MetaMask、imToken、Agent、Enjin 等）。

此外，基于区块链技术的 DeFi 具有以下独特的优势：

- **可控性**。与 CeFi 将资产移交给金融机构进行托管的方式相比，DeFi 的主要优势在于用户始终对其资产拥有绝对控制权。此外，在 DeFi 中，用户可以在金融交易中任意扮演客户或供应商的角色。他们可以是服务方，也可以是被服务方，并且金融交易没有进入门槛。

- **透明性**。DeFi 协议代码是开源的，在公链上运行，因此任何人都可以验证其安全性、交互规则，查看交易历史和实际网络使用情况。

- **抗审查性**。抗审查性是指可以防止各方更改或拦截网络上的数据的一种网络的特性。数据一旦被添加，就几乎不可能被删除或更改，数据具有永久性。在 DeFi 中，区块链网络节点不会审查和更改单个交易。

- **可编程性**。DeFi 通过智能合约实现，可以根据功能需求对智能合约进行编程和调整，以符合不同类型的金融逻辑。

- **可组合性**。DeFi 也被称为"货币乐高"，这意味着实现智能合约的基础级 DeFi 协议可以在其他 DeFi 项目中被用来组合成新的 DeFi 应用程序。例如，流动性挖矿协议可以使用 DEX 协议 UniSwap 和 DeFi 借贷协议 Compound，通过借贷和交换资产来优化收益。
- **互操作性**。DeFi 允许数字资产与法定资产和实物资产的代币化和价值交换。例如，Synthetix 项目是一个基于以太坊的去中心化合成资产发行协议。这些合成资产由 Synthetix 的网络代币 SNX 担保，当代币锁定在合约中时，可以发行合成资产 Synth。这种集中抵押品模型允许用户直接使用智能合约在 Synth 之间执行转换，从而避免了对交易对手的依赖。

4.2 治理代币和收入来源

顾名思义，DeFi 是一种更去中心化的交易方式。该系统的特点是在多台计算机上维护透明的数字账本，因此没有集中故障点。它的治理也是去中心化的——控制权属于网络成员，而不是中央权力机构。信任是通过公众共识实现的：社区成员必须自己对交易的有效性达成共识，而不是依赖第三方。

因此，DeFi 交易比传统金融更加安全。例如，在贷款和借款中，DeFi 使用超额抵押和自动清算机制来降低借款方的信用风险。在衍生品交易中，智能合约可以从各种 Oracle 来源获取价格信息，并根据需要发布实时追加保证金通知。所有这些功能都是基于 DeFi 代币的。

DeFi 应用程序是在网络上构建的，每个网络都有自己的原生代币。DeFi 代币主要包括两种形式的代币：治理代币和流动性提供者（LP）代币。稳定币是一种特殊类型的代币，将在 4.3 节中单独讨论。

4.2.1 DeFi 治理代币

DeFi 治理代币允许代币持有者管理区块链协议，在某些情况下，使他们能够直接从 DeFi 应用程序的使用中获取价值。理想情况就像传统的股票：个人可以对董事会的决定进行投票，并在发放股息时从中获利。虽然这在传统金融中的实现是标准化的，但在 DeFi 中的实现可能会因为每年多次发明新模型而发生巨大变化。

以下是治理代币的几个示例：

Uniswap（UNI）。Uniswap 是一个无信任、去中心化的加密交易所，利用智能合约提供流动性和自动做市商（AMM）协议。AMM 代表用于创建所谓的代币流动性池的智能合约，这些代币由算法而非订单簿执行自动交易。AMM 根据预设的数学公式确定代币价格。UNI 是 Uniswap 协议的治理代币。UNI 用于实现社区主导的增长、可持续性和发展目标。为了实现所有这些目标，Uniswap 支持共享社区所有权和多样化、充满活力、专用的治理系统。可以通过向选定的代币池提供流动性来赚取 UNI，由于供应的大部分 UNI 已发行，因此这些代币池最终将被用于治理。

Aave（AAVE）。Aave 是一个去中心化的借贷系统，允许用户在没有中间商的情况下，对加密资产进行借贷并赚取利息。Aave 协议在以太坊区块链上运行。Aave 是一个智能合约系统，允许运行其软件的分布式计算机网络管理资产。简单来说，这意味着 Aave 用户不需要信任个人或机构来管理他们的资金，他们只需要相信代码会按照编写的那样执行就够了。AAVE 是 Aave 的原生代币。AAVE 有两个关键使用场景：治理和安全。它允许持币者参与平台的运营决策。

Maker（MKR）。Maker 是一个基于以太坊的加密货币项目，负责发行 DAI 稳定币。使用其代币 MKR，用户可以通过 Maker 投票面板在 Maker DAO 网络中为新的更改投票或提出建议。

Compound（COMP）。Compound 代币 COMP 是一种在以太坊网络上运行的 ERC20 代币。Compound 是一个借贷协议。代币持有者可以通过 Compound 治理面板为提议投票、讨论提议和实施网络更改。该代币允许借入和借出一组特定的加密货币，如 ETH、DAI 和 USDT。现在，任何拥有这些代币的用户都可以立即借出和借入加密货币，而无须花费与传统金融中介合作的时间、精力和成本。

SushiSwap（SUSHI）。SushiSwap 允许用户将加密货币兑换为类似于 Uniswap 的代币。SUSHI 是一种 ERC20 代币，在去中心化交易所 SushiSwap 发行给流动性提供者。SUSHI 代币是通过提供流动资金池在 SushiSwap 中赚取的，它也可以抵押以换取用于管理协议的 SLP 代币。SUSHI 代币的目标是奖励协议的用户，为了实现这一目的，该协议允许用户即使不再向 SushiSwap 池提供流动性，也能从 SushiSwap 费用中分得一杯羹。用户可以通过质押 SUSHI 赚取更多 SUSHI 来实现这一目标。

4.2.2　DeFi LP 代币

LP 代币代表加密货币流动性提供者在池中的份额，加密货币流动性供应者仍然完全控制代币。例如，如果你向总价值为 100 美元的 Balancer 池贡献价值 10 美元的资产，你将获得该池的 LP 代币 10% 的份额。持有 LP 代币可以使流动性提供者完全控制其锁定的流动性。大多数流动性池允许提供者不受干扰地随时赎回其 LP 代币，但如果过早赎回，许多流动性池可能会收取少量罚款。

在两种情况下会涉及 LP 代币与流动性池的比例份额之间的关系：（1）确定流动性提供者在提供流动性期间累积的交易费用份额；（2）当流动性提供者决定赎回其 LP 代币时，确定有多少流动性从流动性池中返还给流动性提供者。

现代 DeFi 平台上出现了许多 LP 代币的新用例。其中包括：

- 对 LP 代币进行质押来获得更多奖励，这用来激励流动性提供者将其流动性锁定在流动性池中。有时，这也被称为出租（farming）。
- 使用 LP 代币才有资格访问 DEX 的 IDO 项目。也就是说，要参与某些 IDO，必须持有一定价值的 LP 代币。

以下是几个领先的 DeFi 平台使用的 LP 代币的示例：

1inch。使用 1inch DeFi DEX 聚合器的加密流动性提供者不管向哪个 1inch 池提供流动性，他们都以 1INCH 代币的形式从平台交易费用中获得利息。这些 1INCH 代币也是 1inch 平台的治理代币，这意味着持有 1INCH 代币在管理 1inch 的去中心化治理中具有相应比例的投票权。

Uniswap。Uniswap 的流动性提供者将获得可替代的 ERC20 LP 代币奖励，这使得代币可以在更广泛的基于以太坊的 DeFi 生态系统中流转。因此，即使通常没有直接交易 LP 代币的市场，Uniswap 的 LP 代币等也可以作为 Aave 或 MakerDAO 等借贷协议中的抵押品。需要注意的是，Uniswap 的 LP 代币与治理代币 UNI 不同，UNI 治理代币用于对新提案和其他形式的去中心化决策进行投票。

SushiSwap。SushiSwap 流动性提供者会收到与其存入的特定资产相关的 ERC20 SushiSwap 流动性提供者代币 SLP。例如，如果用户将 DAI 和 ETH 存入池中，他们将收到 DAI-ETH SLP 代币。然后，这些 SLP 代币可以存入指定的 DAI-ETH SLP 流动性池，以生成 SUSHI（即 SushiSwap 的治理代币）。

Curve。Curve 是以太坊上的一个去中心化交易流动性池，专为极其高效的稳定币交易而设计。Curve 于 2020 年 1 月推出，它允许用户使用专为稳定币和赚取费用设计的低延迟、低费用的算法进行稳定币之间的交易。在幕后，流动性池中的代币也被提供给 Compound 协议或 iearn.finance，为流动性提供者创造更多收入。流动性提供者向池中注入流动性，以获得特定的 LP 代币，而不是与交易对绑定的 LP 代币。

例如，如果用户将 ETH 借给 Compound 平台，ETH 将被兑换为一种被称为 cETH 的 LP 代币，该代币将自动为持有者累积利息。除了允许 Curve 的加密货币流动性提供者从 Compound 中提取 ETH 和利息，还允许 Curve 用户将 cETH 投资于其他流动性池，以产生被动收益和 CRV（Curve 的治理代币）。因此，这些 LP 代币允许用户从初始投资中获得额外的好处和潜在利润。

Balancer。Balancer 是一种 AMM 协议，它支持由多个权重不等的资产组成的流动性池。与上面的许多示例一样，Balancer 流动性代币 BPT（被称为 Balancer 池代币）是一种 ERC20 代币，可以在更广泛的以太坊 DeFi 生态系统中流转。然而，鉴于 Balancer 独特的多资产池配置，BPT 代币由一系列加密资产构成。一些建立在 Balancer 池之上的项目要求用户抵押 BPT 代币以获得奖励。

Kyber Network。Kyber Network 将来自各种储备，包括代币持有人、做市商和 DEX 等，中的流动性整合到其网络上的单一流动性池中。Kyber 的动态做市商（DMM）协议中的流动性提供者接收代表其流动性池份额的 DMM LP 代币。然后，可以在合格的流动性池中质押这些 DMM 代币，以赚取 KNC 或 MATIC（分别是 Kyber 和 Polygon 的治理代币），还可以通过质押计划赚取协议费用。

图 4-2 显示，截至 2022 年 3 月底，DeFi 生态系统中的总锁定价值（TVL）约为 2 270 亿美元。TVL 包括 DeFi 协议提供的所有功能（包括抵押、贷款和流动性池）中的所有币值。TVL 是衡量 DeFi 市场整体资产水平和流动性水平的重要指标。

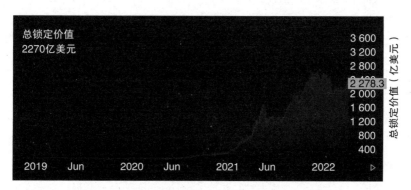

图 4-2　DeFi 系统的总锁定价值（2022 年 3 月）

资料来源：DeFi Dashboard。

总之，DeFi 协议和相关 DeFi 代币可以从不同来源产生收入，例如：

- 费用红利。协议可能会向代币持有者支付费用收入。
- 代币回购。协议可以使用费用收入来减少代币供应量。
- 代币分红。协议可以向代币持有者群体发放新代币。
- 协议使用。协议可以为持有代币的用户提供费用折扣。
- 质押奖励。例如 ETH2.0 代币质押奖励或 Polkadot 的 DOT 代币质押奖励。
- 治理投票。协议可能需要代币用于治理投票。

4.3 稳定币：连接 DeFi 和 CeFi

稳定币是至关重要的创新，是应用 DeFi 的催化剂。稳定币是一类试图提供价格稳定性并可能由储备资产支持的加密代币。从历史上看，加密货币被认为波动太大，不利于投机交易以外的金融交易。谁能解决这个问题？答案是"稳定币"，因为它试图提供两全其美的服务——加密货币的实时结算和清算，以及法定货币的无波动的稳定估值。

稳定币作为一种稳定的记账单位，支持更复杂的金融交易及生成各种衍生品。它指出了将传统金融市场与快速发展的 DeFi 领域整合的方向。作为市场稳定的一股力量，稳定币是贷款和信用市场采用加密货币时的主要工具，同时继承了以前只有法定货币才有的大部分功能。

基于四种底层抵押品结构，稳定币分为四种：法币担保、加密货币担保、算法担保或商品担保。虽然潜在的抵押品结构可能有所不同，但它们只为一个相同的目标：稳定。

4.3.1 法币抵押稳定币（链下）

这种稳定币是最受欢迎的稳定币，由法定货币提供 1∶1 的担保。由于其底层抵押品不是另一种加密货币，因此这种类型的稳定币被视为链外资产。法币抵押由中央发行机构或金融机构储备，其数量必须与流通中的稳定币代币数量成比例。

这类稳定币中市值最大的包括 Tether 发行的 USDT、双子星交易所发行的 GUSD、TrustToken 发行的 TUSD 和 Paxos 发行的 PAX。

4.3.2 加密抵押稳定币（链上）

顾名思义，加密抵押稳定币由其他类型的加密货币（通常是以太坊、比特币和其他顶级加密货币）作为抵押支持。这一过程发生在链上，并用智能合约执行，而不是依赖中央发行机构。

在购买这种稳定币时，你会将加密货币锁定在智能合约中，以获得具有同等价值的稳定币。然后，你可以将你的稳定币放回同一智能合约中，提取你的原始抵押金额。DAI 是这类稳定币中最突出的一种。它是通过 MakerDAO 的智能合约抵押债务头寸（CDP）来实现的，该合约确保区块链上的资产作为抵押品。在 MakerDAO 的最新版本中，"CDP"一词被重新命名为"金库"（Vault），使其更易于理解，因为加密货币经常被比作黄金。

加密抵押稳定币也通过超额抵押缓冲所需的加密货币抵押资产的价格波动。例如，如果你想购买价值 1 000 美元的 DAI 稳定币，你可能需要存入价值 2 000 美元的 ETH，这相当于 200% 的抵押率。如果 ETH 的市场价格下跌，但仍高于设定的阈值，则多余的抵押品会缓冲 DAI 的价格，以保持稳定。但是，如果 ETH 价格跌至设定的阈值以下，则会向智能合约支付抵押品，以清算 CDP。

4.3.3　算法稳定币

算法稳定币不使用法定货币或加密货币作为抵押品，它们使用专门的算法和智能合约来管理流通中的代币供应，以保持价格稳定。当市场价格低于其锚定的法定货币价格时，算法稳定币系统就会减少流通中的代币数量；当代币的价格超过其锚定的法定货币的价格时，新的代币就会进入市场流通，从而向下调整稳定币的价值。这种算法稳定币的例子包括 AMPL 代币、FEI 币和 FRAX 币。

由于算法稳定币没有抵押品，其实际价值将取决于以下因素：

治理。许多基于算法的稳定币协议据称都具有 DAO 结构。然而，只有少数协议拥有一个活跃的社区，负责持续批准通过改进的提案。功能性治理智能合约似乎是保证非抵押稳定币治理的理想选择。但是，在为所有利益相关者提供充分治理特权的同时，确保公平的代币分配也很重要。各种类型的算法稳定币协议都遵循事实上的集中治理方法。

激励机制。你可以发现，某些算法稳定币协议在必须确保用户钱包中的代币数量得到积极改变的情况下，会选择回购机制（回购机制的设计是根据代币价格波动自动调整流通代币的供应量）。此外，一些协议旨在提供一种替代投资工具的回报方案，例如用于消除或增加供应并匹配需求的优惠券。

因此，激励机制是决定最佳算法稳定币效率的最关键因素之一。为什么？因为加密货币市场不稳定，人类心理和经济学也存在波动因素。目前，稳定币唯一可见的激励机制就是稳定性。

代币采用。代币采用也是决定算法稳定币价值的可选列表中的重要因素之一。大多数协议只被少量或特定数量的 DeFi 项目采用，无须合作伙伴协议批准的自动做市商被排除在外。因此，算法稳定币的有用性因为与新用户的接触有限而下降。在流动性增长放缓的情况下，代币有限的应用水平可能会限制其稳定性。

准确性。由于各种复杂的原因，算法稳定币在维持挂钩（peg）方面有很大的困难。某些协议可能会失控，以至于陷入"死循环"。因此，主要协议需要具备一种机制来帮助协议走出"死循环"。

4.3.4 商品型稳定币

商品型稳定币使用贵金属、石油和房地产等实物资产进行抵押。最受欢迎的抵押品是黄金。XAUT 和 PAXG 是两种流动性最好的黄金支持的稳定币。不过，重要的是要记住，这些商品可能出现价格波动，因此也有可能贬值。

商品型稳定币有助于投资当地可能无法触及的资产。例如，在许多地区，获取金条并寻找安全的存储地点既复杂又昂贵。因此，持有黄金和白银等实物商品并不现实。

商品型稳定币也为那些希望将代币兑换成现金或希望拥有基础代币化资产的人提供了便利。PAXG 稳定币的持有者可以出售稳定币换取现金或持有相关黄金。但是，由于"伦敦金"（LGD）金条的标准重量是 370 ～ 430 盎司⊖，而每个代币代表 1 盎司黄金，因此用户必须至少持有 430 个 PAXG 才能赎回代币。赎回后，代币持有者可以在英国各地的金库提取黄金。

⊖ 1 盎司 =31.103 5 克。

同样，XAUT 的持有者只要完成 TG Commodities Limited 的验证流程，并持有至少 430 个 XAUT，就可以用 XAUT 代币兑换实物黄金。这一最低限额反映了伦敦金银市场协会（LBMA）金条 430 盎司的标准水平。使用 XAUT 兑换黄金后，其持有者可以在瑞士境内自行选择地点提取黄金。

虽然黄金支持的稳定币兑换实物黄金的功能在所有活跃的交易平台上都很普遍，但其他商品支持的稳定币缺乏同样的功能。例如，委内瑞拉探索性的一枚 Petro 稳定币就不能再兑换一桶石油。[⊖]虽然以房地产等其他商品为抵押的稳定币近年来成为头条新闻，但由于缺乏活跃的项目，很难进一步比较。

4.4　分层协议和 DeFi 安全

4.4.1　DeFi "货币乐高" 层

从技术和功能角度看，DeFi 项目可分为不同层次的 "货币乐高"（智能合约）。例如，公链和协议属于底层技术，DEX 和借贷协议属于不同层次的应用。并且，不同层次的应用可以组合在一起，构建新的 DeFi 应用，以下是 DeFi 的六个层次：

1. **底层技术**。这包括以太坊、Solona、Polkadot 和 Cosmos 等公链，以及 MetaMask、Enjin、Agent、imToken 等不同的钱包应用。
2. **稳定币**。它是实现价格数据和资产交换的重要货币工具。稳定币的例子包括 USDT、USDC、DAI 和一些基于算法的稳定币（例如 Basis Cash、Amperforth、Empty Set Dollar 和 Frax）。
3. **去中心化交易所（DEX）**，例如 Uniswap、0X 和 Kyber。

⊖ BlockBeats 消息，2024 年 1 月 15 日，据《巴伦周刊》报道，委内瑞拉正式宣布结束 Petro 加密货币的运营。该货币由总统尼古拉斯·马杜罗于六年前推出，旨在绕过美国的制裁，但实际上并未广泛流通，并卷入了贪腐丑闻。根据 Petro 唯一交易平台 Patria 网站的消息，所有在该平台上的 Petro 加密钱包将于 1 月 15 日关闭，并将余额转换为委内瑞拉当地货币玻利瓦尔。Petro 加密货币于 2018 年 2 月推出，以委内瑞拉庞大的石油储备作为支撑，初始价格定为每单位 60 美元。面对美国的经济制裁，马杜罗曾誓言 Petro 将 "开启国际融资的新形式"。然而，公民普遍难以理解其使用方式，并被一些风险评估机构标记为 "骗局"。2020 年，马杜罗尝试通过要求从加拉加斯起飞的航班使用 Petro 支付燃料费用，并强制将 Petro 用于支付国家服务费用（如办理新护照）来振兴这种加密货币。

4. **借贷协议**。目前，DeFi 领域最流行的应用，如 MarkerDAO、Compound、Aave 等都属于这一类。

5. **ETF、合成资产、ABS（资产支持证券代币）和其他金融衍生品**。不仅衍生品可以用数字资产的形式体现，实物资产也可以用数字资产的形式体现。

6. **DeFi 指数基金、保险产品和供应链金融**。目前，DeFi 还不够成熟，无法支持这些领域的复杂应用，但创新正在迅速崛起，尤其是在保险市场。

需要注意的是，从第二层到第六层，都需要区块链 Oracle（连接区块链和外部系统的 Oracle）的协助，以提供真实数据。当不同层次的应用结合在一起时，要密切关注相关的安全问题。以下是 DeFi 系统中被广泛利用的安全漏洞列表。

4.4.2　不正确的流动资金池计算

当 DeFi 池中的代币被定价时，DeFi 智能合约中最容易被利用的攻击方式之一就是黑客操纵价格。

DeFi 参与者在投资代币池时可以获得代币权益，从而在未来获取价值。一些设计拙劣的 DeFi 协议不是使用外部 Oracle，而是经常根据代币池的当前组成来计算他们所持代币的价值。闪贷攻击就是利用了这一点，在交易期间使代币池急剧失衡。不平衡的代币池会导致代币价值计算错误，从而让攻击者从代币池中榨取价值（例如 Belt Finance、Rari Capital 和 BurgerSwap 协议就是以这种方式被利用的）。

4.4.3　被盗和泄露的私钥

为了管理对区块链账户的访问和控制，区块链技术采用了公钥加密技术。区块链账户的地址来自与私钥相关联的公钥。以该账户名义进行的任何交易都必须使用正确的私钥进行数字签名。因此，私钥是众多区块链攻击的焦点。

私钥被盗或泄露的方式多种多样，包括：

- **加密货币钱包（如 MetaMask）受损。** MetaMask 通常用于在以太坊区块链上进行交互和交易。一些 DeFi 用户（包括 Nexus Mutual 和 EasyFi 项目的首席执行官）和项目在使用安装在其机器上的恶意版本的 MetaMask 时丢失了加密货币。
- **泄露或盗用助记符短语（mnemonic phrase）。** 在恢复或设置新钱包时，助记符短语可以使私钥更容易记忆或输入。一些与 DeFi 有关的黑客攻击涉及这些助记符短语的失窃或意外泄露。
- **私钥生成不完善。** 私钥应使用安全的随机数生成器生成。如果私钥生成不当，随机性较差，那么攻击者就有可能猜到私钥并获得对区块链账户的控制权。
- **针对私钥的网络钓鱼攻击。** 黑客通常以著名 DeFi 协议的开发人员或高层管理人员为目标，通过网络"钓鱼"获取私钥。例如，2021 年 11 月，bZx 协议开发者的私钥被盗，损失 5 500 万美元。这次攻击让黑客获得了 bZx 协议开发者钱包的内容，以及 BSC 和 Polygon 部署的 bZx 协议的私钥。对于这种攻击，只要将开发职责与运营职责分开，就能轻松避免。操作团队应持有多个签名私钥，并使用安全的工作站部署协议合约。

4.4.4 对特权功能的访问控制不力

特权功能在每个 DeFi 智能合约中都很常见。这些功能只能由合约所有者调用，因此必须通过访问控制来确保这一点。访问控制通常是通过指定对函数的调用必须由地址列表中的一个或多个地址进行。这些访问控制有时会被省略，或者以允许攻击者规避的方式构建。如果出现这种情况，攻击者就会获得对合约的访问权限，从而可以从中获取价值。

PolyNetwork 和 Punk Protocol 的黑客事件就是此类漏洞的两个最新例子。在这两个事件中，攻击者声称对项目合同拥有访问权，并利用这种访问权从项目中榨取价值。

4.4.5　Frontrunning 攻击

区块链不会立即将交易添加到分布式账本中。交易创建后会立即广播到区块链网络，但在作为区块的一部分添加到账本之前，它们会被存储在每个区块链节点的内存池中。

从创建交易到将其纳入账本之间的间隙为 Frontrunning 攻击创造了机会。攻击者通常是自动程序（机器人），它们会寻找可以利用的交易。如果发现了，它们就会创建自己的交易版本，并收取更高的交易费用，然后将其传输到网络上。由于区块链矿工通常会根据交易费用在区块中对交易进行排序，因此攻击者的交易会出现在原始交易之前，从而使攻击者获利。

Frontrunning 以不同方式影响 DeFi 安全。许多机器人会利用 Frontrunning，在预先知道用户交易的基础上获利。在某些情况下，这种行为是恶意的，而在另一些情况下（如针对 DODO DEX 和 PunkProtocol 的黑客攻击），机器人会预先运行试图利用的漏洞，然后将窃取的代币返还给被利用的协议。

4.4.6　"跑路"攻击

对 DeFi 协议的许多攻击来自外部威胁，但事实并非总是如此。"跑路"攻击（Rug Pull）是由 DeFi 协议的所有者和开发者本身实施的攻击。在跑路攻击中，公司内部拥有合约访问权限的人利用这种权限从协议中榨取价值。通常情况下，该项目及其背后的团队会随之消失，受害者几乎无计可施。

Chainalysis 的一篇博文指出，跑路攻击已经成为 DeFi 生态系统中最常见的骗局，诈骗金额占 2021 年所有加密货币骗局涉及金融的 37%，而 2020 年该比例仅为 1%。Chainalysis 的博文还提供了 2021 年一些较大的跑路攻击诈骗案例（见下面专栏：AnubisDAO 和 Up1 骗局）。对于 DeFi 用户来说，使用 MetaMask、Enjin 或 Agent 等自己的钱包点击来自 Web3 应用程序的对话框所展示的批准或其他信息，可能导致黑客获取你的所有代币，然后从受影响的钱包地址中提取代币。

AnubisDAO 和 Up1 骗局

Chainalysis 2021 年 的 一 份 报 告 将 AnubisDAO 案 选 为 2021 年 最 大 的 "跑路攻击盗窃案"之一，被盗加密货币价值超过 5 800 万美元。帖子称，AnubisDAO 于 2021 年 10 月 28 日启动，声称要提供一种由多种资产支持的去中心化货币。然而，该项目没有网站或白皮书，所有开发人员都使用化名。神奇的是，AnubisDAO 还是在一夜间筹集到了近 6 000 万美元。然而 20 小时后，所有资金都从 AnubisDAO 的流动资金池中消失了。

虽然 AnubisDAO 展示了大规模 DeFi "跑路"攻击，但几乎每天都有新的案件发生。一位不愿透露姓名的早期以太坊和 DeFi 投资者告诉 Cointelegraph，他们在 2021 年 12 月 19 日成为跑路攻击事件的受害者。这位匿名人士分享说，该项目名为"up1.network"，并指出许多早期以太坊投资者都在一个名为 Discord 的聊天群组中讨论该项目。据受害者称：

"我信任的人都提到了这个项目，所以我就去查了查。我觉得看到 Up1 赠送空投很奇怪，但我想这可能与我拥有的 DeFi 代币有关。然后，我连接了 MetaMask 钱包，点击'获取空投'，但一直收到错误的信息。我这样做了三次，才让该项目访问了我的账户。"

不幸的是，Up1 进入他们的账户后，价值 5 万美元的三个 DeFi 代币立即被盗了。"我事后在以太坊上撤销了访问权限，这样他们就无法盗取更多代币了。"他们提到。这位以太坊投资者随后查看了 DeFi 平台的 Zerion，在那里他们看到了 DeFi 代币从钱包中被取出的通知。

Zerion 还向他们提供了资金去向的钱包地址以及一条信息："0xc28a580a cc42294787f44cffbaa788eaa4958056；你给了一个 Web3 网站 / 智能合约无限的权限来使用你的资金（请查看你给了谁权限并在此撤销）。"

4.4.7　DeFi 跨链桥（Cross-Chain Bridge）攻击

2021 年 8 月，用于在多个区块链上交换代币的重要跨链协议 Poly Network 遭到攻击。结果，超过 6 亿美元被盗，这是 DeFi 规模最大的一次黑客攻击。发生攻击后的第二天，黑客通过以太坊交易备忘录发布了一系列问答。他说这次攻击是"为了好玩"，还因为"跨链黑客攻击很热门"。这一事件真正凸显了确保跨链协议安全的重要性。

从某种程度上说，高频率的跨链攻击和巨大的货币损失是跨链协议受到热捧的结果。跨链DEX的出现使DeFi用户可以简单快捷地进行跨链资产交易。在传统的中心化交易所（CEX）中，需要数十分钟甚至数天的时间来处理跨链交易，而且可能涉及巨额费用。因此，跨链DEX（只需两三个步骤和几秒钟即可完成跨链交易）可以改善用户体验。然而，最近围绕跨链协议频繁发生的安全事件表明，如果没有强有力的安全保障，仅有更快的速度、更高的效率和更低的费率可能是不够的。

以下是关于跨链DeFi交易潜在风险的简要概述，并列举了以往攻击的具体案例。

1. **伪造存款——THORChain**。如果协议中的合约存在漏洞，攻击者就会利用这个漏洞欺骗网络，让网络以为他们已经向合约存入了资金，而实际上并没有。这样，攻击者就可以要求退还本来就不存在的押金。THORChain遭受了这种类型的攻击。验证代币地址的功能会检查收到的代币的代码是否为ETH。攻击者伪造了一个代码为ETH的ERC20代币来欺骗跨链桥，然后收到真正的ETH代币作为给自己的"退款"。

2. **多重签名和配额漏洞——ChainSwap**。由于跨链桥白名单地址的配额增加了一个节点，ChainSwap的资金第二次被盗。检查白名单时，由于配置错误，原本需要的多签名变成了单签名。攻击者只需要其中一个签名，就可以通过调用另一条链上的接收函数转移资产。

3. **赎回风险——Anyswap**。为了解释这一点，我们以OKExChain（OEC）上的BNB为例。Anyswap未经Binance官方授权，在OEC上发行了BNB。OEC上的BNB并不等同于Binance智能链上的BNB（Binance交易所发行的加密货币），它是由Anyswap发行并在OEC上流通的BNB债券。

4. **私钥泄漏——Anyswap和Axie Infinity**。Anyswap最近遭到攻击的主要原因是签名使用了重复的R值。如果同一账户签署的两笔交易具有相同的 RSV 签名的 R 值，黑客就可以反向推导出该账户的私钥。由于该账户可用于 BSC、ETH 和 FTM，因此该账户多条链上的资产被盗。单个账户的权限过高也是一个风险因素。

另一个例子是 2022 年 3 月 NFT 游戏 Axie Infinity 被黑客攻击，损失近 6.5 亿美元。黑客窃取了 5 个验证者的私钥，用于批准和验证从 Ronin 网络到以太坊网络的跨链交易。（Ronin 网络是 Axie Infinity 的私有区块链，它有 9 个验证器，但只需要 5 个验证器就能批准跨链交易。）

5. **闪电贷套利——bEarn Fi**。攻击者通过闪电贷借出 BUSD，通过在 Alpaca Finance 平台的借出生成 ibBUSD，然后利用 bEarn Fi 的合约策略漏洞在 ibBUSD 和 BUSD 之间进行套利攻击。

6. **合约访问控制——Poly Network**。通过将替换 Keeper（中继器）的交易伪装成正常的跨链交易，攻击者用自己的地址替换了 Poly Network 中 Keeper 的地址。中继器的验证功能不够安全，只检查了 4 个字节。攻击者找到了符合要求的 4 个字节，成功地将自己的地址转换成了 Keeper 的地址并进行了签名。然后，黑客调用 LockProxy 合约，掠夺了 Poly Network 的所有跨链资产。

7. **供应链代码风险导致的签名绕过验证机制——Wormhole**。Wormhole——一个基于网络的区块链"桥梁"，使用户能够转换加密货币。2022 年 2 月，Wormhole 遭到攻击，超过 3.2 亿美元被盗。发生攻击的原因是 Wormhole 协议代码使用第三方库代码来验证储户的签名。黑客利用恶意交易绕过了废弃的签名验证算法，盗取了 12 万个以太币。

4.5　通往大规模应用的坎坷之路

尽管许多人认为 DeFi 将成为未来金融体系的基础，但 DeFi 尚未在零售消费者中得到广泛应用。目前的 DeFi 交易大多来自"数字原生资产"机构和交易商。即使在加密货币社区，也只有一小部分加密货币参与者活跃在 DeFi 领域。这似乎表明，DeFi 还有很大的发展空间（见图 4-1）。

但是，要广泛应用 DeFi 也面临许多挑战。对大多数人来说，DeFi 技术性太强、太不稳定、太"极客"，难以理解和使用。一方面，市场条件存在许多非技术性障碍，例如：

- **需要教育用户**。由于 DeFi 协议的逻辑复杂且可组合，因此需要掌握大量的技术背景知识才能自如地使用 DeFi 协议进行交易。
- **监管的不确定性**。美国监管机构，尤其是美国证券交易委员会，正在制定与 DeFi 相关的法规。例如，某些 DeFi 代币是否应被视为证券？（详见第 9 章的讨论。）
- **缺乏行业标准**。全球最大的加密货币交易所 Binance 提出的"加密货币用户的 10 项基本权利"是一个良好的开端。（详见下面的专栏："加密货币用户权利法案"。）
- **缺乏全球影响力**。DeFi 构建者要进入全球市场并建立全球社区并非易事。

另一方面，由于加密网络和 DeFi 技术仍处于起步阶段，区块链和 DeFi 还面临一些挑战。在 DeFi 为更大的全球金融市场提供服务之前，底层网络的可扩展性、KYC/AML 和 UI/UX 设计等几个方面仍需改进。

加密货币用户权利法案

全球最大的加密货币交易所 Binance 提出了加密货币用户"权利法案"，该权利法案同样适用于 DeFi 领域。Binance 提出的权利法案包括呼吁隐私权和使用 DeFi 工具的权利。这份类似宣言的文件呼吁普及金融工具、严格保护个人数据以及采取其他措施。

Binance 将该文件标榜为加密货币市场的全球监管框架，还制定了针对交易所的条款——"加密货币用户的 10 项基本权利"。这些条款涵盖了交易所保护用户免受不良行为者侵害，确保无摩擦交易有足够流动性的义务。除非注明，否则以下大部分条款都适用于 DeFi（原文中"金融工具"的概念当然包括"DeFi 工具"。对于仅适用于中心化交易所（第 3 条和第 5 条）而不适用于 DeFi 的条款，我们进行了标注）。

加密货币用户的 10 项基本权利

1. 每个人都应该有机会使用像加密货币这样的金融工具，从而实现更大程度的经济独立。

2. 行业参与者有责任与监管机构和政策制定者合作，为加密资产制定新的标准。明智的监管鼓励创新，并保证用户的安全。

3. 负责任的加密货币平台有义务保护用户免受不良行为者的侵害，并实施"了解你的客户"（KYC）流程以防范金融犯罪。（**本条不适用于 DeFi 工具；由于 DeFi 工具无法提供 KYC，因此本条仅适用于中心化交易所。**）

4. 隐私是一项人权，个人身份信息（PII）数据应受到严格保护。

5. 加密货币用户有权访问那些通过全面存款保险对其资金进行安全保管的交易所。（**本条不适用于 DeFi，因为 DeFi 用户自行保管资金。**）

6. 健康的市场应保持强劲的流动性水平，以确保稳定、无摩擦的交易环境。

7. 监管与创新并不相互排斥。加密货币用户理应通过安全渠道接触新兴技术并付诸实践，包括 NFT、稳定币、质押、流动性挖矿等。

8. 在加密货币方面，缩小信息差距至关重要。用户有权获得有关加密资产的准确信息，而不必担心成为不公平或欺骗性广告的受害者。

9. 提供衍生工具的市场应遵守相应的法规。这可确保所有用户都符合资格要求，用户的交易得到公平结算。

10. 加密货币监管不可避免。用户有权就自己选择的区块链平台应如何发展发表意见。

4.5.1　可扩展的基础区块链

基础区块链的可扩展性是阻碍 DeFi 得到广泛应用的主要障碍之一。在以太坊中进行 DeFi 交易的成本非常高昂，借出代币或借入代币的成本可能高达数百美元，而且交易速度很慢，平均每秒只能完成 15 笔交易。（有许多可扩展性解决方案，详见第 2 章。）

最有前途的解决方案是第二层协议，如以太坊上的汇总协议或其他第一层方法，如 BNB 智能链、Solana 或 Terra。Polkadot 和 Cosmos 等跨链解决方案对 DeFi 协议开发者来说也很有吸引力，它们可以连接不同的 DeFi 协议，形成新的 DeFi 系统。重要的是要注意"区块链三难选择"，即不可能同时实现安全、可扩展和去中心化，只能同时满足三个要求中的两个。

例如，如果需要满足安全和可扩展要求，就必须牺牲去中心化特性；或者说，如果你要求安全和去中心化，就必须在可扩展上做出妥协。以太坊基础链具有很强的安全性和去中心化能力，但这是以牺牲可扩展性为代价的。与此同时，所有第二层解决方案或以太坊的其他第一层替代方案都能实现良好的可扩展性，但牺牲了去中心化特性。

4.5.2 KYC/AML

由于 DeFi 业务的点对点性质，涉及数字原生资产的 DeFi 交易可能难以通过传统的 KYC/AML 控制措施进行监管，因为默认情况下用户是匿名的，交易不易被阻止，资产不易被扣押，而且许多交易涉及与个人没有直接联系的非托管钱包。

例如，如果一个人向 DeFi 交换对池（exchange pair pool）提供流动性，然后通过提取其流动性来套现，那么 DeFi 协议开发者如何才能知道流动性提供者到底是谁？如果用户利用 DeFi 通过智能合约使用拥有自主权的钱包借出或借入加密货币，DeFi 借贷协议如何知道用户的真实身份？如果 DeFi 平台不知道用户的真实身份，如何提供准确的报告？如果用户通过智能合约注资 DeFi 代币并获得注资奖励，以保护 DeFi 平台或基础区块链的安全，那么注资的匿名性如何满足报告要求？

一种很有前景的解决方案是利用目前正在万维网联盟（W3C）和去中心化身份基金会（DIF）大力开发的 DID 标准和可验证声明（Verifiable Claim）标准。随着 DID 标准的成熟，KYC/AML 可以应用于 DeFi 协议，这样 DeFi 协议就可以与"可验证凭证"（VC）提供商集成，以实施某些交易所需的 KYC/AML 流程，同时利用零知识证明保护用户隐私（更多内容请参见第 7 章）。

另一种可能的方案是中国的主权数字货币（数字人民币，详见第 9 章的讨论）。数字人民币允许个人之间进行智能转账，无须进行 KYC/AML。此外，在没有 KYC/AML 的情况下，大数据和人工智能可用于追踪恐怖主义融资和洗钱活动。

4.5.3　UI/UX 设计

迄今为止开发的大多数 DeFi 应用程序的 UI/UX 设计都非常糟糕。UI（用户界面）和 UX（用户体验）的含义截然不同，但只有两者结合在一起，才能共同创建用户友好的 DeFi 产品，使其成为主流应用程序。UI 与如何展示产品直接相关，而 UX 则与应用程序和用户之间的整体交互相关。如果你希望自己的 DeFi 产品在拥挤的市场中脱颖而出，就需要创新的 UI 设计，但 UI 只是产生和影响产品用户体验的生态系统中的一小部分。

UI 设计涉及管理和操作各种形式的内容（如文本、图像、图形、视频）、字段、功能（如按钮、标签、方框、命令、下拉列表）和操作项目（点击某些链接时会发生什么）。UI 需要艺术和情感的点缀，其目标是创建一个引人入胜的界面，使 DeFi 产品对用户具有吸引力。UX 设计涉及的范围更广，包括更多元素（如架构、交互、内容、用户研究），这些元素整合在一起，以满足 DeFi 用户的需求。目前，为打造用户友好的应用，UX 设计还有很多需要改进的地方。

有趣的是，推动 DeFi 得到大规模采用的最重要催化剂可能是 CeFi，尽管 CeFi 显然是 DeFi 的克星。由于 CeFi 的客户覆盖面更广，因此 CeFi 的参与对 DeFi 被主流投资者采用非常重要。事实上，富达（Fidelity）、摩根大通（JPMorgan Chase）和高盛（Goldman Sachs）等蓝筹金融机构都一直在尝试为客户提供某种程度的 DeFi 服务（见图 4-3）。

自 2018 年 10 月起，资产管理公司富达旗下的数字资产服务公司开始为比特币等加密货币提供托管服务，并为对冲基金和家族办公室等投资者在多个交易所执行交易。富达首席执行官艾比·约翰逊（Abby Johnson）重申富达专注于将加密资产行业与传统金融行业联系起来，称该公司的加密货币托管业务"非常成功"。

据报道，2021 年 7 月，投资银行摩根大通为其顾问开了绿灯，允许客户使用五种加密货币基金。其中四只来自灰度投资（Grayscale Investments），分别是比特币信托（The Bitcoin Trust）、比特币现金信托（Bitcoin Cash Trust）、以太坊信托（Ethereum Trust）和以太坊经典信托（Ethereum Classic Trust），第五只是 Osprey Funds 的比特币信托。摩根大通的所有寻求投资建议的财富管理客户都可以获得批准购买这五只基金，摩根大通的顾问可以接受买卖这五种加密货币产品的订单。这五只基金可以看作通往 DeFi 基金的桥梁，尽管它们本身并不是 DeFi 基金。

金融机构加快对DeFi的布局

富达	摩根大道	高盛
• 2018：富达数字资产提供全方位服务的企业级平台，用于保护、交易和服务数字资产（如比特币）的投资 • 富达投资集团计划推出ETF，用于投资元宇宙行业和更广泛的加密货币行业的公司	• 2019：摩根大通创建了JPM Coin，一种可以用于支付的数字货币 • 摩根大通是首家设计网络以使用区块链技术促进即时支付的全球性银行，实现了全天候的企业对企业资金流动	• 2021：高盛向美国证券交易委员会申请DeFi交易所交易基金（ETF） • 该ETF将为全球各地的去中心化金融和区块链领域上市公司提供敞口

图 4-3　华尔街拥抱 DeFi

资料来源：JPMorgan、Reuters、Blockworks、CoinDesk。

对于高盛来说，它于 2021 年 7 月向美国证券交易委员会（SEC）提交的 DeFi ETF 基金申请将为投资者提供与区块链技术和"金融数字化"主题相一致的公司的投资窗口。2021 年 11 月，高盛能源研究主管达米恩·库瓦林（Damian Courvalin）在接受彭博社采访时谈到了黄金和加密货币的前景："就像我们认为白银是穷人的黄金一样，黄金也许正在成为穷人的加密货币。"但由于高盛的 DeFi ETF 中并没有实际的 DeFi 公司和股票，加密货币社区对这一点提出了批评。

但是，CeFi 机构在拥抱 DeFi 的道路上仍在蹒跚前行，这并不令人惊讶。机构投资者仍然担心托管服务、资产安全、合规问题以及加密资产价格的异常波动。此外，许多 DeFi 项目使用与协议相关的治理代币，但这些代币是否会累积与此类 DApp 项目的基本增长相关的长期可持续价值，还有待观察。不过，大趋势还是很明显的：CeFi 机构如何应对 DeFi 将影响它们在未来全球金融体系演变中的角色，而它们对 DeFi 不可避免的接纳将大大加速 DeFi 的传播。

4.6　征服新领域：DeFi + NFT、游戏和社交网络

除了在传统金融领域与 CeFi 竞争和合作，DeFi 还扩展到了去中心化金融的全新领域，下文将介绍 DeFi 与 NFT、游戏和社交网络的整合。

4.6.1　DeFi 和 NFT

在区块链项目中，DeFi 和 NFT 可以共同提供以下价值：

为 NFT 项目提供融资和流动性。假设一幅画价值 100 万美元，但如果没有人愿意出钱购买，这幅画就没有任何价值。在这种情况下，DeFi 和 NFT 结合起来就能解决这个问题。一种方法是将 NFT 收藏品和艺术品作为 DeFi 贷款的抵押品，为项目提供流动资金。由于传统艺术品从一开始就在现实世界中被用作抵押品，所以转移到加密世界，将 NFT 艺术品作为抵押品似乎是顺理成章的。另一种方法是使用 NFT 将艺术品代币化，然后使用 DeFi 智能合约将 NFT 代币分割成更小的部分，这样就可以让更多的人加入进来，为购买艺术品提供流动资金。

NFT 所有权和 DeFi。有了 NFT 所有权机制，比如用 NFT 代表一首歌曲的数字版权，NFT 所有者（音乐人）就可以用 NFT 作为抵押在 DeFi 平台上获得贷款，这样音乐人就可以启动自己的唱片事业；或者，他可以将 NFT 抵押给 DeFi 平台，除了从 NFT 所有权中获得版税收入，还可以从 DeFi 生态系统中获得抵押收入。（参见第 5 章中关于 NFT 的深入讨论。）

4.6.2 解决联合曲线问题

一些 DeFi 协议引入了"联合曲线"[⊖]（Bonding Curve），在整个曲线上分配流动性，以鼓励用户尽早参与 DeFi 生态系统。联合曲线的问题在于，当参与系统的人越来越多时，奖励就会减少。在 NFT 的帮助下，我们可以引入一种机制，流动性提供者可以选择所需的自定义价格，这种机制独立于联合曲线，对 NFT 持有者来说是独一无二的。

4.6.3 Game + DeFi = GameFi

GameFi（游戏金融）是电子游戏（gaming）和去中心化金融（DeFi）的结合。这类电子游戏采用的技术是区块链技术，玩家可以成为游戏中虚拟元素的唯一且经过验证的所有者。在传统的视频游戏中，主要的模式是"付费获胜"（pay-to-win），玩家必须付费才能获得优势，如升级、减少等待时间或购买虚拟物品。GameFi 则引入了"边玩边赚"（P2E）模式（见下面专栏"付费获胜"与"边玩边赚"）。（见第 6 章关于区块链游戏的深入讨论。）

"付费获胜"与"边玩边赚"

传统上，玩家必须付费才能获得优势，如升级、减少等待时间或购买虚拟物品。因此，游戏对玩家来说是有成本的（付费获胜）。相比之下，GameFi 可以让玩家在玩自己喜欢的游戏时获得收入（P2E）。

但首先，游戏玩家需要有用于 P2E 的区块链设备。大多数游戏需要以下步骤才能开始游戏：

1. 创建一个加密钱包。传统游戏需要用户名和密码，而使用区块链技术的游戏则不同，需要使用加密钱包（如 MetaMask）来识别自己的身份。根据游戏的不同，用户需要一种或几种类型的钱包。例如，著名游戏 Axie Infinity 就需要一个与以太坊兼容的钱包。

2. 为钱包添加资金。要完成第 3 步，需要向钱包添加资金。根据游戏的

⊖ 联合曲线是一个数学公式，用于设定代币价格和供应量之间的关系。

不同，需要使用一种或几种加密货币。例如，Cryptoblades 游戏要求用户下载 MetaMask，购买 BNB，并将其兑换为游戏的原生加密货币 SKILL。

3. 购买基础数字资产开始游戏。 要在大多数 GameFi 游戏中获利，用户需要通过自己的 Avatar 或类似的数字资产来实现。这意味着在游戏之前，用户需要购买这些资产。Axie Infinity 要求玩家钱包里有三个 Axies 才能开始游戏。真正有趣的是，去中心化自治组织已经出现，它们会提供资金，帮助区块链游戏玩家购买最初的数字资产。（参见第 10 章的案例研究。）

4.6.4　SocialFi 的出现

SocialFi（社交金融）是社交媒体市场的最新发展，它结合了社交媒体平台、Web3、NFT 和 DeFi。这些新型社交网络的创建，旨在通过将社会影响力代币化，为用户提供奖励和福利。SocialFi 的想法早在 2017 年就出现了。然而，直到 2021 年年末，当用户对 DeFi 有了更深入的了解时，这一想法才开始受到关注。

值得注意的是，SocialFi 正在建立一个完全去中心化和自洽的经济系统。SocialFi 试图将用户对自己在平台上与他人互动的控制权交还给他们。在新的概念中，用户拥有并管理平台和创意内容。这意味着，Meta、Instagram 和 Twitter 等公司完全控制社交互动的时代一去不复返了。围绕 SocialFi 的讨论在社区中形成了人们很高的期望，SocialFi 被称为"新的出口"。

在元宇宙中，所有上述内容加上即将到来的 DeFi 创新，都可以概括为"MetaFi"——元宇宙中为创作者经济（这将在本书末尾讨论）提供动力的金融创新。如今，许多 DeFi 参与者或多或少仍处于中心化的状态，而不久之后，更加去中心化的 DeFi 参与者将在元宇宙应用中扮演重要角色（见图 4-4）。

总之，当前的 DeFi 市场既充满希望，又极不成熟。虽然现在距离 DeFi 和 Web3 被广泛采用还为时过早，但 DeFi、NFT、游戏和社交网络之间的最新整合表明，更多的技术创新和更多的应用场景即将到来，而随着更多应用场景的出现，DeFi 的采用率也会越来越高。加密货币不仅是投资组合中的一篮子资产，它还正开始通过 DeFi 应用渗透到日常生活中。

传统、加密货币和去中心化金融服务提供商

	去中心化	中心化（加密货币）	中心化（传统金融）
稳定币	MAKER	tether	
借贷	Compound	BlockFi	ROCKET Mortgage by Quicken Loans
交易所	UNISWAP	coinbase	Robinhood
衍生品	SYNTHETIX	Deribit	CME Group
数据	Chainlink	COINMETRICS	Bloomberg
资产管理	Yearn.Finance	GRAYSCALE	BlackRock

图 4-4 去中心化 DeFi 玩家崭露头角

资料来源：Grayscale Report，2021。

Web3 已成为新经济理念的代表，这些理念涉及如何构建互联网，以及个人应如何分享互联网上的价值创造。在此背景下，DeFi 应用程序不仅改变了金融和货币，还改变了创作者组建数字原生组织以创造和分享价值的方式。在第 5 章和第 6 章中，我们将目光转向 NFT 和游戏，它们正在将区块链产业从其最早渗透的金融领域扩展到数字经济中更广泛的领域。

NFT、创作者经济和开放元宇宙

- 2021 年：NFT 元年
- 艺术和技术的共同进化
- NFT 和生成艺术
- 创作者经济：超越无聊猿
- 品牌和时尚走向主流
- NFT 元宇宙面临的挑战

5.1 2021 年：NFT 元年

毫无疑问，2021 年是 NFT 的元年，NFT 是在公链上交换的数字文件的独一无二的代币化代表。NFT 从无人知晓发展到成为新闻的头版头条，它可以为每个现实世界的物品（包括艺术品、音乐、玩具和卫生纸等）生成数字资产。随着增强数字商品流动性的新机制的出现，NFT 成为在全球范围内引发讨论的热点话题，网络中充满了关于 NFT 的内容。

NFT 是区块链上的一种代币，包含唯一的元数据，使它与其他代币可以区分开来。NFT 与加密货币不同，加密货币是同质化的，并且可以轻松转移。NFT 不具备同质化特性，这意味着每个 NFT 都是独一无二的，不能与另一个 NFT 互换。换句话说，一枚比特币等同于另一枚比特币，但两个 NFT 并不等同。有关加密货币和 NFT 的比较，如表 5-1 所示。

表 5-1 同质化代币和非同质化代币

标准	同质化代币（FT）	非同质化代币（NFT）
互换性	同质化代币是可互换的，但这种互换并没有附加价值	非同质化代币不可互换，因为每一个代币都代表着独特的资产
价值转移	同质化代币价值转移取决于一个人所拥有的代币数量	非同质化代币所代表的独特资产的价值有助于它们的价值转移
可分性	同质化代币可以分割成更小的部分，并且这些更小的部分可以用于共同支付较大的金额	非同质化代币是不可分割的，其作为一个整体具有独立的价值
代币标准	同质化代币采用 ERC20 标准	非同质化代币采用 ERC721 标准

因此，NFT 可以用来存储更复杂和个性化的信息（如类似"埃隆·马斯克的第一条推文的数字签名副本"这样罕见的收藏品等）。政府文件，如结婚证书、房产证明、食品等级评定和驾照等，都可以使用非同质化代币进行代币化。在零售业，消费者可以使用 NFT 验证奢侈品的真假。当 Taco Bell 这样的公司宣布它正在推出 NFT 时，明显可以看出区块链世界正发生着一些特别的事情。

有趣的是，艺术家社区（可以说是与区块链技术世界距离最远的群体）是 NFT 热潮的发起者。NFT 代表了稀缺数字艺术的可证明的权利，并且正在席卷全球。与此同时，世界各地的艺术家发现，通过出售 NFT，他们现在能够以比在传统世界更高的价格将自己的作品货币化。到 2021 年 12 月，像 CryptoPunks 和 Bored Ape Yacht Club（BAYC）这样的收藏品已经家喻户晓，而像 Beeple 这样的杰出艺术家们以超过 6 900 万美元的价格出售了他们的一些数字作品，全球市场的销售额超过了 400 亿美元（见图 5-1）。

这些 NFT 作品不仅仅是 JPEG 格式的数字照片，很多垂直领域，如游戏、音乐和体育，也开始将 NFT 整合到它们的生态系统中，培育出了像 Axie Infinity（一款"play-to-own"游戏，在第 6 章有详细讨论）这样的新项目。总的来说，2021 年巩固了数字原始作品对可验证所有权的需求，NFT 市场继续以惊人的速度获取价值。

毫无疑问，NFT 在将区块链引入主流这件事上起到了重要的作用。NFT 为普通的互联网用户提供了进入区块链的简单途径，即使仍然存在高昂的交易费用（这将在本章后面介绍）。如今，全球范围内的人们在艺术、摄影、音乐、收藏品、游戏内物品以及几乎其他一切领域创作自己的 NFT。简而言之，没有 NFT 的广泛应用，Web3 和元宇宙将无法取得今天的成就。

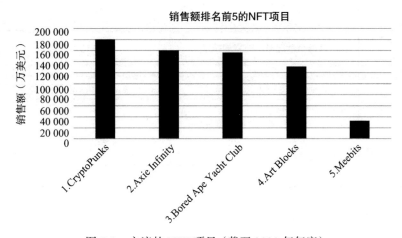

图 5-1　主流的 NFT 项目（截至 2021 年年底）

资料来源：Blockchain101.com；nonfungible.com。

5.2　艺术和技术的共同进化

NFT 引发了艺术和内容创作领域的数字复兴——艺术家、音乐家、作家、摄影师和策展人在文化和商业交汇处建立了繁荣的生态系统。NFT 艺术带来了许多东西——一种艺术家将其作品进行货币化的途径，一种像经典艺术的赞助人一样，加密货币领域的"鲸鱼玩家"（"whales"）对新艺术家进行奖励的方式，一种为创作艺术本身提供的全新的数字媒介。

但为什么这些发生在现在呢？让我们回顾一下自文艺复兴以来人类历史上艺术和技术创新的发展历程。表 5-2 列出了不同的艺术历史阶段以及重要的技术里程碑。

表 5-2　技术与艺术的共同进化

艺术和技术的 四个阶段	近两个世纪影响艺术的技术	对艺术的影响
手工艺	• 通过现代化学技术创造的合成颜料 • 人工照明技术	• 合成颜料推动了现代艺术的发展 • 现代照明和文物保护技术促进了博物馆的发展
图片影印	• 摄影技术 • 现代光刻印刷技术	• 摄影艺术的出现，推动了现代主义的发展 • 大规模、精准的图像复制和传播出现

（续）

艺术和技术的四个阶段	近两个世纪影响艺术的技术	对艺术的影响
大众传媒	● 电影技术 ● 无线电、电视和视频技术	● 电影艺术出现 ● 广播电视推动了"流行艺术"的繁荣
数字艺术	● 计算机技术 ● 数字显示技术（包括增强现实 / 虚拟现实） ● 互联网 / 人工智能 / 区块链	● 全新的媒介和艺术创作方法 ● 艺术传播的新方式

5.2.1 阶段一：手工艺

第一个阶段可以被称为手工艺阶段。这个阶段始于史前时代，一直延续至今。在这个阶段，艺术家用手工的方式创作艺术品，包括绘画、雕塑、书法等。

在这个阶段创作出的艺术作品是独一无二的。在"真迹"面前凝视和沉思是对艺术品真正的欣赏。收藏家可以通过购买艺术品来获得相关的产权，并且可以永久拥有艺术品。可以说，当今艺术生态系统中的核心机构，如博物馆、画廊、拍卖行和艺术博览会，都是手工艺阶段的产物。在这个阶段，对艺术品的产权以及拥有艺术品实物是至关重要的。

5.2.2 阶段二：图片影印

达盖尔摄影术是 1839 年的一项里程碑式发明。自那以后，摄影作为一种新的艺术类别出现了。摄影与其他技术的结合催生了许多新的发明。例如，摄影与传统印刷技术结合诞生了光刻和复印技术，从此精准复制大量图像成为可能。摄影与其他技术结合也创造了许多新的艺术形式。许多顾客可以以非常低的成本获得可信的图像副本。这种变化将艺术从个人专属转变为公众可以获得的资源，极大地提高了艺术的受欢迎程度，并改变了艺术欣赏以及艺术消费的方式。

随着这一转变，传播艺术品的商业模式也发生了变化。在这一阶段，画廊和拍卖行试图涉足摄影这一新兴艺术领域，但它们传统的行业形式与图片影印阶段的艺术消费逻辑不相匹配。直到今天，画廊和拍卖行仍在努力提高摄影作品的销售量。新的书店、杂志、报纸以及整个出版系统已经成为摄影艺术的新生态系统。

5.2.3　阶段三：大众传媒

19 世纪末，摄影和动画技术结合创造了一种革命性的艺术形式——电影。1895 年，在巴黎的咖啡馆进行了首次电影放映。20 世纪 20—30 年代，无线电广播技术和电视技术开始商业化应用。大众传媒自那时以来一直蓬勃发展。

在这个阶段，观众消费艺术的逻辑发生了根本性变化：在手工艺阶段，艺术消费是为了获得原创艺术品的产权；在图片影印阶段，艺术消费是为了购买和欣赏"副本"；在电影阶段，尽管仍然有消费者会收藏自己喜爱的电影"副本"（之前是录像带、DVD，后来是蓝光光盘），但对于绝大多数消费者来说，他们购买的不是一个副本（值得注意的是，消费者无法购买"原作"），而是一种"体验"。他们需要的是一个可以提供两个小时愉快体验的凭证（即电影票，有趣的是，这可以很好地用来类比当今通过 NFT 获取艺术品的方式）。

从大众的角度来比较这三个阶段是另一种方法。在手工艺阶段，能够看到原作的人很少。在国际旅行这种奢侈的旅行方式流行之前，可能只有几百到几千人能够看到原作。在图片影印普及之后，能够看到复制品的人数迅速增加。而在大众传媒阶段，一部电影通常能够被数以百万、千万甚至亿计的人看到。

5.2.4　阶段四：数字艺术

随着计算机和芯片的快速发展，在短短几十年的时间里，我们目睹了一系列技术的发明和演进：计算机图形学、数字显示技术、3D 建模和打印、虚拟现实和增强现实技术、人工智能、互联网和社交网络等。这些技术为艺术的创作、消费和传播带来了极其丰富的可能性，而 NFT 正是一个完美的例子。

在另一个例子中，电子游戏可能成为艺术发展的新前沿。2012 年 11 月，纽约一家超前的艺术博物馆——现代艺术博物馆（MoMA）正式将 14 款电子游戏纳入其收藏。其中包括一些几年前玩家耳熟能详的游戏：《吃豆人》（1980年）、《俄罗斯方块》（1984 年）、《模拟城市 2000》（1994 年）。这件事由 MoMA 建筑与设计部的高级主管保拉·安东内利（Paola Antonelli）负责，她表示：

> "电子游戏是艺术吗？当然是，但它们也是设计，而我们选择了通过设计来进行我们在这个领域的新探索。这些游戏被选为典范是由于其出色的互动设计，这是 MoMA 已经广泛探索和收藏的领域，也是当代设计创造力最重要且经常被讨论的内容之一。因此，我们的标准强调的不仅是每款游戏的视觉质量和美学体验，还包括许多其他方面，从代码的优雅到玩家行为的设计，都与互动设计密切相关……"

NFT 和游戏的结合将在第 6 章讨论。

5.3 NFT 和生成艺术

多亏了 NFT，加密社区已经成为一个可以充分表达的地方，用户可以通过他们的个人资料以各种 Avatar 形象展示自己。CryptoPunks 起初只是一个奇特的艺术项目，如今已经发展成一个完整的加密艺术运动。它是一个互联网文物，启发了今天支撑数字艺术和收藏品的 ERC721 标准。很有可能你已经在网络空间中见过这些像素化的朋克和无聊猿。该项目一共有 10 000 个独一无二的 CryptoPunks，每个都具有随机生成的属性。这些像素化角色包括男性、女性、罕见的僵尸、大猩猩和外星人等。

PFP，即轮廓图片 NFT（Profile Picture NFT）的激增，也表明了一场更为广泛的文化运动。（详见下面的专栏：生成艺术。）从 CryptoPunks 开始，PFP 已经扩展到企鹅、猫、狗、猴子、老鼠等各种形象。交易这些 JPEG 文件似乎更多地受到这些创意互动所隐含的文化价值和象征价值的驱动，而非现实生活中的实用性。PFP NFT 可以让人们展示身份、建立社群并鼓励艺术表达。拥有其中之一的 NFT 就相当于拥有虚拟的网络原住民社交俱乐部的入场券，而这些社交俱乐部的规模每天都在不断增长。

生成艺术

就像加密货币一样，NFT 也带来了一系列的生态系统术语。生成艺术就是其中之一。根据 Agora 数字艺术的说法，生成艺术是一种"通过使用自主机器或算法随机生成的数字艺术形式"。

"生成艺术"与 NFT 相关，例如 Bored Apes、Pudgy Penguins 和 Wonky Whales，这些艺术形式代表了生成艺术探索的两个主要的主题：随机要素和系统设计。根据 CoinDesk 的报道，与莫扎特或莫奈等古典艺术家更精确、有秩序的风格相比，生成艺术家通过"随机化系统的参数来表达自己"。

例如，乔舒亚·戴维斯（Joshua Davis）是我们这个时代典型的生成艺术家，他通过编程代码生成"嘈杂"的艺术作品。尽管戴维斯因为他的艺术网站 Praystation.com（大概在 1995 年创建）在艺术界声名鹊起，但他以前从未想过他用计算机生成的艺术作品会创造经济价值，因为他的艺术作品本质上是代码，而不是像绘画那样有限的、单独的作品。

2021 年，在 CoinDesk 的报告中，戴维斯谈到 NFT、艺术和价值时表示："我曾经认为下一代或许会找到一种给数字艺术赋予价值的方式。我从未想过数字艺术会被视为可以赋予产地、具有可收藏性和稀缺性的东西。"

NFT 的出现改变了戴维斯及其同时代人的命运。在生成艺术 NFT 平台 Art Blocks 上，艺术家可以将用于创作艺术的算法上传到平台，买家则可以选择"铸造"算法的迭代版本。当买家购买生成式代码时，他们可以与代码交互，创造出完全独特的生成艺术作品。根据加密市场门户 Shrimpy 的说法，Art Blocks 托管在以太坊区块链上，类似于一个定制艺术生成器："Art Blocks 就像是请艺术家根据你的需求，并借助区块链来随机输出，为你定制即时艺术品。"

根据 CoinDesk 的报道，Art Blocks 为那些以前在艺术作品中难以获利的艺术家创造了数亿美元的销售额，使他们取得了巨大的成功。类似的生成艺术 NFT 平台还包括 9021，这是一个 2021 年 8 月推出的平台，上面有 9 021 件以相同的流行艺术主题创作的独特艺术品。根据 one37pm 的报道，一旦第一批 9 021 件艺术品全部售罄，第二批艺术品将拥有全新的主题，但总数仍为 9 021 件。

虽然 PFP 对于业余爱好者来说是最简单的加密艺术版本，但也有一些专注于加密艺术领域的知名 NFT 艺术家。例如，Beeple（美国艺术家迈克尔·温克尔曼）成了 NFT 艺术家中的明星。*Everydays: The First 5 000 Days* 是他的代表作之一，于 2021 年在佳士得拍卖会上以 6 934 万美元的价格售出。据《印度快报》报道，Beeple 的艺术作品受到了极大的关注，不仅因为它是当时在世艺术家创作的价格排名第三的艺术品，而且"……还因为这是一家主流的拍卖行所提供的第一件纯数字作品"，这在某种程度上代表 NFT 艺术作为一个艺术类别在传统艺术界中的合法化。

Beeple 在成为职业艺术家之前曾经走过一段弯路。他在普渡大学主修计算机科学，后来成为一名平面设计师，然后开始创作并发布自己的数字艺术作品。其中一件作品后来就成了 *Everydays: The First 5 000 Days*。在这个项目中，Beeple 连续创作了 5 000 天的艺术作品，毫无间断地每天发布一件作品。在 Beeple 站在艺术界的聚光灯下之前，他为"超级碗"等重要赛事设计过艺术品，并为贾斯汀·比伯和小唐纳德·麦金利·格洛沃等知名艺人设计过作品。

Fewocious（美国艺术家维克托·朗格卢瓦）是另一位顶级 NFT 艺术家，他年仅 18 岁。据报道，在 Beeple 将其 2021 年的 NFT 艺术作品销售给佳士得的同月，Fewocious 在在线艺术拍卖平台 Nifty Gateway 上售出了价值超过 400 万美元的 NFT 艺术作品。2020 年 3 月，他成功地将自己的第一幅画作以 90 美元的价格卖给了一位艺术品收藏家，正是这位收藏家将 Fewocious 引入了 NFT 领域。之后，Fewocious 开始在 NFT 平台 SuperRare 上销售他的艺术作品，很快他的作品的平均售价达到了每幅 5 个以太币（约合 10 000 美元，根据以太币币值的波动而变化）。此后，他开始与更知名的艺术家合作，如白金唱片销量的音乐人 Two Feet。仅仅几年的时间，Fewocious 从一个十几岁的学生变为备受推崇的 NFT 艺术明星。

对于前职业棒球运动员迈卡·约翰逊（Micah Johnson）来说，NFT 成了他的跳板。根据 Visa 公司（约翰逊的技术合作伙伴）的说法，2018 年约翰逊从职业棒球退役，那时靠艺术谋生对他来说似乎是遥不可及的。约翰逊在 2019 年开始了解加密货币和 NFT——那时候它们都是小众概念。他在 2020 年进行的首次 NFT 销售是一个实验，标志着他职业生涯的重大转折，这种方式使他获得了非传统艺术界的观众。约翰逊围绕他的加密原生角色"Aku"建立了一批粉丝，开展了媒体业务。这个角色是一个年轻的黑人男孩，梦想成为一名宇航员。自从约翰逊在 2020 年首次推出 NFT 销售以来，他的 Aku 系列衍生出了 Aku 角色的实体雕塑，他还在 Nifty Gateway 等平台上发布了这些雕塑作品。据 Sporttechie 报道，约翰逊在 2020 年通过 Nifty Gateway 在 28 小时内售出了价值超过 200 万美元的 Aku NFT。

约翰逊创作的另一个 NFT 作品 *Why Not Me* 是首批进入国际空间站的两个 NFT 之一，也是第一个被选中拍摄电影的 NFT 角色。根据 NFT 策展市场平台 Notables.co 的说法，*Why Not Me* 的 NFT 源文件被发送到太空，并通过卫星传送到国际空间站，然后通过卫星返回到地球上的任务控制中心，并被铸造成经过验证的 NFT。这些 NFT 在太空中行进了超过 125 000 英里⊖。其中包含有关 NFT 飞行旅程的元数据被构建到了 NFT 自己的智能合约中。

毫无疑问，一个由区块链和 NFT 推动的生成艺术时代正在兴起。NFT 为每个人提供了机会，人们可以建立一个支持自己作品的社群，这种方式远远超出了当前 Web2.0 中简单的点赞或分享。作为创作者经济的一个新领域，预计 NFT 艺术市场将会是增长最快的小型企业类型。就像艺术史的早期阶段出现的博物馆、画廊和拍卖行一样，NFT 市场和更多的数字基础设施（见表 5-3）正在出现，并在加速加密艺术的传播。

表 5-3　艺术史的不同阶段所对应的不同的行业生态系统

艺术和技术的四个阶段	艺术消费的关键词	相应的行业生态系统
手工艺	• 对原创、实物对象的欣赏 • 物权交易	• 博物馆 • 艺术画廊、艺术博览会、拍卖会
图片影印	• 图片复制品 • 版权	• 书店、杂志、报纸和出版系统
大众传媒	• 体验而非拥有所有权	• 电影制作、分销和放映渠道 • 电视业务生态系统
数字艺术	• 沉浸式体验、互动、分享	• NFT 市场 • 游戏引擎和平台 • 融合了加密货币和区块链技术的社交媒体平台

⊖　1 英里 =1 069.3 米。

5.4 创作者经济：超越无聊猿

尽管单个NFT的价格仍然波动，但NFT的创意应用案例在不断涌现，并且正在为NFT的长期实用性奠定基础。随着用户探索NFT的广泛应用，我们可以重新思考一下，什么是NFT。与加密货币类似，NFT在区块链上发行，用于指定对某种资产的所有权。将媒体文件转换为非同质化代币的过程被称为"铸造"NFT。每个NFT都与一些独特的数据相关联，通常是某种数字内容文件（或对它的引用），并受"智能合约"调控。（有关"智能合约"的介绍，请参见第2章和第3章。）

因此，NFT可以用来存储复杂的、个体化的特定信息。尽管现有法律和法规在如何适应NFT的出现上存在不确定性（更详细的讨论参见本章末尾），但NFT对于创造独特内容的创作者来说是一种有趣的媒介。当前版本的互联网对内容所有权并不友好。如果愿意，你可以从YouTube或TikTok上获取任何视频，这很难被检测到，但智能合约改变了这一点。下面是一个定义与创意作品相关的版税支付的智能合约示例：

NFT版税（EIP-2981：ERC-721版税标准）：

function royaltyInfo（**uint256** _tokenId）**external returns**（**address** receiver，**uint256** amount）；

```
    /**
     *      @notice Called when royalty is transferred to the receiver. We wrap
emitting
     *              the event as we want the NFT contract itself to contain the
event.
     */
    function receivedRoyalties(address _royaltyRecipient, address _buyer,
uint256 _tokenId, address _tokenPaid, uint256 _amount) external;
```

智能合约可以定义内容的所有者以及能够分享特定内容收入的利益相关方。首先，在互联网上，NFT形式的内容可以明确地归属于一个特定的个人，而不依赖于中心化中介机构，这为数字商务和互动创造了令人心动的机会。换句话说，NFT正在将内容转化为可携带的数字资产，以便创作者可以在互联网的任何地方发布内容，并且更重要的是，创作者可以管理来自独特内容的收入（见图5-2）。

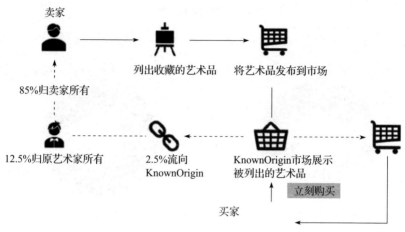

图 5-2　分享数字艺术品收入的示例

因此，虽然 NFT 市场最初是从数字艺术开始的，但它将在创作者经济中得到更广泛的应用。除了数百万美元的数字艺术品销售炒作（如无聊猿），NFT 的重要意义可能在于它通过自由市场、独立所有权和社会契约（用于货物、服务和创意）开启在元宇宙中构建社会的时代。NFT 将在虚拟世界中成为代表任何类型的数字资产的工具，其应用具有巨大潜力。

例如，NFT 为游戏提供了巨大的机会，而游戏目前是全球最大的媒体，这要归功于它们引入的元宇宙所有权。尽管人们在数字游戏资产上花费了数十亿美元，比如购买游戏中的皮肤或角色服装，但玩家并不一定拥有这些资产。NFT 将在基于加密货币的游戏中赋予玩家玩游戏并拥有资产的能力，玩家可以在游戏中赚取资产，并在游戏外或其他地方（如开放市场）销售这些资产，具体情况将在第 6 章中进行说明。

这对于由大众而不是专业人士主导的创作者经济来说具有重大意义，因为创作者有可能从"闭环"（closed-loop）的虚拟环境（如游戏或社交平台）转移到"开放的元宇宙"中（见图 5-3）。NFT 可以将数字资产从封闭的环境中提取出来，使其变得开放、更加流动和自由，而且，我们今天只触及了可以在此基础上构建的能力的表面。今天，它仅仅交易游戏装备等资产，而未来的某一天，它将赋予我们在元宇宙中自由活动的能力。因此，一种由所有权和协作推动的新社交规范正在从 NFT 文化的精神中崛起。（关于开放元宇宙将在第 10 章中进行讨论。）

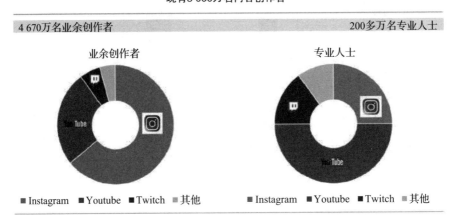

图 5-3 业余创作者（而不是专业人士）主导元宇宙

资料来源：signalfire.com/blog/creator-economy，截至 2021 年。

5.5 品牌和时尚走向主流

2022 年，NFT 已经走向主流，并成为一种独立的资产类别，这一点可以由 2021 年年底 NFT 的谷歌搜索超过加密代币得到证明。由于 NFT 易于获取，NFT 和代币化社区吸引了大众（而不仅仅是典型的加密货币专家）的注意。因此，NFT 引入了那些本不属于加密货币领域的专业知识，这使得它广泛适用于各种场景。尤其是在内容和娱乐领域，NFT 具有巨大的潜力，它代表了一种更深入和更有活力的吸引粉丝的方式，同时为个人创作者和大型公司提供了潜在的新收入渠道。

正如前文所讨论的，艺术品行业目前是 NFT 的焦点。不过，其他行业也正在积极跟进创建和测试 NFT 产品，例如音乐、体育、电子游戏以及越来越多的消费品牌企业。在比加密资产更广泛的背景下，NFT 已经成为机构、品牌、艺术家和名人与他们的客户和粉丝进行互动的创新方式。（游戏行业为下一波 NFT 浪潮提供了完美的环境，这将在第 6 章中详细介绍。）

例如，近年来，体育企业一直面临着如何利用最新技术并提供符合粉丝行为的体验的挑战。由于新冠疫情，迅速、明确地暂停了现场体育赛事时，运动员、团队和体育场馆转向数字技术，重新定位业务以寻求增长机会，并吸引粉丝的注意力。因此，NFT 已经成为一种有前景的与粉丝互动的媒介。例如，NFT 可以通过为球迷提供独家优惠、赢取奖励的能力、甚至是对团队决策的投票权，将球迷与他们喜爱的球队更好地联系起来。

2021 年 4 月，NBA 篮球队金州勇士队推出 NFT 系列藏品，成为美国职业体育领域首支发布自己正式授权的 NFT 的团队。在这些收藏品中，金州勇士队制作了一款特别版的金州勇士队黄金入场券 NFT，将其 75 年历史中的传奇时刻汇集在一张独一无二的电子门票 NFT 中。勇士队相信，在一个任何人都可以创建和出售 NFT 的市场中，由 NBA 球队合法创建的东西具有真正的价值。"与静态的体育卡片相比，NFT 可以用来做更多的事情。"一位金州勇士队的高管表示。

与此同时，许多大型消费品公司也正在进军这个领域，并使用 NFT 进行实验，将 NFT 用于收藏、押注、交易、游戏、展示等用途。这个多元化的名单包括阿迪达斯、可口可乐、杜嘉班纳、古驰、漫威、玩具制造商美泰（Mattel）、NBA、耐克和 TikTok 等等。在零售业中，NFT 可以用来证明对现实世界物品的所有权，比如名牌手表、豪华汽车和奢侈品等。此外，通过提供独特的商品和吸引顶级粉丝，NFT 可以成为消费品牌新的利润来源。（参见下面的专栏：NBA Top Shot 和篮球卡片。）

NBA Top Shot 和篮球卡片

NFT 在体育界迅速崛起，而在 NBA Top Shot 这个市场上，这种爆炸式增长尤为明显。在该市场上，篮球迷和收藏家可以购买、展示以及出售或拍卖得到正式许可的 NBA 数字收藏品。据《福布斯》报道，2021 年第一季度，NBA Top Shot 独自就贡献了 15 亿美元 NFT 交易额中的 1/3。

NBA Top Shot 目前是 Flow 区块链上的主要项目。Flow 是另一种因 NFT 获得关注的区块链。尽管比以太坊规模小，但 Flow 已经开始吸引主流品牌加入其基础设施，因为这个新的区块链通过权益证明建立，以提高吞吐量并通过一种更节能的区块链交易验证方法来应对高昂燃气费用带来的挑战。

NBA Top Shot 用"瞬间"（moments）庆祝史诗级的比赛亮点，其中包括用于确保所有权真实性的视频、动作镜头、统计数据。它们本质上是数字篮球卡片，但与静态图片不同，这些 NFT 包含 NBA 比赛中的视频亮点瞬间。如果将篮球卡片与 NBA Top Shot 的瞬间进行比较，你就会明白为什么人们喜欢 NFT。

对于篮球卡片，你需要将它们发送到某个地方进行评级，这可能需要六个月到一年的时间，并且必须把它们存放在某个地方，然后你必须弄清楚在哪里出售它们（如果你还记得它们存放的位置的话）。你不知道有多少张卡片被制作出来，也不知道之前的售价是多少、卡片的所有者是谁等。将其与 NBA Top Shot 的瞬间 NFT 进行比较，你知道拥有它的每个人以及它的售价，存储显然不是问题，你也不必担心评级问题。这是完全透明与完全不透明的对比。

这些并不仅仅是简单的梗或一次性事件。例如，NFT 的控制访问可以有多种用途，包括提供 VIP 访问权，使人们可以参加现实世界的会议和节日活动以及元宇宙中的活动。它们还可以用于空投品牌商品，或者提供特殊访问权限，使粉丝可以获取专属内容，这有可能开辟一个全新的粉丝参与渠道。

运动品牌阿迪达斯就是一个很好的例子，NFT 的购买者将获得"数字和实物"形式的阿迪达斯产品和体验的权益。起初，实物商品将包括 Indigo 穿着的运动套装、一件带有区块链地址的连帽衫和一个橙色的毛线帽。该产品由阿迪达斯与三个合作伙伴进行联合品牌推出：备受追捧的 NFT 收藏品无聊猿、最近将 Indigo 放在封面上的 Punks Comics 以及 GMoney，一位一直在向阿迪达斯咨询如何以一种真实的方式进入 NFT 领域的化名的加密货币爱好者。这顶毛线帽被认为是 GMoney 的 CryptoPunks Avatar 所戴的那一款。

另一个例子是 blanksoles，一个跨越 NFT 世界和实体时尚领域的在线时尚平台。根据其官方网站，blanksoles 是为球鞋发烧友推出实物和数字收藏的平台，是元宇宙中时尚的未来。它们的核心价值主张是通过拥有 blanksoles（或 designsoles）NFT，买家还将获得一双实物设计师鞋，并成为 blanksoles 收藏中的标志性音乐家、艺术家、运动员和其他名人团体的会员。

根据 NFT 市场 Magic Eden 的说法，blanksoles 社区的成员将收到一个空白的白色鞋子 NFT 和一双实物鞋子，这将作为未来额外推出的个性化定制的模板。blanksoles 提供两种类型的 NFT——blanksoles 和 designsoles，其中

blanksoles 持有者可以免费创建一双 designsoles，但用户必须销毁 blanksoles 才能使用这一权限，而 designsoles 是由世界上最著名的艺术家和集体成员创建的品牌鞋 NFT。designsoles NFT 将附带一双实物鞋子。

blanksoles 的品牌战略是通过利用 NFT 和元宇宙背后的增长势头以及传统的品牌鞋模式，成为元宇宙时代时尚的引领者。blanksoles 的创世纪限量版首次发行发生在 2021 年 12 月，面向早期社区成员，而 designsoles 的首次发行则发生在 2022 年 1 月。

展望未来，NFT 将成为消费类企业的新工具，在物理体验和虚拟体验之间的界限正在变得模糊的情况下，融合了实物和数字内容的空间和展览正在增多，消费者认为品牌的数字展示与店内展示同等重要。此外，消费者越来越多地在完全数字化的环境中与公司和品牌进行互动，例如，通过视频游戏中的"皮肤"和其他游戏内道具，NFT 可以发挥重要作用。每个品牌都需要一个 NFT 战略，否则未来可能会淡出公众视野。

5.6 NFT 元宇宙面临的挑战

总的来说，NFT 代表了加密货币世界中最令人兴奋、增长最快的领域之一。当 Facebook 在 2021 年 10 月更名为 Meta 时，元宇宙引起了极大的关注，以至于 2021 年被誉为"元宇宙之年"。但是我们也应该将 2021 年视为 NFT 元年。2021 年年初，只有一小群加密货币爱好者知道什么是 NFT，但到了年底，NFT 尤其受到零售投资者的欢迎，大品牌和大公司的日益参与使 NFT 成为主流。

如今，我们已经拥有了一个最初的元宇宙版本，其中数字商品（如 NFT）代表着受欢迎的艺术作品和数字纪念品。NFT 收藏品正在开发完整的生态系统，用户越来越投入其中。它们不仅是数码形式的 JPEG 照片，在垂直领域，如游戏、音乐和体育用品，也越来越渴望将 NFT 整合到它们的生态系统中。包括家得宝、微软、星巴克、特斯拉和全食超市等在内的主要参与者越来越多地进入这个领域，仍然是 NFT 市场增长的关键驱动力。

然而，NFT 市场在未来仍需要成功克服三个主要挑战，才能从投机走到主流应用并最终获得成功：

第一，目前 NFT 的挖矿/燃气费是进入市场的障碍，阻碍了 NFT 的主流应用。 根据公开数据，以太坊是主流的智能合约平台，也是发行和交易 NFT 的首选区块链。然而，尽管 2021 年需求大幅增长对行业来说是一个巨大的净积极因素，但 NFT 热潮引发的网络活动增加将以太坊网络推向了临界点，使其对于许多零售用户来说不可用，燃气费高和可扩展性问题增加了对"第二层"扩展解决方案的需求，需要在降低以太坊交易费用的同时保证安全性。

然而，随着以太坊的费用持续上涨，一些替代协议给创建者提供了更低费用的选择（如 Tezos 和 Near）。未来来自其他第一层区块链和第二层扩展技术的竞争可能会增加。此外，可互操作的区块链基础设施也将出现（如 Polkadot，它可以通过平行链解决方案实现互操作性），以支持 NFT 的跨平台可用性，其中 NFT 可以在不同的平台（如社交媒体和视频游戏平台）之间购买和转移。新的区块链之间的竞争应该会带来更友好的基础设施，以降低普通 NFT 参与者的进入门槛。

第二，当前 NFT 市场仍然缺乏关键的基础设施，而现有的基础设施则非常"中心化"。 尽管最近 NFT 市场的价值显著增长（2021 年销售额超过 400 亿美元），但用户实现特定 NFT 价值的渠道仍然非常有限。大多数 NFT 交易仅涉及在 OpenSea 等交易所交易，并从价格波动中获利。要想充分实现 NFT 作为金融资产的价值，关键是在 DeFi 中开发更多的应用程序，为持有者创造更多的资产组合。

此外，还缺少一些用于展示的基础设施来充分实现 NFT 创作者经济的愿景。例如，艺术家和市场需要更好地提升引人注目的所有权，因为公开展示对于 NFT 所有者来说是价值的重要来源，就像传统艺术品的收藏家一样。拥有者需要平台和工具来向他人展示他们所购买的艺术品，而不仅仅是一个指向 OpenSea 页面的链接。

另外，NFT 背后的去中心化算法和 NFT 的商业运作是完全不同的，不应混淆。最好的例子是 OpenSea，这是第一个也是最大的市场，类似于 NFT 领域的 eBay，用户可以在这里买卖几乎任何 NFT 收藏品。根据 DefiLlama NFT 的数据，2022 年 2 月底，OpenSea 贡献了约 200 亿美元的 NFT 交易额，相当于所有市场总交易额的约

97%。（DefiKingdoms、MagicEden 和 ImmutableX 是紧随 OpenSea
之后的三个市场，但它们三个的交易总额仅略高于 1 亿美元。）

　　OpenSea 市场是一个完美的例子，表明在数字化时代，传统艺
术中介机构（如画廊和拍卖行）在发现、营销与交易艺术家和艺术
品方面的功能仍然很重要。在数字艺术时代，顶级 NFT 交易平台必
将成为新兴元宇宙中的新的"中心力量"。这引发了关于"开放元宇
宙"概念的重要治理问题，在第 10 章中，我们将讨论新的去中心化
自治组织，它们正在挑战像 OpenSea 这样的中心化基础设施。

　　**第三，NFT 面临的最大障碍是这种"数字资产"在法律上的不
确定性。**实际上，许多消费者可能不知道他们在购买什么。NFT 是
虚拟货币吗？或者，NFT 是虚拟货币的证书吗？更重要的是，NFT
是否属于证券？（2021 年 5 月，美国的 NFT 参与者向 SEC 提交了一
份规则制定请愿书，请求 SEC 发布公告来解决监管规则不确定的问
题。）这些问题是任何主流的数字经济立法机构都从未回答过的。加
密资产和 NFT 缺乏监管，可能会使潜在参与者和投资者失去信心。

　　正如本章前面所述，大多数 NFT 使用作品编码的元数据文件，这些作
品可能受版权保护，也可能不受版权保护，甚至是公共领域作品。任何可以
数字化的东西都可以变成 NFT，在创建 TokenID 和合约地址唯一组合的过程
中，只在第一步需要原始作品。因此，原则上，NFT 与版权关系不大，NFT
的所有权并不直观。

　　这里的关键问题是：购买 NFT 时，买家所获得的权利常常是混乱的。一
些买家认为他们已经购买了艺术品本身以及所有相关的权利，然而，实际上
他们只是购买了与作品相关的元数据，而不是作品本身。有一些混乱是由
NFT 的售价造成的。当生成的艺术作品的售价超过 100 万美元时，人们很容
易认为购买者得到的不仅仅是一个艺术价值可疑的数字和字母串的组合。（参
见下面的专栏：NFT Skybound。）

NFT Skybound

　　在中国，NFT 的应用和商业部署已经进入支付宝。2021 年 6 月，阿里巴

巴旗下的金融科技子公司支付宝与敦煌艺术博物馆合作推出了 8 000 个限量版 NFT，名为"飞天"和"鹿王"，这些 NFT 可以作为支付宝应用的装饰皮肤，并且是纪念敦煌古代石窟艺术的作品。中国的互联网和游戏公司腾讯在两个月后也跟进推出了其 NFT 应用程序"幻盒"。

首批支付宝 NFT 艺术品由中国敦煌莫高窟中的飞天和神鹿的图像组成。买家可以使用 10 个支付宝积分加上 9.90 元购买这些艺术品，实际上是使用法定货币而非加密货币进行交易。这些 NFT 作品向公众开放后不到 24 小时就售罄，尽管支付宝表示艺术版权归原始创作者而非购买者所有，并且这些 NFT 不能被交易或用于其他商业目的。

随后，许多用户开始在闲鱼网站上出售支付宝 Skybound NFT，闲鱼是阿里巴巴旗下的一个二手商品电商平台。闲鱼上出现了数百万个二手交易，并且 NFT 的价格被推高到 150 万元。第二天，为了避免监管问题，闲鱼平台迅速下架了支付宝 Skybound NFT。（关于中国对加密货币交易的规定将在第 9 章中详细讨论。）

国内外在销售 NFT 之间存在重大区别。在西方，像 NFT 这样的数字收藏品是在公开的区块链上铸造的；相比之下，对于支付宝 Skybound NFT，支付宝的私有区块链 AntChain（也被称为"私有联盟区块链"）提供了区块链技术服务，用于存储数据和唯一标识 NFT 艺术品。与以太坊或比特币的区块链不同，中国的区块链由少数中国科技公司管理，这些区块链不对公众开放以参与和验证数据。

鉴于加密货币的敏感性，中国科技公司一直持谨慎态度。阿里巴巴和腾讯从 2021 年 10 月开始使用"数字收藏品"（而非 NFT）一词。某些 NFT 平台还禁止了二手销售。例如，AntChain 允许 NFT 所有者在购买后的 180 天内将其资产转让给另一方。第二位持有者可以在两年后转让该资产。然而，以货币形式出售 NFT 仍然被禁止，所有权仅限于年龄在 14 岁以上的中国内地居民。

根据最近的中国新闻报道，一些中国用户已经开始考虑放弃购买"数字收藏品"。毕竟，一些无法出售的数字照片有什么价值呢？

此外，当已有艺术品的 NFT 被标价数百万美元时，不太熟悉相关技术的人通常会认为被出售的是作品本身，但事实并非如此。可以知道的是，很难理解购买 NFT 的买家为一个仅仅是元数据文件的作品花费如此巨额的金钱，而这些作品与版权并没有任何关联，但这正是大多数 NFT 的情况。因此，普通用户需要明确，购买 NFT 的主要原因和购买任何"收藏品"一样：拥有一种非流动性资产的潜在投资回报以及拥有来自受人敬仰的艺术家、品牌、体育团队等的独一无二的东西所带来的愉悦感。除非条款允许，否则买家只能有限地在公共平台上分享、复制创意作品，或者将创意作品提供给他人。

现在，如果我们回到本章的开头并在艺术和技术共同演化的背景下看待 NFT，我们可能会发现 NFT 经济在很多方面类似于传统的艺术基金赞助模式。但是 NFT 可以比传统模式更好。

从历史上看，赞助通常是指富有的赞助人直接支持个别艺术家，这与艺术家接受来自富有的 NFT 投资者的一次重要支付相似。赞助的一个不利之处是艺术家受制于富有的赞助人——社会中的一小部分精英阶层。此外，尽管在艺术界中拥有艺术品并将其借给博物馆供公众欣赏是一种长期的传统，也得到了适当的认可，但很多经过赞助人资助的艺术品都被收藏在私人存储设施中作为私人藏品，很少甚至根本不会被大众看到。

如今，NFT 提供了赞助的好处，而没有众所周知的成本。富有的个人可以继续支持艺术并享受拥有的体验。文艺复兴时期的艺术家需要依赖佛罗伦萨的富人赞助，与之不同的是，数字艺术家可以轻而易举地接触到全球范围的赞助人。艺术品的所有权可以通过区块链提供的加密图形验证，展示给所有赞助人希望向其展现自己非凡品位的人。但与此同时，艺术品本身仍然免费供公众欣赏。这看起来像传统的赞助经济，让创作者将他们的作品转化为资金，同时也为人们提供了欣赏、观看或聆听艺术品的开放访问权（见图 5-4 中的阶段 1）。

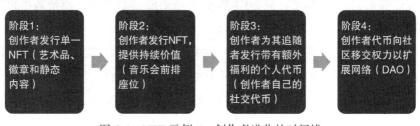

图 5-4   NFT 示例——创作者进化的时间线

对于创作者经济来说，这是一个巨大的突破，NFT 的买家和卖家可以在区块链上确定市场成交价格，而不是依赖数据聚合平台，从而创造出新的资产变现方式。例如，在音乐人看来，当前的音乐产业模式是破碎的。问题始于 Napster 时代，在苹果出现并决定 MP3 值 99 美分之前。问题是为什么要由苹果来决定音乐的价值呢？此外，对于大多数音乐人来说，流媒体模式是不可持续的，因为收入往往按比例分配。据《滚石》（Rolling Stone）杂志报道，在 Spotify 这样的平台上，90% 的流媒体播放量都属于最顶尖的 1% 的艺术家。

现在，音频 NFT 在开始解决这些问题。艺术家可以根据自己的意愿对音乐定价，因为 NFT 为音乐人提供了与粉丝直接联系的途径，摆脱了那些超出他们掌控范围的平台（和唱片公司）。例如，Kings of Leon 最近宣布计划以 NFT 的形式发布一张专辑，艺术家可以将 NFT 与现实世界的特权捆绑在一起。据《滚石》杂志报道，最独家的 NFT 将包括一个"黄金门票"，以确保代币持有人"终身享有每次巡回演唱会的前排四个座位"（见图 5-4 中的阶段 2）。

此外，NFT 本身也在不断发展。2022 年年初，收藏品和数字艺术品占以太坊上 NFT 销售额的 75% 以上。相比之下，虚拟世界（如 The Sandbox）和游戏（如 Axie Infinity）中的 NFT 销售额仅占以太坊上 NFT 总销售额的不到 25%。然而，正如在第 6 章中将讨论的那样，随着视频游戏市场的蓬勃发展，对基于区块链游戏和虚拟世界的 NFT 的需求正在飙升，特别是随着 NFT 收藏品在各种游戏中展现出更多的实用性（见图 5-4 中的阶段 3 和阶段 4）。

总而言之，2022 年 NFT 正在从数字艺术领域扩展到众多的应用领域。随着公众对 NFT 更加熟悉，人们开始探讨更多虚拟化的机会。在元宇宙中，一切都可以拥有自己的 NFT，而 NFT 提供了一个流动的市场，消费者可以投资于不同的数字资产并进行点对点的交易。

最终，NFT 将模糊消费（比如游戏娱乐）和投资（比如边玩边赚）之间的界限。NFT 和元宇宙的结合可能会带来经济全面运转的可能性，从而吸引更大的用户群体，这将在下一章中通过游戏行业进行阐述。

第 6 章

元宇宙中的区块链游戏

- 从游戏进入 3D 互动元宇宙
- 技术融合,媒体融合
- Epic Games 和《堡垒之夜》的 UGC
- Roblox 人类共同体验
- P2E 游戏:使用 NFT 的 GameFi
- 区块链游戏:先游戏,还是先加密货币
- 游戏:元宇宙的基石

6.1 从游戏进入 3D 互动元宇宙

数千年前,人类就已经开始玩游戏了。公元前 3100 年,古埃及人就开始玩一种叫作赛尼特(Senet)的棋盘游戏;中国则是围棋的发源地,这种游戏的年代可以追溯到周朝(公元前 1046—前 256 年),围棋中棋子组合的数量比可见宇宙中的原子数量还要多。似乎人们天性渴望能够挑战智慧和身体技能的"互动娱乐",社会发展出了复杂的社会结构,以满足这些人类的基本欲望。

自进入 2022 年,以手机上的电子游戏为代表的互动娱乐把几个世纪的技术进步层层叠加在这些古老的游戏上。无论你身处地球何处,由于有了全球移动互联网，你都可以以光速享受智慧和技能的挑战。参与者可以与他人、机器甚至自己对战，而且这种娱乐是互动的、即时的、引人入胜的。

在游戏出现之前，线上娱乐内容通常是以过去时态被消费的。照片、推文、视频和电影都是我们生活中的一部分，它们先被捕捉然后再被分享和被其他人消费。而游戏本质上是一种实时的社交体验，无论是与朋友在线合作玩游戏，还是游戏主播实时直播给观众看，或是电子竞技队伍与同行竞争。当"元宇宙"指的是一个共享的、持续在线且活跃的、在数字领域以镜像我们真实物理世界的方式存在的虚拟空间时，那么这个术语听起来非常类似于游戏。

正如元宇宙所承诺的那样，娱乐的未来将是可交互的、实时的，并且具备3D特性的。传统的2D、非同步、非交互的静态内容正在失去年轻一代数字原住民的关注。世界正在发生变化。计算能力和带宽的飞速进步正在促使交互式、实时的3D内容爆炸式增长，它以游戏为主导，并迅速扩展至其他行业。

如今，游戏已成为庞大的全球性产业，并横跨各个人群。随着移动互联网的兴起，游戏从一个小众爱好逐渐发展成全球现象（见图6-1），摆脱了狭隘且过时的刻板印象（"疯狂的孩子和小众市场"）。电子游戏市场庞大，如今其产业规模已经超过了全球电影和音乐产业的总和。游戏现在已经成为全球价值最高的媒体类别、最受欢迎的体育项目，并且是整个一代人最活跃的社交聚会场所——无论是Z世代还是成年人都把游戏作为他们的首选。

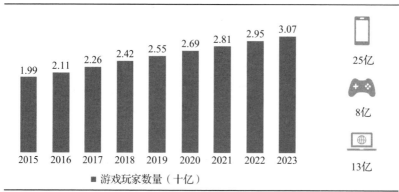

图 6-1　全球有 30 亿游戏玩家

资料来源：Newzoo。

根据 IDC 2021 年的数据，规模达 2 030 亿美元的游戏产业是全球媒体和娱乐产业领域中增长最快的部分，2020 年产业规模增长了 19%。IDC 还报告称，手机游戏市场约占游戏的一半，并且年同比增长了 22%，增速超过了主机游戏和 PC 游戏。在全球范围内，近 40% 的游戏玩家年龄超过 35 岁，而且这一用户群体非常活跃。这可能会让不玩游戏的人感到震惊，因为他们倾向于认为游戏只是"疯狂的孩子"的爱好。ESA 和 Limelight Networks 的数据显示，高达 60% 的玩家每天都会玩游戏，而且平均每位玩家每周玩游戏时间超过 6 小时。

因此，游戏是社交网络的未来。游戏是人们与朋友建立良好离线社交体验的场所，就像一起去博物馆、在公园闲逛或一起锻炼，这种社交体验要比坐在沙发上聊天更加丰富。这将是未来元宇宙的关键要素，并且已经在数十种不同类型的游戏中得到证实。例如，像《英雄联盟》这样的热门游戏每月拥有超过 1 亿名活跃玩家，它有自己的世界冠军赛，既可以在线上进行，也可以在实体体育场里举办，就像世界杯一样。

与先前的数字技术浪潮（包括在线搜索、社交媒体、电子商务、移动网络和短视频）类似，游戏将从根本上改变人们彼此之间以及整个互联网的互动方式（见图 6-2）。对于年轻一代来说，在 3D 环境中导航并与朋友在虚拟世界中一起玩耍是司空见惯的事情。在元宇宙中，社交体验和功能将在虚拟游戏世界中展开，例如：

- 消息传递。
- 直播。
- 庆祝生活中的大事（婚礼、生日等）。
- 社交（与朋友共度时光或举办聚会）。
- 建立人际关系（基于共同兴趣建立新的联系）。
- 约会。

因此，游戏正在成为文化的创造和建设之地，它将演变成一种跨越线上和线下世界的深度社交行为。在本章中，我们将探讨随着区块链技术的加入，游戏世界如何显示出关于元宇宙未来发展方向的一些关键元素。

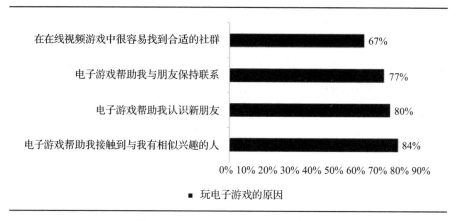

图 6-2　游戏将成为下一个社交网络
资料来源：改编自 Accenture，由高盛投资研究机构整理，2021 年。

6.2　技术融合，媒体融合

在过去几十年中，游戏已经成为技术创新的催化剂。自从微电子技术在 20 世纪 70 年代取得重大突破，首款电子游戏问世以来，游戏和技术之间形成了一种共生关系。随着技术的不断提升，游戏体验变得越来越沉浸，而这些游戏反过来又加速了技术进步以指数级增长的时代的到来。

例如，人工智能在各种国际象棋比赛中与人类选手竞争，这使得人工智能发展得更加成熟。1997 年，IBM 的"深蓝"（Deep Blue）计算机战胜了国际象棋大师加里·卡斯帕罗夫（Garry Kasparov）。然而，前文提到的围棋是一种对计算机来说更加难以掌握的游戏。多年后，2017 年由美国互联网巨头谷歌的 DeepMind 实验室设计的基于人工智能的围棋计算机程序 AlphaGo 击败了最优秀的人类棋手，这被视为人工智能研究的一个重要里程碑。（参见下面的专栏：不可能的对局。）

不可能的对局

2017 年 5 月，中国媒体纷纷报道了一场历史性的围棋比赛。这是一场三局两胜的围棋比赛，参赛选手是中国选手柯洁，他是世界排名第一的围棋选手和世界冠军，对阵的是由美国互联网巨头谷歌的 DeepMind 实验室设计的基于人工智能的围棋计算机程序 AlphaGo。

中国是围棋的发源地，围棋是一种在 19×19 方格棋盘上进行的古老棋类游戏。在围棋比赛中，两名玩家在棋盘上放置黑色或白色的棋子，每个玩家都试图封闭最多的领地。历史记录显示，围棋的起源可以追溯至周朝时期（公元前 1046—前 256 年）。比赛在浙江省乌镇进行，那里有一条拥有 1 300 多年历史的运河，这是一个非常适合举办这种千年历史的古老游戏的场所。在乌镇还举办了每年的世界互联网大会，为 AlphaGo 的数字力量创造了一个平行的联系。

对于许多人来说，乌镇的对决充满了悬念和象征意义。人类对抗机器，传统对抗现代，直觉对抗算法，谁将获胜？

与中国文化中围棋的悠久历史相比，在 2018 年进行比赛时，AlphaGo 仅有三年的历史。围棋被认为是计算机极其难以掌握的游戏，因为在围棋中可能的棋子组合数量比可见宇宙中的原子数量还要多。此外，人类玩家相信，在棋盘上赢得多个战局很大程度上依赖于直觉和战略思考。软件算法能够记住所有棋子的组合，通过计算所有可能的走法来评估局势并选择获胜策略的想法似乎是不可能实现的。

因此，自从 IBM 的"深蓝"计算机在 1997 年击败国际象棋大师加里·卡斯帕罗夫后，围棋游戏一直是衡量人类思维与人工智能之间差距的基准。然而多年来，进展甚微。最近，由谷歌的 DeepMind 开发的 AlphaGo 程序成功地以一种不同的方式分析了这个游戏。AlphaGo 使用了两组"深度神经网络"，其中包含上百万个类似于大脑中神经元的连接。其中一组用于选择下一步的移动策略，而另一组用于评估决策。

谷歌的程序员为 AlphaGo 提供了一个数据库，其中包含从 16 万场真实对弈中提取的 3 000 万个棋盘位置，AlphaGo 会对这些数据进行分析。这个程序还在一定程度上通过自我对弈进行了自我学习，经过最初的编程（机器学习）后，它与自己对弈了数百万次，不断地学习和改进。由于围棋的复杂性，AlphaGo 的成功被认为是迄今为止人工智能领域最重要的突破之一。

最终，泪流满面的柯洁成了这场历史性比赛的标志性形象。在以 0 比 3 的比分输给 AlphaGo 后，柯洁摘下眼镜，擦干眼泪，他的哭声充满了他曾经奋斗和失利的房间。与此同时，DeepMind 实验室团队宣布 AlphaGo 将退出与人类选手的比赛，团队将主要转向研究利用人工智能解决健康、能源以及其他领域的问题。

再以 3D 内容举例。在近百年的时间里，照片和视频内容基本上都是通过相同的手段创建的——通过 2D 镜头捕捉三维图像，并将其投影在 2D 表面上。即使使用最新的数码相机，内容创建的基本过程仍然围绕着构建 2D、非同步、非交互的静态内容。受到游戏需求的推动，Unity 和 Epic Games 等公司开发了 3D 游戏引擎，供开发者创建 3D 内容，而这样的技术随后被教育行业和房地产和建筑行业采用。

如今，游戏正处于先进技术的交汇点。在过去的两年中，游戏产业以指数级的速度扩张，这一扩张受益于最新的技术，如移动互联网和智能手机、5G 连接、云计算，当然还有区块链技术：

- **移动互联网和智能手机**。随着各种各样的游戏逐渐在移动设备上线，游戏正在迅速走向主流。即使是一些图形密集型的游戏，现在也可以在最新款的智能手机上运行，无论用户有没有昂贵的游戏主机或个人电脑，都可以享受游戏体验。年轻一代用户迅速转向移动设备，他们对互动娱乐的接受程度在智能手机上增长尤其明显。
- **5G 连接**。5G 网络承诺提供快速的流媒体传输和低延迟。大部分消费者将升级到支持 5G 网络的移动设备，并享受更高的带宽速度。像 Epic Games、Unity 或 Niantic Labs 这样的游戏公司正在构建模拟软件和并发基础设施，使数十亿人能够共同体验合成现实。处理技术和网络技术的进步使得更加复杂、沉浸式和社交化的环境成为可能。
- **云计算**。云计算已经消除了处理能力和存储空间方面的限制，以支持游戏内容。这些因素推动了可用计算能力的显著增加，并促进了沉浸式的互动内容的传播。云计算正在推动用户数量的快速增长。

区块链和数字资产代表着游戏领域中基础设施层面的最前沿革命。加密货币和区块链技术将深刻颠覆游戏和数字娱乐领域，因为游戏内容创作和游戏内数字资产将广泛转移到区块链上。这种新的数字所有权范式正在解锁新的体验、用户获取策略和商业模式，正如 P2E 模式所示。在讨论区块链游戏之前，让我们先来看一下按用户使用时间排名前两位的游戏应用：《堡垒之夜》（Epic Games 发行）和 Roblox。它们正向元宇宙平台转型，并开始向我们展示身处元宇宙的感受。

6.3　Epic Games 和《堡垒之夜》的 UGC

Epic Games 由该公司的首席执行官蒂姆·斯维尼（Tim Sweeney）于 1991 年创立，其总部位于美国北卡罗来纳州的卡里。Epic Games 最近一轮融资是在 2021 年进行的，筹集了 10 亿美元的资金，公司估值达到 287 亿美元。索尼是 PlayStation 游戏主机的研发者，它投资了 2 亿美元，更有趣的是，包括 Appaloosa Management、Baillie Gifford 和 Fidelity Management 在内的知名机构投资者也参与了投资。Epic 融资的巨大规模清楚地表明资本市场相信游戏和元宇宙的融合（中国互联网公司腾讯拥有该公司 40% 的股份）。

和 Unity（一家于 2004 年在丹麦成立的公司）一样，Epic Games 开发了一款成功的游戏引擎，名为 Unreal Engine，游戏开发者可以使用该引擎创建视频游戏。Unreal Engine 与 Unity 的游戏引擎直接竞争最受欢迎的游戏引擎软件。与此同时，两者都将自己的产品推广为通用的仿真软件，希望能够成为构建 3D 世界的通用语言，就像 HTML 是构建网站的通用语言一样。

Epic Games 在 2017 年取得了突破，当时它推出了游戏《堡垒之夜》。皇家之战风格的动画游戏《堡垒之夜：大逃杀》（*Fortnite Battle Royale*）是一款免费游戏，玩家可以免费玩，游戏最多可容纳 100 名玩家进行战斗，争夺最后的"幸存者"称号。《堡垒之夜：大逃杀》已成为最受欢迎的电子游戏之一，并进一步催生了全新的游戏直播一代。《堡垒之夜：大逃杀》让像泰勒·布列文斯（化名 Ninja）这样以直播玩《堡垒之夜》为特色的游戏玩家成为一种新型的网络红人和富有的名人，类似于 TikTok 上受欢迎的短视频网络红人。

《堡垒之夜》是采用交互技术的先驱者之一，通过与现实世界的跨界合作实现了创新。例如，它组织了一系列主流艺术家在游戏内的互动表演，吸

引了数千万名观众 (参见下面的专栏：《堡垒之夜》中的说唱歌手)。《堡垒之夜》被视为元宇宙的早期示例之一。Epic Games 的一位高管表示："我们不认为《堡垒之夜》是元宇宙，《堡垒之夜》是元宇宙中的一个美丽角落。"

《堡垒之夜》中的说唱歌手

在元宇宙世界中曾有一位名人引起了广泛关注，他就是说唱歌手特拉维斯·斯科特 (Travis Scott)，他在《堡垒之夜》游戏中进行了一场名为"宇宙大挪移"的虚拟音乐会。他以超凡的现场演唱会闻名，他利用《堡垒之夜》的游戏平台将这种形象拓展到了超现实的体验和视觉奇观中。

在 2020 年的《堡垒之夜》音乐会中，特拉维斯·斯科特的形象被放大到了 200 英尺⊖高。音乐会的观众可以选择在整个《堡垒之夜》的地图上弹跳、漂浮、游泳或飞行 (地图曾一度被水淹没)，而特拉维斯则在地图上以他巨大的虚拟形象演唱歌曲。在这场时长 10 分钟的音乐会中，斯科特还带领数百万名《堡垒之夜》的虚拟玩家和观众潜入水下并进入外太空。这场音乐会秉承了《堡垒之夜》游戏体验的沉浸式元素，同时结合了特拉维斯·斯科特在现实生活中的说唱人物形象，为《堡垒之夜》的玩家创造了一段令人难忘的、元宇宙式的体验。

《堡垒之夜》游戏平台上的音乐会与传统的虚拟音乐会有何不同？首先，《堡垒之夜》音乐会为现场观众提供了比传统在线音乐会更多的互动元素。参加特拉维斯·斯科特表演的观众可以在《堡垒之夜》地图中移动、游泳和飞行，并与他们自己的虚拟化身一同"狂欢"。此外，这次时长 10 分钟的《堡垒之夜》音乐会比一场普通音乐会的时长要短得多。

另一个重要区别是，《堡垒之夜》音乐会是在游戏内进行的，而传统的舞台音乐会是一次性的活动。在《堡垒之夜》游戏的元宇宙中，也许在参加特拉维斯·斯科特音乐会之后，用户会更加沉浸在《堡垒之夜》的体验中。一次性的传统音乐会结束后，演出者的管理团队需要努力争取粉丝的忠诚度，但《堡垒之夜》已经成功吸引了那些忠实的用户。

⊖　1 英尺 =0.304 8 米。

Epic Games 的《堡垒之夜》逐渐将自身视为一个平台，为用户提供创造的工具，并使得用户可以在自己的游戏中盈利，还可以在所谓的多元宇宙（类似元宇宙的术语）中穿梭于几千个世界之间。例如，《堡垒之夜》的创意模式（被称为"堡垒之夜创造力"）给予玩家完全的自由，玩家可以设计属于自己的《堡垒之夜》游戏，并在线上发布和与朋友分享。"堡垒之夜创造力"为用户提供了各种工具，让他们可以在《堡垒之夜》中设计用户生成内容（UGC），用户可以在自己的 UGC "个人岛屿"上实施自己的规则。他们还可以进入现有的"岛屿"，与朋友一起玩由无数社区制作的游戏。

过去，人们通常认为 UGC 质量较差。然而，随着价格实惠且易于使用的硬件设备越来越多，如数码摄像机和具有高分辨率摄像头的移动设备，以及桌面编辑软件等软件技术的进步，制作高质量内容的门槛正在迅速降低。如今的 UGC 也可以被视为专业用户生成内容（PUGC），它结合了 UGC 所提供的内容广度和专业生成内容（PGC）所提供的质量。

从 Epic Games 的《堡垒之夜》中，我们可以看到流行文化正在发生转变——用户成了内容的创作者，这使得他们成为社交娱乐平台无可置疑的中心（相较于那些提供高成本制作的娱乐公司）。UGC 的"创作者"越来越成为一种理想的职业，尤其是在年轻一代中。高质量创作者供应量的激增给这个领域带来了更多的成功，进而增加了我们从个人而不是大公司那里获取新媒体内容的供应。换句话说，UGC 的发展趋势正在打破传统游戏行业的模式，这将在下一节中通过 Roblox 案例得到进一步说明。

6.4 Roblox 人类共同体验

Roblox 就像是游戏领域的 YouTube。Roblox 是一个庞大的用户生成的社交游戏平台，允许儿童和青少年创建自定义游戏并与朋友一起。Roblox 既是一款游戏，也是一个平台。根据 Sensor Tower 的数据，该公司的同名游戏"Roblox"是 2020 年美国收入最高的移动游戏。它超过了过去三年一直排名第一的《糖果传奇》（*Candy Crush*）。但是，让 Roblox 与其他在线游戏平台不同的是，它允许用户创建自己的游戏。Roblox 表示："每一个体验都是由我们的社区构建的。"

就像在第 5 章中看到的 NFT 发展中出现的生成艺术一样，将 UGC 扩展到普通游戏玩家是 Roblox 中的一个强劲趋势。该平台允许用户在虚拟平台上操作一个虚拟化身（Avatar）以创建游戏和玩其他用户构建的游戏。在注册 Roblox 账号后，用户可以选择体型、服装和装备来个性化地装饰他们的虚拟化身。随后，用户可以自由地沉浸在由开发者构建的数以百万计的体验中。该平台每年产生 2 000 万个游戏，拥有一个庞大的经济系统，创作者开发并销售用于自定义虚拟化身的配件、装备和物品。

Roblox 的首席执行官大卫·巴斯祖奇（David Baszucki）经常将 Roblox 称为"人类共同体验"，这个术语意味着元宇宙不仅是游戏，而且基于以下基本原则：身份、社交、沉浸感、低延迟、多样性、随时随地、经济系统以及文明。Roblox 认为，以 3D 数字世界作为"人类共同体验"是创始人在 2004 年所构想的新形式社交互动。在"人类共同体验"的空间中，用户可以一起做很多事情，比如工作、学习、玩乐、购物，以及体验娱乐活动——远不止于游戏本身。

该平台现在正在努力将自己打造成一个元宇宙，将游戏空间转变为通过 VR 头显可见的虚拟世界。例如，Roblox 与 Gucci 合作，在 2021 年 5 月开设了 Gucci Garden，这是一种沉浸式的体验，用以庆祝 Gucci 成立 100 周年。用户可以在 Roblox 平台上为自己的虚拟化身购买和穿戴限量版的 Gucci 虚拟物品来装扮自己。一款引人注目的带有蜜蜂图案的 Gucci Dionysus 手袋最初售价为 6 美元，但后来以超过 4 000 美元的价格转售。Roblox 还利用其平台在整个新冠疫情期间举办了几场虚拟音乐会，包括帕丽斯·希尔顿（Paris Hilton）的新年派对。（参见下面的专栏：Roblox 中的"帕丽斯世界"。）

Roblox 中的"帕丽斯世界"

自 2021 年以来，越来越多的名人开始加入元宇宙的热潮。2021 年 12 月，社交名媛帕丽斯·希尔顿在她在 Roblox 的虚拟岛屿"帕丽斯世界"上举办了一场元宇宙新年派对。此前，希尔顿曾涉足 NFT 领域，与设计师布布莱克·凯瑟琳合作设计并出售了三件独特的 NFT 艺术作品。这些作品于一场在线拍卖中被售出，其中最昂贵的一件作品售价超过 110 万美元。

　　这场新年派对标志着希尔顿首次进入元宇宙世界。在这个活动中，希尔顿通过一个虚拟化身为她的粉丝和其他访问她的虚拟岛屿的人进行了一场电子音乐表演。该岛屿邀请游客来探索帕丽斯·希尔顿的元宇宙生活，其中包括她位于贝弗利山庄的豪宅和狗屋的复制品。游客可以选择在豪华跑车中或游艇上探索这个岛屿。

　　所有这些互动元素的结合，比起在 Zoom 等虚拟会议软件上举办的新年派对，创造了更加身临其境的体验。玩家甚至可以漫步穿过 2021 年帕丽斯与丈夫卡特·雷姆结婚时走过的同一个霓虹灯狂欢场景的位置。帕丽斯世界的游客也可以在这个虚拟岛屿上购买虚拟服装或特殊的交通工具（例如，喷气滑水艇）。

　　在 Zoom 上，表演者也可以与派对参与者互动，但这种体验远不及一个完整的虚拟帕丽斯世界所能提供的元宇宙感觉，其中包括风景优美的婚礼背景和喷气滑水艇。帕丽斯·希尔顿的元宇宙岛屿派对为大家呈现了既能感受到帕丽斯·希尔顿本人的存在，又能体验到她的世界的奇妙感受，这样一来，参与派对可以成为一个完整的体验。而通过 Zoom 参加派对，只能相对简单地让人们感受到有帕丽斯·希尔顿（虚拟形象）出席。

　　帕丽斯·希尔顿将"帕丽斯世界"视为她现实生活世界的延伸，现在由于数字元宇宙的出现，全球范围内的更多人可以感受到这种体验。路透社引用了希尔顿的话："对我来说，元宇宙是一个你可以在数字世界中做任何你在现实生活中可以做的事情的地方。并非每个人都有机会体验这一点，所以这就是我们过去一年一直在共同为之努力的事情——将我在那个虚拟世界中希望实现的所有灵感传递给他们。"

　　Roblox 不断努力改善其平台上的"人类共同体验"，专注于开发用于沉浸式 3D 环境的幕后技术。Roblox 平台提供服务器空间和数字基础设施，支持大约每天 3 000 万名活跃用户共享体验，涵盖了从这些体验是如何由积极参与的开发者社区构建的，到如何让全球用户安全地享受和访问这些体验。它由以下三个元素组成。

- **Roblox 客户端**：这个应用程序允许用户探索 3D 数字世界。

- **Roblox 开发平台**：这是一个工具集，允许开发者和创作者使用它来构建、发布和操作通过 Roblox 客户端访问的 3D 体验和其他内容。
- **Roblox 云**：提供为人类共享体验平台提供动力的服务和基础设施。

在 Roblox 的光环下，"体验"指的是在该平台上 Roblox 用户可以享受的各种游戏。创建体验的用户被称为开发者，而创建角色道具的用户被称为创作者。开发者还可以构建并销售自定义工具和 3D 模型，以帮助其他开发者创建体验。类似 TikTok 这样的公司提供工具，让普通用户在自制的短视频中看起来像专业明星一样，Roblox 则提供一套易于使用的程序，让新手可以构建和销售自己的 3D 游戏和体验。

总体而言，Roblox 的开发者和创作者通过三种方式为他们的平台做出贡献：构建供用户享受的体验，构建供用户获取和表达自己的虚拟角色道具，以及构建供其他开发者和创作者使用的工具和 3D 模型。随着时间的推移，该平台上的内容类型不断增加，那些虚拟物品的开发者从游戏中获得大约 30% 的收益，如虚拟服装和角色的销售收入。

Roblox 的商业模式主要集中在用户购买虚拟货币上，这使得用户能够为自己的虚拟化身获取游戏内的福利或虚拟物品。Roblox 有自己的虚拟货币，叫作 Robux，可以用真实货币购买。用户可以将 Robux 花在一个实际是应用商店的平台上，该平台售卖能力值或者装饰品（如衬衫、帽子或天使翅膀），这些物品能够让用户的虚拟化身在游戏中脱颖而出。

Newzoo 的一项调查显示，消费者认为选择自己的虚拟化身外观是在元宇宙中提升整体游戏体验的关键功能，之后是由广告商和赞助商提供的免费内容，以及为其他玩家创建内容的能力。尽管收入的一小部分来自虚拟化身，但虚拟化身在 Roblox 的体验中是一个关键要素，因为据该公司的数据显示，有 20% 的用户每天更换自己的虚拟化身。玩家的虚拟化身越个性化，玩家的参与度就越高，玩家对平台的投入也就越多，也会在游戏中花更多的时间。

同时，来自主要消费品牌的广告收入也非常可观。为了创建游戏内品牌活动，Roblox 通常会将品牌合作伙伴与在平台上工作的开发者联系起来，这为开发者和创作者社区创造了更多的收入渠道。随着 Roblox 平台的扩大，获利的开发者和创作者的收入逐渐增加，这会进一步激励他们继续创建高质量的内容。

这完成了平台上的一个正向反馈循环。随着开发者和创作者创建越来越高质量的内容，越来越多的用户被吸引到 Roblox 平台上来。平台上的用户越多，用户参与度就越高，Roblox 对开发者和创作者来说就越具有吸引力。

这个强大的生态系统吸引了消费品牌的注意，例如，耐克也与 Roblox 合作，建立了一个名为 Nikeland 的虚拟世界。最近，一些注重元宇宙发展的品牌出现了革命性变化：它们开始绕过 Roblox 这个中间平台与开发者直接合作，将开发者的产品引入虚拟空间。这导致了 Roblox 上有着充满活力且不断扩大的创作者经济，从而定义了品牌、平台和开发者之间新的关系并创造了新的机会。

然而，所有的这些进展只是揭示了未来创作者经济中个体创作者所能实现的一部分——由创作者驱动的去中心化自治组织（"创作者 DAO"）的前景（将在本书第 10 章中讨论）。预计这样的新业务实体将完全由创作者与他们的支持者、消费者和合作伙伴共同拥有，他们的经济利益将仅与创作业务相一致。Roblox 的持续发展表明了未来元宇宙在大规模地支持新的业务模式和内容类型上的巨大潜力。

6.5 P2E 游戏：使用 NFT 的 GameFi

即使是像 Roblox 或《堡垒之夜》这样以用户为中心的 UGC 平台，游戏中也存在一个重大问题，那就是玩家不再玩游戏时无法将他们的资金取出。游戏很少允许玩家之间进行资产交易，尤其在第三方网站上更是如此。此外，即使在允许用户交易的游戏中，用户也无法合法拥有资产，因为游戏工作室没有动机将它们的利润分配给用户。

因此，如果没有任何获得投资回报的潜力，玩家都愿意在虚拟世界中花费如此多的钱，使得游戏行业成为全球最大的媒体，那么当他们在游戏内购买的内容成为可以交易和用于现实交易的资产时，游戏社区会有多大？这就是区块链游戏的潜力所在，也是游戏可以推动更广泛的区块链应用的原因所在。

当前市场上最好的例子就是 P2E 游戏，它将 DeFi、NFT（前面章节中介绍过）与游戏融合在一起。DeFi、NFT 和游戏的结合使玩家能够在玩游戏时获得经济奖励，这也被称为 GameFi（见图 6-3）。游戏玩家可以使用各种方法将在游戏中获得的 NFT 变现以获利。反过来说，NFT 的价值来源于游戏。

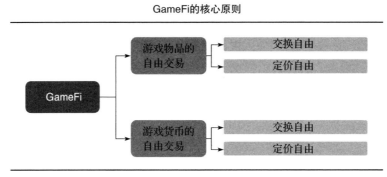

图 6-3　GameFi 赋予了游戏内加密货币自由交易的能力

资料来源：CoinTelegraph，Medium，2021。

GameFi 背后是一个精心设计的代币经济系统，通过激励机制平衡 NFT 来实现，这些 NFT 通常代表某种游戏中的资产，以及一种作为内部货币使用的实用代币。通常情况下，以 NFT 形式存在的游戏资产包括游戏中使用的角色、虚拟地形以及类似武器的游戏装备。玩家使用这些 NFT 来赚取实用代币，该实用代币在市场上具有价值，并可以通过 DeFi 基础设施兑换成其他加密货币或真实的现金。

GameFi 协议代表了在元宇宙叙事下的 NFT 的关键转折点。根据 Nonfungible. com 在 2022 年年初的研究，此前最受欢迎的 NFT 类别是收藏品。但是像 CryptoPunks 和无聊猿这样的收藏品是最基础的 NFT 类型（参见第 5 章的相关讨论）。拥有热门的收藏品意味着持有人是一位真正的收藏家，将热门收藏品用作用户的虚拟化身可以帮助用户进入一些更高级的社区（就像俱乐部会员卡），而且他们可能会从其他 NFT（如 Meebits）获得免费的空投（airdrop）。

然而，除了可以用于投机和具备影响力，这种"收藏品 NFT"没有其他用途。通过与游戏的结合，NFT 已经演变为更复杂和精细的交互式 NFT 版本。我们可以将 NFT 的发展划分为三个不同的层次。

6.5.1　第一层：基础的互动 NFT（例如：CryptoKitties）

与简单的收藏品 NFT 相比，CryptoKitties 提供了一个额外的游戏化组件：繁殖。CryptoKitties 是一款游戏，你可以收集、繁殖甚至出售虚拟猫来换取真正的收益。该游戏基于区块链技术，运行在一个名为"遗传算法"的算法上。该算法试图模拟真实的遗传过程——存储在猫内部的信息就像真实生物的 DNA 一样。由于基因（DNA）数据独一无二，游戏中的每只猫都是独一无二的，无法复制。

然而，作为最早的区块链游戏之一，CryptoKitties 最多只能算是一款"可收藏"的游戏。用户收集具有特定特征的虚拟猫，这些猫可以用来繁殖其他数字虚拟猫。玩家可以交易猫并尝试解锁一些稀有特征，但功能仅限于此。最重要的是，CryptoKitties 几乎没有真正的游戏性，玩家很难找到他们收集的数字资产任何有意义的用途。

6.5.2　第二层：探索（例如：Decentraland 和 Sandbox）

Decentraland 和 Sandbox 代表了第二层次的发展：虚拟平台——允许用户创建、体验内容和应用程序，并将其货币化。这两个虚拟世界在某些方面相似，它们都是基于以太坊区块链的去中心化虚拟世界平台。用户可以在这两个平台上购买和出售虚拟土地，并在土地上自由创造虚拟世界，设计虚拟体验。Cryptovoxels 是受 Minecraft 启发的另一个基于以太坊区块链的虚拟世界 / 元宇宙，允许玩家购买土地并建造商店和艺术画廊。

Decentraland 是一个 NFT 游戏，它呈现给玩家一个有边界的 3D 虚拟世界，其中土地相邻排列，是这个游戏的 NFT。多块土地可以组合并形成被称为"districts"的社区。有共同兴趣的玩家可以创建自己的"districts"以获得彼此之间的多边利益。

基于以太坊的 Sandbox 实际上是元宇宙的一个可玩区块，提供了一个共享的在线世界，用户可以购买 NFT 土地，在土地上创建自己的互动游戏，甚至可以在与其他用户共享时实现货币化。Sandbox 由以下三个产品组成。① VoxEdit：允许用户在 Sandbox 元宇宙中创建和动画化 3D 对象，如人物、动物和工具（这些被称为 ASSETS，可以是可互换的或不可互换的）。② Sandbox Marketplace：允许用户发布和出售他们的 ASSETS。③ Sandbox Game Maker：允许用户免费创建 3D 游戏。为了鼓励更多的用户参与内容创作过程，用户不需要编程经验，因为可以使用 Sandbox 平台的工具来创建 ASSETS 和游戏。

相比之下，Decentraland 更注重创造和拥有资产，如建筑物、花园、交通系统和各种其他类型的建筑。据 PrestigeOnline 报道，Decentraland 系统上有 90 601 块独立的虚拟土地。只要使用 MANA 购买一块虚拟土地，用户就可以用它来创建一个花园或一座城市。Decentraland 的房地产遵循与实体房地产类似的规则，彼此相似的地块可以被划分为一个区域，从而形成相似的社区。还有一个遵循类似住房委员会的选举制度的投票系统（Agora），用户可以在这一系统中投票并影响自己社区的发展。（参见下面的专栏：虚拟土地蓬勃发展。）

虚拟土地蓬勃发展

对于普通人来说，现在人们在虚拟游戏环境中（如 Decentraland 和 The Sandbox）用真实货币（或加密货币）购买房地产看起来可能有些奇怪。

Decentraland 是虚拟房地产在元宇宙时代蓬勃发展的一个明显例子。除了价值数百万美元的里程碑式交易（例如，房地产公司 Metaverse Group 以 243 万美元的价格购买 Decentraland 土地），政府也参与其中。据 CoinDesk 报道，2021 年 11 月，巴巴多斯与 Decentraland 合作，于 2022 年 1 月在该平台上建立了虚拟大使馆，成为全球第一个建立虚拟大使馆的国家。因此，Decentraland 不仅在用户中获得了人气（截至 2021 年 12 月，拥有 30 万月活跃用户），现在还得到了机构和政府的关注。

The Sandbox 的虚拟房地产销售打破了 Decentraland 创下的纪录。根据《华尔街日报》的报道，Republic Realm 在 2021 年 11 月以 430 万美元从 Atari SA 手中购买了 The Sandbox 的土地，这是迄今为止金额最大的元宇宙地产交易。Animoca Brands（The Sandbox 的母公司）的联合创始人萧逸（Yat Siu）表示："我们认为 The Sandbox 不会是唯一的地方，但它会成为第一个数字曼哈顿或数字贝弗利山。"确实，如果类比为购买曼哈顿黄金中城地段或贝弗利山购物区的房地产，就可以解释为什么价格达到了创纪录的 430 万美元。

全球范围内虚拟土地的销售蓬勃发展，中国也不例外。艺术家黄河山的元宇宙艺术项目"秃力城"（Too Rich City）就是一个显著的例子。根据《第六声》的报道，"秃力城"是一个虚拟城市项目，由巨大的 3D 混凝土高楼和黄河山在中国城镇和村庄收集的商店招牌组成。根据 2022 年 1 月《第六声》发布的文章中的数据，黄河山在两天内以 40 万元（合 6.3 万美元）的价格出售了他的 310 套 NFT 房屋。购买者普遍较年轻，每个购买者都收到了一份房产证，并被邀加入一个专属于 NFT 房产业主的微信群。这些数字化房地产效果图的高销量尤其令人着迷。与实体房产业主不同，"秃力城"的业主无法亲身进入他们的房产或找到遮蔽之处。然而，这似乎并没有削弱中国投资者的热情。

三家重要的公司推动了虚拟房地产热潮：Meta、Decentraland 和 The Sandbox，它们引起了用户和投资者对元宇宙房产的热情。传统的房地产巨头也加入了这场竞争，新世界发展和新鸿基地产都对 The Sandbox 进行了投资。

6.5.3 第三层：P2E 游戏（例如：Axie Infinity）

Axie Infinity 引领了 P2E 游戏的潮流。Axie Infinity 是一个数字宠物世界，在这里玩家可以培养和以 NFT 形式交易名为 Axie 的幻想生物，还可以进行宠物对战。Axie 用户通过投资 Axie NFT 和原生代币 AXS 来开始游戏，然后他们可以收集、繁殖宠物，展开宠物对战和交易宠物。玩家还可以通过出售其他加密货币或法定货币换取的 Axie 代币来赚取游戏内货币 SLP（见图 6-4）。尽管还处于早期阶段，但 Axie Infinity 凭借每日、每周和每月社区投票中的榜首排名，为自己赢得了很高的声誉，成了排名第一的以太坊游戏。

Axie Infinity 现在是全球增长最快的游戏之一，游戏销售额已超过 10 亿美元，拥有超过 100 万日活跃用户。有趣的是，这款 P2E 游戏在新兴市场尤其受到欢迎。例如，在新冠疫情引起的经济困难时期，很多菲律宾的用户仅仅通过玩 Axie Infinity 赚取的金额就超过他们平常一个月的工资。2021 年，菲律宾为该游戏贡献了最多的用户流量（见图 6-5）。P2E 游戏可能是将区块链游戏行业带到全球下一个前沿的催化剂。

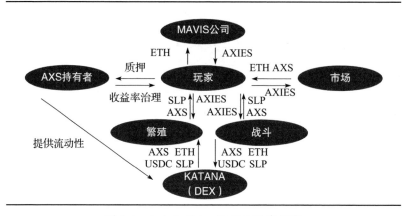

图 6-4 Axie Infinity 的 P2E 经济系统

资料来源：TeehFlow。

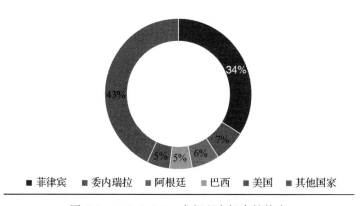

图 6-5 Axie Infinity 在新兴市场中的热度

资料来源：SimilarWeb.com，Ciypto.com 研究；数据截至 2021 年 11 月 23 日。

6.6 区块链游戏：先游戏，还是先加密货币

自 2021 年年中以来，我们目睹了加密游戏的首次爆发。知名的直播博主和游戏玩家开始转向 NFT 游戏，游戏行业中的大型公司，如 Activision、

Blizzard、EA Sports、Ubisoft 和 Square Enix 等，也已经开始涉足区块链和基于 NFT 的游戏。然而，目前区块链游戏市场规模仍相对较小，大部分发展由原生加密公司主导，这些公司并非原生游戏公司。

此外，传统游戏行业并没有很好地接受这种创新。随着游戏工作室发布越来越多的 NFT 公告，玩家们变得越来越恼火，加密货币引发的冲突也越来越多地在用户和主流游戏工作室（如 Ubisoft、Square Enix 和 Zynga）之间爆发，在许多情况下，玩家取得了对抗的胜利——至少目前如此。简而言之，游戏世界对 NFT 的态度存在分歧。

例如，制作《刺客信条》等游戏的 Ubisoft 公司是第一个涉足加密货币领域的大型游戏发行商。2021 年 12 月，Ubisoft 推出了一个名为 Quartz 的平台，该平台允许玩家以 NFT 的形式拥有游戏内的装饰物（如头盔和枪支）。对于在射击游戏《幽灵行动：断点》中达到一定级别的玩家来说，这些 NFT 可以免费获取。该公司表示，玩家可以保留这些物品，也可以在第三方市场上出售。

然而，一些重要的游戏公司对加密货币持有负面态度。拥有在线游戏商店 Steam 的 Valve 公司在 2021 年年末更新了规定，Steam 平台禁止允许使用加密货币或 NFT 进行交易的区块链游戏。Epic Games 表示，公司会避免在自己的游戏中使用 NFT，因为这个行业充斥着"一系列棘手的欺诈行为"（但 Epic Games 仍然允许开发者在其在线商店销售区块链游戏）。

总结来说，目前区块链游戏还处于萌芽阶段。一方面，对于创作者和开发者来说，区块链游戏有望展示以下关键优势：

1. 更好的游戏经济。P2E 创造了一个机会，让更多玩家参与游戏经济，相比免费游戏模式中平均不到 2% 的玩家购买游戏内物品（2020 年的 Appier 数据）。P2E 可能使所有玩家参与游戏内的经济交易。

2. 更好的单位经济效益。在游戏经济中与玩家和创作者共享一部分经济利益，可能会降低获客成本，提高用户的留存率，从而相较于传统免费游戏，每个用户具有更高的生命周期价值（LTV）。

3. 更协调的经济。在 Roblox 这样的游戏平台上（参见本章前面的相关讨论），创作者通常仅能保留约 30% 的收益，而在区块链游戏中，用户通常能够保留更多自己创造的价值。此外，通过区块链上的版税机制，开发者可以在二级市场活动中收取费用，从而开辟一条新的收入渠道。

另一方面，游戏玩家担心 NFT 这样的加密货币会使游戏成为一个纯粹的商业平台。他们喜欢游戏的原因在于其中的世界、故事和体验，他们不希望在游戏中感受到过多的交易性内容。

因此，就区块链游戏的品质而言，开发者面临的一个重要考验是以一种传统的免费游戏、没有代币收益潜力的视角来审视一个区块链 P2E 游戏。如果游戏能够通过微交易成功实现盈利（即玩家愿意购买游戏内物品，而不期望经济回报），那么游戏的玩法就足够吸引人。

然而，如果通过微交易获得的收益不多，即玩家不愿意为没有收益潜力的资产付费，那么他们为 P2E 游戏付费的唯一原因就是投资。如果是这种情况，那它就不是独立的游戏。这使得游戏成为零和游戏，并导致"炒作和抛售"的情况。它更像一个具有游戏外表的投资工具，而不是一个真正的游戏。换句话说，它是一种以加密货币为先的游戏，游戏本身的玩法无法独立存在。

总之，区块链游戏首先应该是高质量的游戏，加密货币玩法只是有价值的增强功能。如果未来的区块链游戏能够以"游戏为先"而不是以"加密货币为先"，那么 GameFi 革命将不可避免地在游戏社区中发生，并将下一个 10 亿用户带入加密货币领域。

6.7　游戏：元宇宙的基石

在结束本章之前，有一个重要问题：为什么游戏革命对于元宇宙的发展至关重要？元宇宙是对互联网未来的畅想，同时也是一种将当前在线基础设施的一些趋势包装起来的巧妙方式，其中包括实时 3D 世界的发展。可以说游戏是元宇宙的一个测试案例，考虑到大多数数字活动都在转向游戏，游戏也是一种新的社交网络。

自 2021 年以来，游戏业（一个目前市场规模超过 2 000 亿美元的行业）是收入最高的媒体类别。最近，游戏超过长期以来的媒体巨头在线电视，占据了领先地位，如今的游戏行业规模超过了全球音乐、电影和点播娱乐行业的总和。此外，根据各行业研究公司的数据，在这些媒体类别中，游戏也是增长速度最快的。因此，游戏是最好的测试案例。

进一步考虑到游戏是新技术融合的地方，我们甚至可以说游戏是新的技术范式（见图 6-6）。简而言之，游戏是迈向元宇宙的起点，也是最可行的途径，因为：

- 许多游戏已经达到规模（例如，庞大的用户群体）。
- UGC 文化来自创作者（例如，用户生成的活动、游戏、虚拟商品、环境 / 世界）。
- 从消费端来看，游戏已经为消费者参与类似元宇宙的活动提供了体验（例如，将 NFT 用于数字资产，实现线上线下的融合，实现物理体验和数字体验之间的实时连接）。
- 构建元宇宙的技术已经在游戏中得到开发和测试（例如，AR/VR 集成、多玩家并发、内容审核技术）。

图 6-6 游戏是新的技术范式

到目前为止，在第二部分中，第 3 章和第 4 章侧重介绍作为用户在元宇宙中"交易"的基础设施的区块链技术；第 5 章和第 6 章主要关注创作者经济，说明如何利用区块链技术实现数字内容和资产创建。在接下来的两章中，我们将重点介绍元宇宙中用户数据的隐私问题和加密资产安全的区块链基础。

第 7 章

元宇宙隐私
区块链与大型科技公司

- 平行数字宇宙中的隐私
- 元宇宙中的未来数据隐私治理模型
- WEF 数据治理模型
- 零知识证明与安全多方计算
- 同态加密和联邦学习
- NFT "cookies"：当 Web3 技术遇见 Web2.0 遗产
- 监控经济和反乌托邦社会

7.1 平行数字宇宙中的隐私

2021 年，Facebook 在"Meta 推动"中获得了人们的热情的同时，也收到了同等的怀疑和犹豫，尤其是与数据隐私问题有关的部分。美联社采访中的检举人弗朗西斯·豪根（Frances Haugen）表示，元宇宙世界可能会为 Facebook 带来另一个在线领域的垄断地位，并且元宇宙具有成瘾性，还会窃取用户更多的个人信息。豪根表示，Meta 最近对元宇宙的大肆宣传只是一个幌子，通过这个幌子，Meta 可以在其监管问题尚未解决时隐藏起来："如果你不喜欢这个对话，你就会试图改变这个对话。"她说道。

与此同时，苹果的物联网追踪设备 AirTag 也暴露出了一些隐私问题。尽管 AirTag 具有内置的隐私保护功能，但一些观察人士指出，苹果在保护人们免受不需要的追踪方面的表现还不尽人意。一位《华盛顿邮报》的记者允许一位同事使用 AirTag 追踪他一周，然后才停止了这种追踪活动。《纽约时报》于 2021 年 12 月发布的一份报告中提到，至少七名女性认为自己曾被 AirTag 追踪过。

同样在 2021 年 12 月，加拿大警方发布警告称，有小偷利用苹果追踪配件来盗窃高端汽车。具体来说，在总共超过 2 000 起报告中，他们收到了 5 起可能涉及 AirTag 的报告。然而，AirTag 这一特殊的功能并不是苹果追踪配件与其他产品之间唯一的区别。此外，LTE 电信网络本身是一个更大的追踪平台，数百种独立产品都利用这一网络，它们都与 AirTag 定价相似。

隐私权和反垄断是相互交织的。2022 年 1 月，微软宣布收购动视暴雪（Activision Blizzard），这家公司是负责制作《守望先锋》《暗黑破坏神》《使命召唤》《魔兽世界》和《糖果传奇》等畅销游戏的巨头游戏公司。对陷入困境的游戏工作室进行 700 亿美元的收购，反映了大型科技公司收购和合并较小公司以巩固其在科技行业的实力的趋势愈演愈烈。

尽管美国拜登政府中许多内阁成员呼吁对科技行业进行更严格的监管，以遏制反垄断和反竞争行为，但科技行业的合并也带来了隐私问题。微软已经拥有备受欢迎的 Xbox 游戏机平台以及盈利丰厚的游戏系列，如《光环》《极限竞速》《帝国时代》和《我的世界》。收购动视暴雪可能会产生更大的影响，因为这是微软在一年内收购的第二家重要的游戏工作室。

2021 年，微软以 70 亿美元收购了知名游戏工作室 Bethesda Softworks 的母公司 ZeniMax。很明显，微软正在努力占领游戏市场的大部分市场份额，以打造一个适用于游戏、工作和社交的全球元宇宙平台。微软在公告中指出，这次收购将成为"元宇宙"的基石。收购动视暴雪也意味着微软将获得更多用户数据（它已经拥有相当多的数据）。当一家公司可以从不同来源收集大量数据并且这些数据都关联到同一个人时，与数据收集相关的隐私风险就会加剧。这会让数据更容易落入坏人之手，或者导致私人数据被滥用。

例如，这些大型平台能够以详尽的细节对其用户进行个人画像。正如"马赛克理论"（mosaic theory）所指，尽管单独的不同信息对拥有者来说可能价值有限或无用，但当与其他信息结合时，它们可以展现出额外的重要性。在网络空间存在着许多不同的信息，用户从未想到这些信息能够识别一个人。但是当计算机将这些不同的信息片段组合在一起时，它就可以看到人类无法看到的数据之间的联系。当一个数字平台将来自同一平台的不同服务线或不同行业的第三方数据供应商的不同数据集进行组合时，用户数据整合的威力呈指数级增长。

科技公司越大越强，就越能够收集和使用个人数据。同样地，一家公司拥有的数据越多，其他公司要与之竞争就越困难。一方面，这些平台利用大数据分析为用户提供更加个性化和快捷的服务。如果一家公司可以获得数十亿个关于用户行为和偏好的数据点，那么它很可能比一个缺乏这些资源的小公司更能满足消费者的需求。

另一方面，许多平台的数据能力也引起了公众的担忧，即大数据可能被滥用。在"大数据杀熟"的情况下，平台拥有的个人数据越多，用户就需要付出越大的代价（参见专栏：大数据杀熟）。同样，数据隐私和反垄断是相关联的。数据权力的集中伤害了消费者和科技型初创企业。

大数据杀熟

"杀熟"字面上意味着"杀害相熟的人"，它是一个源自中国的术语，指的是这种情况：其中一个人利用另一个天真地相信自己是朋友的人为自己牟取利益。

在数据经济中，它演变为"大数据杀熟"，因为互联网平台利用了自己对常规用户的消费习惯非常了解，从这些用户身上获利。"杀熟"指的是同样的商品和服务，给老客户展示的价格比给新用户展示的价格更高的情况。从经济学的角度来说，"大数据杀熟"是一种价格歧视。

"大数据杀熟"展示了数据的力量和价值。由于互联网平台对新用户没有了解，它会提供相对较低的商品（或服务）价格，以便新用户可以尝到第一次体验的"甜头"（同时，平台通过用户的注册信息和相关交易收集个人数据）。同时，互联网平台给现有用户提供相对较高的价格，尤其是那些通过分析被认为拥有较高消费能力的、对价格不敏感的用户。

例如，在线旅行社（OTA）网站是大数据杀熟盛行的地方。许多用户发现，在尝试订购机票或酒店房间时，经常使用该网站的用户面临的价格会比新用户高。据报道，在同一地区，网上打车平台也有向不同用户提供不同价格的现象。类似现象还出现在网上购物、在线购票、视频网站等许多领域。

未来，消费者数据将成为元宇宙的核心，大型科技公司在元宇宙中进行的广泛数据收集将带来更重要的数据隐私问题。作为一个 3D 的、持续存在的、沉浸式的和可互动的互联网，元宇宙为日常活动（如工作、参加音乐会、旅行、购物、社交）转化为平行的数字宇宙提供了机会，而这必然会涉及新型的潜在敏感信息的使用，比如生物识别数据。

元宇宙应用程序可能会让科技公司追踪你的面部表情、血压、呼吸频率甚至更多其他信息。对于电子商务企业来说，这是个好消息，因为它们可以根据大量用户数据创建沉浸式、个性化和价值导向的广告体验。但对于个人隐私而言，用户几乎没有什么可以隐藏的。举个例子，单单一个 VR/AR 头盔就可以在用户的家中充当摄像头和麦克风；更高级的 VR 系统可以将其与心率、呼吸速率、身体动作和 3D 维度相结合，利用所有这些信息的独特组合进行个体识别和追踪。

因此，随着元宇宙的来临，关于数据驱动广告和消费者数据保护的讨论已经开始升温。元宇宙可能会满足大型科技公司对更多数据的需求，而它们集中存储和控制的数据将会对隐私构成更多挑战，除非数据可以分散化，并且将数据的控制权和所有权归还给个体用户。在本章中，我们将讨论一些适用于元宇宙应用程序的数据隐私治理模型，以及一些可以提供更好的隐私保护的新技术。

7.2　元宇宙中的未来数据隐私治理模型

在元宇宙中，存在四种潜在的数据隐私治理模型，范围包含了从集中的所有权到个体所有权（见图 7-1）。

图 7-1　四种不同程度的数据隐私治理模型

7.2.1 集中治理模型

在集中治理模型中，元宇宙的所有者和运营商设定服务治理的政策，用户的数据不会离开该运营商的元宇宙，并且，除非在元宇宙的所有者和运营商的授权下启用连接，否则它与其他元宇宙（例如，由不同科技公司开发的元宇宙）之间无法互操作。

这种模型最类似于大型科技公司（如 Meta、亚马逊和 Twitter）当前采用的模型。在这种模型中，个人用户的隐私得到的保护最少，因为大型公司对数据具有集中控制权，还可以使用先进的算法来处理个人用户的数据。此外，黑客还可以利用数据集中的特性来窃取数据。对于元宇宙应用程序来说，这显然并不理想。

7.2.2 个性化治理模型

元宇宙中的个性化治理模型的理念是：一旦技术变得更加通用，任何人都可以构建自己的元宇宙，并将其与其他创作者的元宇宙连接起来。这种模型的理念最类似于数字出版领域的"开放网络"理念，其中访问不受限制，出版标准最低，甚至可能根本不存在标准，数据可以在元宇宙之间自由流动。

在这种"开放元宇宙"中，个人用户也是自己元宇宙的创造者，并且可以根据必要的同意模型（consent model）保护隐私。正如本书多个章节中所展示的，许多实验正在进行中（例如游戏行业），这是一种理想的隐私治理模型。

7.2.3 DAO 治理模型

个性化治理模型为用户的隐私提供了最大限度的和最理想的保护，但目前实施起来很困难（无论是从技术还是从监管的角度来看，它都可以被视为元宇宙的终极方向）。然而，就像任何具有"网络效应"的产品一样，大多数用户仍然会集中在相对较少的几个元宇宙中，除了一些专注于小众兴趣领域的"长尾"元宇宙。

因此，如果我们没有强制性标准，那么在流行的元宇宙中，数据隐私和安全基础设施的实践可能会比采用集中治理模型的实践更糟糕。一个潜在的解决方案是 DAO 治理模型，DAO 参与者利用治理代币为隐私保护问题和其他与 DAO 相关的问题进行投票。

一个典型的例子是 2022 年年初推出的 Panther Protocol。Panther 利用加密经济激励以及 zk-SNARKs 技术（本章后面将讨论的一种隐私保护计算算法），为 DeFi 用户提供完全抵押的增强隐私的数字资产。用户可以将来自任何区块链的数字资产存入 Panther 保险库来铸造零知识资产。（零知识证明是另一种保护隐私的算法，将在本章后面介绍。）

Panther 部署了 LaunchDAO，这是一个系统，允许每个已完成 KYC 身份验证、参与其公开和私人代币销售的用户匿名发行零知识证明，以验证他们的参与。利用这个证明，已通过个人验证的用户可以私下投票，决定在以太坊和 Polygon 区块链上是否启动该协议。

DAO 对隐私问题的处理仍处于早期创新阶段，其成功与否将取决于多个因素，其中最重要的因素是监管层面。一种平衡政府监管需求和个人（和 DAO）需求的混合治理模型可能是我们可以采取的最佳方法。

7.2.4 混合治理模型

混合治理模型允许创作者、大型科技公司和 DAO 参与者制定自己的治理政策，但关键的数据隐私、社区和安全标准由主权国家管理（需要符合当地的隐私保护法规）。其中的主要标准之一是要求托管元宇宙的公司实现不同元宇宙之间的数据可携带性和互操作性，以确保消费者不会被"锁定"在一个平台上。这迫使元宇宙提供商在质量和服务上展开竞争，而不是依靠高昂的切换成本把用户留在自己的网络中。

混合治理模型代表了相比起在线数字网络出现初期（Web2.0），国家在数据隐私治理方面将提供更有效的机会（Web3），我们将获得更好的体验。混合治理模型仍然受益于像 Meta 和 Amazon 这样的主要元宇宙公司在数据隐私和安全基础设施方面的专业知识，但它也消除了对元宇宙中用户互动的完全垄断权的潜在可能性。主权监管机构对数据可携带性和互操作性的要求将至关重要。然而，可携带性和互操作性并不能完全保护隐私，我们还必须执行政策要求，规定元宇宙提供商在其（元宇宙）世界中收集的数据可以用于何种用途。

7.3 WEF 数据治理模型

世界经济论坛（WEF）在名为《数据作为共同目标：利用同意机制构建信任》（于 2021 年 11 月发布）的白皮书中提出了基于同意机制的隐私和信任模型，用于数据交换和治理。这种模型可以作为元宇宙平台的参考模型。该白皮书定义了 16 个属性（见图 7-2），用于通过同意机制在数据交换中建立基于共同利益的信任。我们可以将元宇宙视为最终的数据交换平台，而世界经济论坛的模型也将非常适用。

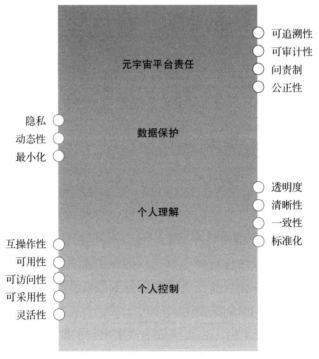

图 7-2　元宇宙隐私和治理参考模型

资料来源：世界经济论坛。

这 16 个属性被分为 4 个不同的类别：元宇宙平台责任、数据保护、个人理解和个人控制。

7.3.1　元宇宙平台责任

元宇宙平台责任包括衡量、追踪和报告数据在数据交换过程中或任何中心化数据平台内外的流动。这一部分中定义了以下四个属性：

- **可追溯性**。元宇宙平台利益相关者能够在同意阶段、数据收集阶段、使用和共享数据阶段，一直追踪数据的流动，直至终止阶段——包括第一代和第 n 代的使用层次。利益相关者需要认识到当前的技术限制，并设计治理措施以适应未来的变化。
- **可审计性**。元宇宙平台的运营商和参与者应该在与数据滥用相关的追溯期内，保留以下记录以支持审计：①每一次数据收集、使用或共享的情况；②个人明确提供的数据使用同意选择。
- **问责制**。任何参与者或元宇宙平台运营商都对保护个人隐私、提供追索方法以及仅在用户或代表用户合法行事的第三方（例如父母、监护人、数据合作组织、可信代理人）所选择的同意范围内使用其数据负有责任。在可能的情况下，这一范围还包括交易参与者行为之外的任何其他数据处理。
- **公正性**。参与元宇宙平台的所有利益相关者，无论实体大小、地位或其他潜在偏见如何，他们都应对其在数据交换中采取的行动承担同等责任。

7.3.2　数据保护

数据保护涉及与存储在数据交换中心的数据（即静态数据），正在处理的数据（即使用中的数据）以及在元宇宙平台内部、流入和流出元宇宙平台的数据（即动态数据）相关的降低风险的措施。数据保护定义了以下三个属性：

- **隐私**。应该为个人提供同意的管理工具和操作流程，以便控制个人可识别信息（PI）数据、个人来源数据的收集、使用和共享，与其所在辖区的数据隐私政策赋予个人的权利保持协调。元宇宙平台运营商有责任执行这些用户控制措施。

- **动态性**。元宇宙平台运营商为参与者提供管理规则，并授予个人对数据收集、使用或共享的授权、修改和撤销的能力。在修改和撤销权限的情况下，这些限制将在初始许可体验之前提前向用户通告。
- **最小化**。个人数据的收集、使用和共享应符合个人的同意选择，确保与使用目的严格相关且能够适用于特定目的。元宇宙平台参与者为运营商提供必要的追踪和审计能力，以确保其合规性。

7.3.3　个人理解

个人理解要求专注于教育个人并使他们能够就通过元宇宙平台收集、使用和共享数据一事做出明智选择。个人理解定义了以下四个属性：

- **透明度**。个人可以及时获得清晰的信息，并实时了解实体如何收集、使用和共享自己的数据，相关服务可能带来的风险和益处，源代码的可用性，服务基于的规则和标准，个人的权利和义务，以及元宇宙平台的治理结构。
- **清晰性**。个人可以清楚地了解数据是如何以及为何被收集、使用和共享的。同意选择应当以一种连贯和易懂的方式呈现，不允许使用任何欺诈行为。
- **一致性**。在数据交换过程中，个人所面对的同意选择应当以相同的格式呈现（例如术语、图标、结构等）。
- **标准化**。在各种使用场景中，应当以一种常见且易于理解的格式向参与者呈现同意选择。参与者使用必要的技术来读取、解释和实施以标准格式接收到的同意选择。运营商负责执行这些标准。

7.3.4　个人控制

个人控制要求致力于支持个人通过元宇宙平台选择工具和接口，其中包括数据的收集、使用和共享。以下是为个人控制定义的五个属性：

- **互操作性**。在元宇宙平台中，个人数据以及相关的权利和许可应该采用通用的、可以被机器读取的格式，应当能够在各个参与者之间进行解释，让各个参与者能够理解。这意味着个人数据和相关权限可以从一个运营商或参与者转移到另一个运营商或参与者，而不受限于特定平台或系统。

- **可用性**。个人能够控制其数据的使用、收集或共享的方式。通过数据交换同意机制，个人能够采取行动控制个人身份数据以及个人来源的非身份数据的收集、使用和共享。

- **可访问性**。个人能够通过简单的同意机制界面控制数据的收集、使用和共享，该界面的交互点都是可用的。访问权限应该对所有个人开放，包括少数群体、残障人士以及社会地位、经济地位较低的个人。这意味着数据控制的工具和接口应该易于理解和操作，并且为所有人提供平等的机会和便利性。

- **可采用性**。针对个人与同意机制的交互，治理方法应该能够由元宇宙平台的运营商和参与者实施和管理。这意味着治理方法应该是可操作和可管理的，以便平台中的各方都能够理解和遵循相关规定，并能够将规定有效地应用于实际操作中。

- **灵活性**。同意界面应能够轻松修改，以响应运营商、参与者、个人以及治理规则、监管政策或技术发展的变化。这意味着同意界面应具备可调整性和适应性，能够适应不同的需求和变化的环境。

7.4 零知识证明和安全多方计算

为了在数据、身份、数字资产和交易方面保护用户的隐私，目前几种隐私保护技术正在积极研究中。下面的两个部分将介绍四种隐私保护技术，这些技术可以广泛应用于元宇宙平台（见图 7-3）。

图 7-3 领先的隐私保护计算方法

7.4.1 零知识证明

7.4.1.1 什么是零知识证明

有可能在不透露证明事物的数据的情况下证明其为真吗？这就是零知识证明技术提出的观点——一种方法，允许一方对另一方进行密码学证明，证明其拥有关于某个信息的知识，而不泄露该信息实际的底层信息。在区块链网络的背景下，通过零知识证明在区块链上揭示的唯一信息是某个隐藏信息是有效的，并且证明者知晓这一信息。

零知识证明最早在 1985 年由莎菲·戈德瓦塞尔（Shafi Goldwasser）和希尔维奥·米卡利（Silvio Micali）在其于麻省理工学院发表的论文《交互式证明系统的知识复杂性》中首次提出。在这篇论文中，作者展示了证明者可以说服验证者一个关于数据点的特定陈述是真实的，而不泄露任何有关数据的额外信息。

7.4.1.2 零知识证明是如何工作的

零知识证明可以是交互式的，即证明者需要与特定的验证者逐个交互，并为每个验证者重复这个过程；也可以是非交互式的，即证明者生成一个证明，任何人都可以使用相同的证明进行验证。此外，现在有各种不同的零知识证明实现方法，包括 zk-SNARKS、zk-STARKS、PLONK 和 Bulletproofs，每种实现方法都权衡考虑自己的证明大小、证明时间、证实时间等。

用于定义零知识证明的三个基本特征包括：

- **完备性**。如果一个陈述是真实的，那么诚实的验证者就可以被诚实的证明者说服，相信他们拥有关于正确输入的知识。
- **严谨性**。如果一个陈述是错误的，那么任何不诚实的证明者都不能单方面说服诚实的验证者，让验证者相信他们拥有关于正确输入的知识。
- **零知识**。如果一个陈述是真实的，那么验证者除了从证明者那里知道陈述是真实的，不会知道任何其他信息。

从更高层次上看，创建零知识证明涉及验证者要求证明者执行的一系列动作，只有在证明者知道底层信息的情况下才能准确执行。如果证明者只是猜测这些动作，那么他们最终将以很高的概率被验证者的测试证明是错误的。

7.4.1.3 零知识证明是如何在不泄露数据的情况下向另一方证明的

以下是一个直观理解零知识证明中数据证明的概念的示例：想象一个洞穴，只有一个入口，但洞穴内有两条路径（路径 A 和 B，如图 7-4 所示，你可能会回想起在第 2 章比特币交易中出现过的 Bob 和 Alice，参见图 2-2），两条路径最终通向一个由密码锁着的门。Alice 希望向 Bob 证明她知道门的密码，但是不想向 Bob 透露密码。为了实现这一目的，Bob 站在洞穴外，Alice 走进洞穴，选择其中一条路径（而 Bob 不知道她选择的是哪一条路径）。然后，Bob 要求 Alice 沿着其中一条路径回到洞穴的入口（选择是随机的）。

如果 Alice 最初选择 A 路径到达门口，但是 Bob 要求她返回时选择 B 路径，那么完成这个谜题的唯一方法是 Alice 必须知道门的密码。这个过程可以重复多次，以证明 Alice 知道门的密码，并且在最初恰好没有选择正确的路径的可能性很大。完成这个过程后，Bob 非常确信 Alice 知道门的密码而没有向 Bob 透露密码。

上述只是一个概念性的例子，零知识证明使用密码学来证明掌握一个数据点的知识，而不揭示这个数据点本身的信息。以这个洞穴的例子为基础，有一个输入、一条路径和一个输出。在计算中，存在着类似的电路系统，它们接收一些输入，通过电门的路径传递输入信号，并生成一个输出。零知识证明利用这样的电路来证明陈述。

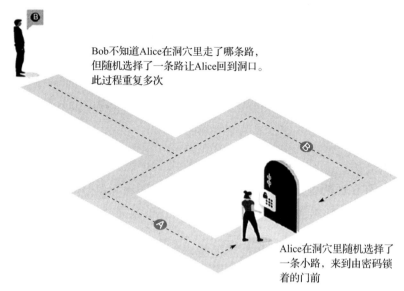

图 7-4 零知识证明算法示意图

想象一个计算电路，它根据给定的输入，在一条曲线上输出一个值。如果用户能够始终提供关于曲线上某个点的正确答案，那么可以确信用户掌握一些关于曲线的知识，因为随着每一轮挑战的成功，猜对正确答案的概率逐渐变小。可以将这个电路类比为 Alice 在洞穴中行走的路径，如果她能够使用她的输入顺利穿越电路，就证明了她持有某种知识（即电路的"密码"）的概率非常高。

7.4.1.4　零知识证明的优势

能够在不透露任何额外信息的情况下证明对数据点的掌握，这具备几个重要的优势，特别是在区块链网络的背景下。零知识证明的主要优势是能在透明的系统中使用保护隐私的数据集，例如以太坊这样的公链网络。

尽管区块链被设计为高度透明，即任何运行自己的区块链节点的人都可以看到和下载账本上存储的所有数据，但添加零知识证明技术使用户和企业能够在执行智能合约时使用自己的私有数据集，而不需要揭示底层数据。在区块链网络中确保隐私安全对于保护各种元宇宙应用程序的隐私来说是至关重要的。

7.5.1 同态加密

7.5.1.1 什么是同态加密

同态加密是一种加密方法，它允许在不使用密钥解密的情况下对加密数据进行计算。计算的结果也保持加密，只有私钥的所有者才能解密。同态加密使元宇宙平台能够在不解密数据的情况下处理和交易用户的加密数据。

7.5.1.2 同态加密是如何工作的

该过程从解密形式的数据（即明文）开始。数据所有者希望另一方（如云服务或元宇宙服务提供商）对其进行数学运算（如运行一些函数或机器学习模型），而无须透露其内容。

如图 7-5 所示，数据所有者（云客户端）对数据进行加密，并将其发送给另一方（云服务器）。云服务器收到加密数据后，对其进行操作，并将加密结果发送给数据所有者。数据所有者使用私钥解密数据，并查看对数据进行的预期数学运算的结果。

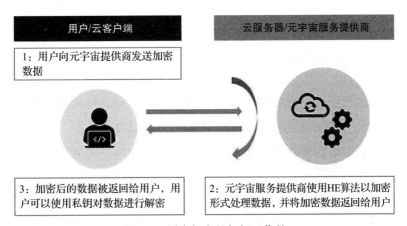

图 7-5　同态加密是如何工作的

同态加密主要有三种类型：

1. 部分同态加密（PHE）。部分同态加密只允许在加密数据上执行选定的数学函数。

2. 有限同态加密（SHE）。有限同态加密允许在有限的次数内执行一定复杂度的有限数量的数学运算。

3. 完全同态加密（FHE）。完全同态加密允许无限次执行任意种类的数学运算。

7.5.1.3 为什么同态加密现在如此重要

由于数据隐私法规（如 GDPR 和 CCPA）的存在，与第三方（如云服务或元宇宙平台）共享私密数据是一个挑战。不遵守这些法规可能导致严重的罚款，并损害企业声誉。

传统的加密方法提供了一种高效且安全的方式，可以将私密数据以加密形式存储在云端。然而，要对使用这些方法加密的数据进行计算，企业要么需要在云端解密数据，这可能会导致安全问题，要么需要下载数据，解密并进行计算，这可能耗费时间和成本。同态加密使企业能够安全地与第三方共享私密数据，以获得计算服务。使用同态加密，云服务或元宇宙公司只能访问加密的数据并对其进行计算，然后将加密结果返回给所有者，所有者可以使用私钥进行解密。

7.5.1.4 同态加密的优势是什么

- **同态加密可以在元宇宙中安全高效地使用。**同态加密可以使元宇宙企业安全地使用云计算和存储服务，消除了数据安全性与可用性之间的鸿沟。企业能够在对私密数据进行计算的同时，不必依赖于云服务来确保其安全性。

- **实现协作。**同态加密使组织可以与第三方共享敏感的商业数据，而无须向他们透露数据或计算结果。这能够加快协作和创新的进程，同时又不会危及敏感信息的安全。

- **确保合规性。**同态加密可以使受到严格监管行业的企业，如医疗保健和金融行业，能够获取用于研究和分析目的的外包服务，而无须面临违规的风险。

7.5.1.5　同态加密面临哪些挑战

自 20 世纪 70 年代末期，部分同态加密和有限同态加密系统就已经存在，但第一个允许对加密数据进行所有数学运算的完全同态加密系统是在 2009 年首次建立的。在当前形式下，完全同态加密速度非常慢，不切实际。可以说，完全同态加密仍然是一项新兴的数据安全和实用技术。但它是一项有前景的技术，并且未来我们很可能会看到速度更快的版本，可以应用于各种场景。

7.5.2　联邦学习

在机器学习的背景下，联邦学习通过确保数据永远不离开分布式节点设备来解决数据所有权和隐私问题。中央模型会更新并共享给网络中的所有节点。机器学习模型的副本会分发到数据可用的节点 / 设备，并且模型的训练是在本地进行的。更新后的神经网络权重被发送回主要的存储库。因此，多个节点通过随机化的中央模型共享、本地优化、本地更新共享和安全模型更新的方式一起构建一个共同的、强大的机器学习模型。

用于训练深度神经网络的联邦学习最早是由谷歌的人工智能研究人员在 2016 年进行了论证的。鉴于对隐私问题的日益关注，主要的存储库或服务器被设计为对节点的本地数据和训练过程完全不可见。因此，数据仍由所有者保留，从而可以保护数据的机密性，这对于工业、医疗 AI 和元宇宙应用非常有益，尤其是在隐私安全至关重要的情况下。联邦学习的拓扑结构可以是点对点的、完全去中心化的。图 7-6 展示了联邦学习架构示例在医院案例中的应用。

7.5.2.1　联邦学习的类型

联邦学习架构通常分为两种不同的类型：单方系统和多方系统。单方系统之所以被称为"单方"，是因为仅有一个实体负责和监督联邦学习网络中所有客户设备上的数据的采集和传输。存在于客户设备上的模型是基于具有相同结构的数据进行训练的，尽管数据点通常是各个客户和设备的独特数据。

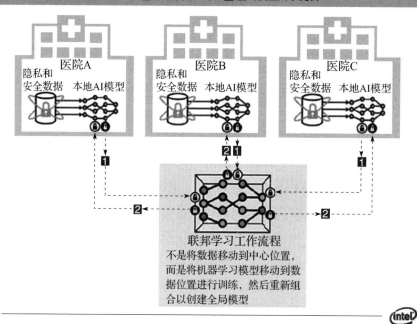

图 7-6 联邦学习架构

资料来源：intel.

与单方系统相比，多方系统由两个或多个实体管理。这些实体通过访问的各个客户设备和数据集，合作训练一个共享模型。隶属于多个实体的设备的参数和数据结构通常相似，但不一定完全相同。同时，需要对模型的输入进行预处理以将输入标准化。可以使用一个中立的实体来聚合由不同实体独有的设备训练出的权重。

7.5.2.2 联邦学习面临的挑战

由于联邦学习仍处于起步阶段，为了挖掘其全部潜力，还需要克服一些挑战。边缘设备的训练能力、数据标注和标准化以及模型收敛时间是联邦学习方法可能面临的障碍。

在设计联邦学习方法时，需要考虑边缘设备进行本地训练时的计算能力。尽管大多数智能手机、平板电脑和其他支持物联网的设备都能够进行机器学习模型的训练，但通常会影响设备的性能，所以需要在模型准确性和设备性能之间做出妥协。最近在利用 CPU 进行机器学习和训练算法方面的进展可能有助于提升设备性能。

数据标注和标准化是联邦学习系统必须克服的一个挑战。监督学习模型需要明确且一致地标注训练数据，在系统中涉及的众多客户端设备上执行这一操作可能会很困难。因此，开发模型数据管道非常重要，它可以根据事件和用户操作以标准化的方式自动应用标签。

模型收敛时间是联邦学习面临的另一个挑战，因为联邦学习模型通常比本地训练的模型收敛时间更长。参与训练的设备数量增加了模型训练的不可预测性，连接问题、不规则的更新甚至不同的应用程序使用时间都可能导致收敛时间增加和训练结果可靠性降低。因此，联邦学习解决方案只有比集中训练模型提供更多的价值时才更具优势，例如在数据集非常大并且分布广泛的情况下，才能更好地体现联邦学习的价值。

7.5.2.3　区块链与联邦学习

"纯粹的"联邦学习架构存在一些局限性，主要有以下几点：①单点故障（存在中心节点）；②可能存在"懒惰"的客户端，这可能会影响模型学习效果；③模型交换缺乏可信的追踪记录。

通过区块链技术，针对上述局限性，我们可以采取以下措施：

1. **激励机制**。建立一种激励 / 奖励机制，以促使"懒惰"的客户端为本地训练做出贡献。我们可以编写名为"Contribution"的智能合约函数，并对其实现过程进行描述。使用联邦学习的元宇宙平台的利益相关者可以拥有明确定义的区块链地址，用于签署交易并与智能合约进行交互。这份合约部署在区块链网络中，比如以太坊网络，合约保证了当更新的本地模型被中央节点使用时，用户能够获得奖励。在定义的会话过程中，中央节点会考虑节点提供的数据大小和节点参与的轮次数量。激励以数字代币的形式分配，通过将代币转移到用户的地址上进行利益分配。

2. **模型交换的可追溯性**。为了在联邦学习期间保持模型交换的不可更改的记录。完整性、安全性和透明性是在元宇宙应用程序中使用联邦学习的基本要素。因此，我们可以为聚合策略定义一个名为"联盟"的智能合约，区块链网络的利益相关者将在学习期间遵循该合约，具体如下：

- 轮次数量。
- 客户端数量。
- 算法名称。

在客户端，当每个客户端使用自己的本地数据对初始模型进行训练时，生成的权重将使用 SHA-256 算法进行哈希加密，权重的哈希值将自动保存在区块链上，以确保其完整性和防篡改性。每个客户端的数据大小也将被记录在区块中，便于后续进行奖励分配。

在服务器端，服务器接收了来自客户节点的权重后，将确保生成全局模型。"联盟"智能合约还将确保对全局模型进行哈希加密并在区块链上进行注册。

7.6 NFT "cookie"：当 Web3 技术遇见 Web2.0 遗产

随着元宇宙应用逐渐得到更多的主流应用，从 Web2.0 开始的关于第三方 cookie、反乌托邦社会和监控经济问题的争论将成为持续的讨论话题。在本节中，我们从第三方 cookie 在 NFT 市场中采取的新形式开始，下一节我们将讨论监控经济和反乌托邦社会的风险。

第三方 cookie 是由当前所在的网站之外的网站设置的 cookie。例如，Facebook 网站上的"点赞"按钮可以在你的计算机上存储一个 cookie，该 cookie 稍后可以被 Facebook 访问，以识别访问者并查看他们访问过哪些网站。这使得 Facebook 能够"追踪"你的行踪，看到你访问过的任何网站。就好像 Facebook 在你的身体中放置了一个 GPS 追踪设备，并且在虚拟世界中跟随你一样。如果我们在元宇宙中允许出现这种第三方 cookie，那将导致重大的隐私问题，因为元宇宙旨在让我们完全"沉浸"其中（这导致所有的活动都被追踪了）。

与第三方 cookie 问题类似，在 NFT 生态系统中，这个问题在 OpenSea（最大的 NFT 市场之一）和 MetaMask（最流行的加密钱包之一）中已经得到了证明。这与 ERC1155 和 ERC721 NFT 标准有关，这些标准允许创作者将 NFT 元数据的 URL 设置为创作者或卖家的网站，这样卖家的网站就可以追踪用户的 IP 地址。当然，OpenSea 这样的网站通常会根据其功能需求收集和存储访问者的 IP 地址。OpenSea 本身可能像许多其他网站、应用程序或服务一样会收集访问者的 IP 地址。但在这里，一个外部的第三方（NFT 卖家或创作者）也可以在不被人们察觉的情况下收集查看 NFT 的人的信息。（参见下面的专栏：OpenSea 和 MetaMask 中的 IP 地址泄露。）

OpenSea 和 MetaMask 中的 IP 地址泄露

2022 年 1 月，隐私保护和区块链公司 Omnia 的联合创始人亚历克斯·卢帕什库（Alex Lupascu）描述了他的团队是如何发现流行的加密钱包 MetaMask 存在一个问题的：攻击者可以铸造一个 NFT，然后将其发送给受害者以获取其 IP 地址。在此背景下，NFT 的一般生命周期和交互如下：

1. 将收藏品的图像上传到服务器。

2. 在区块链上铸造 NFT，并仅存储持有者的地址和远程图像的 URL。

3.（可选的）将 NFT 转移到另一个区块链地址上。

4. 持有者的加密钱包读取区块链以扫描其拥有的收藏品，并找到前述的 NFT。

5. 加密钱包从与 NFT 相关联的 URL 获取远程图像。

在亚历克斯·卢帕什库的演示中，该代币指示用户的钱包连接到一个服务器，从中获取图像并在钱包中显示出来。因为 NFT 通常只包含指向保存实际图像的服务器的 URL，而不包含图像本身，所以卢帕什库设计了一种设置，攻击者可以控制该服务器，并在钱包获取图像时收集用户的 IP 地址。根据卢帕什库的说法，黑客可以窃取用户的 IP 地址，理论上这些 IP 地址可以用于发动分布式拒绝服务攻击，使特定的 URL 因流量过载而瘫痪。

简单来说，如果托管图像的服务器被恶意行为者控制，那么当加密钱包获取收藏品的远程图像时，NFT 持有者的 IP 地址将会通过手机泄露出去。在这次演示之后，MetaMask 的创始人丹尼尔·芬利（Daniel Finlay）表示，他们正在着手解决卢帕什库提出的问题。

我们可以将这个问题视为 Web3 技术（NFT 和相关的智能合约）与 Web2.0 技术（托管在 Web2.0 中的 NFT URL 内容）相结合，从而产生了新形式的隐私问题。现有的第三方 cookie 来自 Web2.0 世界，加上由 NFT 暴露的新的隐私问题，将会引发持续的对隐私问题的关注。

为了克服 Web2.0 中的第三方 cookie 问题，谷歌在 2021 年 3 月宣布将于 2022 年停止在其 Chrome 浏览器上使用 cookie。（后来，截止日期延长到 2023 年。2019 年，Mozilla 的 Firefox 浏览器默认开始阻止第三方 cookie。）这并不意味着广告商将无法在最受欢迎的浏览器上对客户进行定向广告。事实上，谷歌已经在测试替代第三方 cookie 的方案。

谷歌已经创建了一个名为 "Federated Learning of Cohorts"（简称 "FLoC"）的提案。谷歌表示，这是为了寻找一个保护用户隐私的第三方 cookie 替代方案。FLoC 系统（发音类似于 "flock"）将根据相似的浏览行为将用户分组。这意味着广告商将只使用群组 ID 而不是个体用户 ID 来进行目标定向。用户的网络历史记录将保存在 Chrome 浏览器上，但 Chrome 只会向广告商提供由数千名个体网络浏览者组成的群组的信息（这个概念类似于图 7-6 中的联邦学习）。

一个群组可能包含数千名浏览了另类音乐网站的用户，其他群组可能包含对漫画或动画感兴趣的用户。谷歌表示，这为广告商提供了一个强大的工具，同时保护了单个 Chrome 用户的隐私。简而言之，FLoC 是一种基于兴趣的追踪方式，它根据你所属的 "群体" 或与你共享相似兴趣的人群来识别你。看起来，FLoC 可以让广告商更容易地识别你。

随着谷歌开始开发 FLoC，许多政府纷纷颁布法律，对未能告知消费者其网站使用了 cookie 的公司、营销人员和其他相关方进行民事和刑事处罚。此类法规包括欧洲的《通用数据保护条例》，该条例规定了个人信息的收集、存储和删除方式；还包括美国保护消费者隐私的《加州消费者隐私法案》《弗吉尼亚州消费者数据保护法案》《华盛顿州隐私法案》和《伊利诺伊州生物信息隐私法案》。

在监管压力和隐私倡导团体的批评下，谷歌已经暂停了对"FLoC 提案"的测试。2022 年年初，这家搜索巨头提出了一种名为"主题"的新方法，让广告商可以根据用户浏览器的活动来放置广告，这些广告与用户浏览的有限数量的主题相关。"主题"应用程序编程接口（API）使用 Chrome 浏览器来确定用户可能感兴趣的（这是基于他们访问的网站推导出来的）最多五个主题列表，例如"图书和文学"或"团队运动"。"主题"有以下特点：

- 主题每周确定一次。
- 主题排除了敏感类别，如性别或种族。
- 用户可以查看和删除其列表中的主题，或者关闭整个主题 API。
- 主题仅保存三周。
- 当用户访问一个支持主题 API 用于广告目的的网站时，浏览器会分享用户过去三周内感兴趣的三个主题，这三个主题是从用户过去三周内的前五个主题中随机选择的。然后，该网站可以将这些信息与其广告合作伙伴分享，以帮助合作伙伴确定要展示哪些广告。

这种方法引起了一些营销人员的反感，因为"主题"不能准确反映消费者的目标需求。例如，主题可能是家电，这对营销人员来说是一个过于宽泛的分类，营销人员难以根据这一主题在用户身上放置有效的广告。但对于关注隐私的倡导者来说，"主题"可能仍然包含太多的元数据，可以被用来侵犯用户的隐私。因此，与第三方 cookie 相关的替代解决方案仍将是一个持续的辩题。

对于 NFT 来说，用户可以从类似 OpenSea、MetaMask 这样的 NFT 市场和钱包提供商控制的服务器下载 URL 内容来缓解隐私泄露问题，而不是直接从 NFT 创作者的网站上下载。这样，用户只与 NFT 服务提供商互动，而不是直接从 NFT 创作者的网站进行 URL 内容下载。当然，如果用户使用 Chrome 浏览器访问 OpenSea 或 MetaMask，Web2 的第三方 cookie 追踪仍然是一个隐私问题，除非谷歌提出一个好的解决方案。

7.7 监控经济和反乌托邦社会

7.7.1 MEV 和监控经济

数据具有商业价值。在新的数字经济中数据变成了一种关键资源，使得互联网巨头更加频繁地主动收集用户数据（参见下面的专栏：购买面部数据）。此外，它们正在收集用户数据的方方面面，包括身份数据、网络数据或行为数据。由于法律的发展滞后于大数据时代，全球的网络服务提供商对于在移动应用程序中个人信息的收集和使用都采取放松的态度。

例如，一个图片编辑应用程序应该无权要求用户提供位置、身份证号码或指纹。一个天气预报应用程序为什么要求访问用户的联系人列表呢？随着我们与公司及其应用程序的互动方式从手中的屏幕转变到头显设备，侵入式数据收集的可能性也在增长。这就是元宇宙中监控经济的风险。

根据维基百科的资料：

监视资本主义（surveillance capitalism）是一种以个人数据商品化为核心目的的经济系统，其主要目的是盈利。正如肖珊娜·祖博夫（Shoshana Zuboff）所描述的，随着以谷歌的 AdWords 为首的广告公司意识到使用个人数据更精准地定位消费者的可能性，监视资本主义的概念应运而生。增加数据收集可能对个人和社会有各种好处，例如自我优化、社会优化（如智能城市）和服务优化（包括各种网络应用）。然而，在资本主义核心盈利的动机下，收集和处理数据可能对人类的自由、自治和福祉构成危胁。

购买面部数据

2019 年夏天，谷歌宣布将在即将面市的 Pixel 4 手机上推出一项人脸识别解锁功能，声称它与 iPhone 的 Face ID 一样准确和快速。据报道，在美国各地的城市里，据说谷歌员工向街上的人们发放 5 美元的星巴克和亚马逊礼品卡，以换取人们的面部扫描数据。谷歌确认，这样的"实地研究"是为了收集多样化的面部扫描数据，以最终提高 Pixel 4 的人脸识别技术的准确性。

如果在元宇宙应用的设计中没有将隐私作为首要考虑，元宇宙建设者可能会重复 Web2.0 公司所犯的错误。在 Web3 中，中心设计要素是数据的去中心化性质以及用户对数据的自我控制能力。然而，链上交易仍然记录在分布式账本上。Chainalysis、Dune Analytics 和 CoinDesk 这样的公司拥有能够进行链上和链下分析的资源和人才，并可能获得有关个人的额外信息。

例如，加密货币矿工可以查看内存池中的交易，以获取矿工可提取价值（miner extractable value，MEV）。MEV 是衡量区块链矿工通过任意包含、排除或重新排序交易而获利的指标。由于矿工（和验证者）处理和验证交易，所有交易对他们来说都完全可见，因此他们可以根据自己的意愿重新组织交易，并在其他用户交易前先行交易。通过这种方式，这些矿工可以以其他用户的利益为代价获利。

本章介绍的隐私保护计算技术可以帮助保护数据隐私，并最大限度地减少目前几乎所有主要公链中存在的 MEV 问题。我们仍然需要进行更多关于隐私保护计算和存储以及代币经济的研究，以避免出现 Web2.0 技术中可能利用数据破坏公平的错误（例如，剑桥分析公司利用 Facebook 用户数据干预美国大选），或者影响数百万人的数据泄露事件（例如，雅虎、谷歌、Facebook、领英和 Equifax 发生过的事件）。

7.7.2 反乌托邦社会

想象一种社会，你生活在一个由一小群特权精英控制的组织制定的规则下。这个组织可以是一个专制政府、一个宗教组织、一个全能的全球性公司或者由元宇宙社群创建的一个 DAO。这个组织控制你生活的许多方面。通过宣传，他们告诉你该如何思考和行动。个人的思想和行为若与规定相矛盾，将不被容忍，一旦被当局发现，个人将受到严厉的惩罚。你的隐私不受保护，并受到组织的控制。这只是对于反乌托邦社会的众多幻想之一。

反乌托邦社会经常在科幻文学和电影中被描述。反乌托邦小说包括乔治·奥威尔的《1984》、安东尼·伯吉斯的《发条橙》、奥尔德斯·赫胥黎的《美丽新世界》以及玛格丽特·阿特伍德的《使女的故事》。知名的反乌托邦电影包括《饥饿游戏》《我的孩子》（*Children of Me*）。这些小说和电影作品是对科技走向恶化的反乌托邦未来发出的警示。

以下是元宇宙可能在反乌托邦社会的噩梦中创造的一些情景:

- 大型科技公司构建元宇宙应用程序以积累更多的数据,然后利用先进的人工智能或机器学习技术获取更多关于用户行为和隐私的信息。大型科技公司的目标是利润最大化,其代价可能是用户牺牲隐私和自由,而且,大型科技公司可以强加自己的反乌托邦规则或与压迫性政府合作,以压制个人的自由和隐私。

- Web3 社区可以构建一个 DAO 来吸引全球的元宇宙用户,这个 DAO 可以被少数拥有多数投票权或持有 DAO 权益的"加密鲸鱼"(crypto whales)⊖所控制。"鲸鱼"可以基于自身利益强制实施具有反乌托邦特征的规则,对全球用户造成巨大损失,而这些用户对投票几乎没有什么话语权。

科技巨头、Web3 DAO 社区和政府可能会协力打造一个全能的元宇宙生态系统,而它可能会实施反乌托邦的规则,侵犯个人隐私甚至基本人权。

总之,随着复杂、融合的元宇宙的愿景变为现实,我们将不得不回答许多棘手的数据隐私问题。简单来说,元宇宙以一种以前从未见过的方式打破了现实与虚拟之间的界限。因此,数据隐私和安全成为元宇宙公司、开发者和用户共同关注的重要问题。我们对元宇宙的形态还有很多不清楚的地方,但我们已经有了足够的框架来思考数据隐私和数据安全问题(将在下一章讨论),以确保我们不再重蹈当前互联网的覆辙。

⊖ 这里的鲸鱼指的是有控制力的组织或大型科技公司。——译者注

第 8 章

元宇宙安全

- 区块链和元宇宙：天作之合？
- 元宇宙中的身份认证：西部的狂野
- 元宇宙中的数据安全：慢性疼痛
- 智能合约安全：也许并不那么智能
- 元宇宙中的勒索软件攻击：是否可能
- 软件供应链风险：是真正的危险吗
- 量子计算：未来的挑战与机遇
- 扩展现实：新型安全风险

8.1　区块链和元宇宙：天作之合？

区块链的加密、不可篡改和去中心化属性使其成为一个很好的保护数据的选择。区块链支持的数据安全方法有助于确保信息的保密性、完整性和可用性（见图 8-1）。

第一，**保密性**。公钥中使用的非对称加密机制为用户提供了伪匿名性（pseudo anonymity）的保护。保护隐私的加密货币利用了零知识证明、多方安全计算、环签名、混币（Coin join）和门限签名（threshold signatures）等技术，增强了区块链交易的保密性。以太坊的第二层技术、比特币的闪电网络以及 HyperLedger Fabric 中的通道也是保护隐私和提高性能的优秀机制。

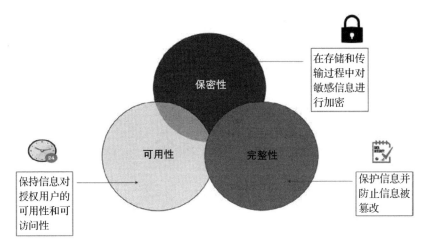

图 8-1　区块链的 CIA 三原则（保密性、完整性和可用性）

例如，Hyperledger Fabric 可以被定义为一个逻辑实体，代表了包含两个或多个区块链网络成员或参与者的分组，目的是在彼此之间进行私密的交易。它的通道是私密的、有权限的，并满足以下要求以提高网络的保密性：

- 并非所有节点都可以加入通道。
- 每个加入通道的节点都有自己的身份。
- 节点的身份是由成员服务提供商（MSP）提供的。
- 通道中的每个节点必须经过身份验证和授权，才能在该通道上进行交易。

第二，**完整性**。区块链数据或交易必须经过签名、达成共识并追加到分布式账本中。该分布式账本分布在全球范围内，并且其完整性在全球范围内得到确保，而不像中心化数据库那样。

第三，**可用性**。区块链上的数据由许多网络节点冗余托管，在不考虑数据查询响应时间的情况下，数据的可用性可以得到保证，因为节点是分布式的，并且受到针对网络参与者的良好激励机制的控制。此外，智能合约和数据协议（在所有权、定价和交换方面）鼓励并激励数据的可用性和共享数据。

尽管区块链技术给网络安全带来了新的挑战（我们也需要考虑区块链的网络安全问题），但区块链的安全特性可以被元宇宙应用程序用于确保数据的保密性、完整性和可用性。如果区块链能够在元宇宙应用中得到适当应用，那么这无疑是天作之合。然而，正如本章将要讨论的，Web3 中的数据安全问题比这个"联姻"本身更加复杂。

8.2　元宇宙中的身份认证：西部的狂野

在元宇宙中，用户的数字身份是入侵者首先攻击的目标。在元宇宙中，我们的数字身份预计将从登录 ID 和用户名转变为增强的虚拟化身。你在元宇宙中的个人资料可能比你当前的谷歌或 Facebook 账号中的个人信息更多。如果不小心，元宇宙可能会整合你整个数字生活和个人特性——不仅是你在线上（和线下）的独特身份，还包括你的银行账户和其他敏感数据。保护数字身份免遭盗窃将成为元宇宙应用的一个关键要素。同样重要的是，社区必须确保元宇宙用户无法伪造身份。

在历史上，骗子声称自己是被废黜的王子，有可以分享的财富，或者伪装成抽奖主持人拼命想联系你。当互联网发展起来时，这些（诈骗）方案通过电子邮件、短信和社交网络进行了数字化重组。未来，身份盗窃将在元宇宙中进一步升级。这不再是伪造银行发送的电子邮件，可能是虚拟银行大堂里一个银行柜员的虚拟化身要求你提供个人身份证明，也可能是模仿你社交网络好友的身份，邀请你进入一个恶意的虚拟房间进行多人游戏。

因此，在元宇宙中解决身份问题成为头等大事。随着范式的转变，责任重大，但是谁将担任守门人的角色，又该如何确保你的信息安全得到保护呢？这个新环境的安全性将落在与元宇宙相关的公司肩上，因为它们必须担任身份验证者的角色。它们需要找到一种方法来验证身份，保护身份并防止身份被滥用和伪造。

然而，组织需要知道采用元宇宙应用程序和体验不会颠覆他们的身份和访问控制。关于身份保护仍然存在许多尚未解决的问题，这对于元宇宙社区和网络安全提供商来说是一项有趣的挑战。例如：

1. 元宇宙会使游戏这样的行业中的身份危机变得更加严重吗？在这些行业中，黑客攻击、篡改、作弊和盗窃的问题已经很严重了。例如，"深度伪造"（deepfake）就是一项挑战。深度伪造利用深度学习系统，通过对目标人物的照片和视频进行多角度研究，然后模仿其行为和语音模式，产生具有说服力的伪造品。一旦产生了初步的伪造品，一种被称为生成式对抗网络（GAN）的方法能够使其更加可信。GAN 过程旨在检测伪造品中的缺陷，然后通过修复这些缺陷来改进伪造品的质量。市场上有许多深度伪造服务提供商，它们可以通过声音、图像和视频数据来模拟真实的身份。当越来越多的个人数据暴露在 3D 沉浸式游戏中时（请参阅第 7 章有关数据隐私的讨论），我们可能会看到深度伪造的爆炸式增长。

2. 元宇宙中所有权不明确将引发许多知识产权争议。在游戏中，谁真正拥有游戏内容或 NFT 物品，发行商还是用户？谁推动内容销售，谁代表生成内容的用户？数字资产和个人身份之间的联系是元宇宙中的一个重大议题。

3. 元宇宙生态系统将处理大量的个人数据。随着现有的社交网络面临越来越严格的数据监管，这将受到越来越严格的数据法规的约束。这对于科技初创企业来说可能是一个沉重的合规负担，尤其是对于渴望打造元宇宙的较小的公司而言。我们必须确保在这个新世界中，企业能够有效地管理身份信息。

再次以"深度伪造"为例。2023 年 1 月，中国监管机构发布《互联网信息服务深度合成管理规定》，其中规定，"深度合成服务提供者和技术支持者提供人脸、人声等生物识别信息编辑功能的，应当提示深度合成服务使用者依法告知被编辑的个人，并取得其单独同意"。

令人鼓舞的是，许多研究人员和标准组织（如 W3C 和去中心化身份基金会），一直在努力定义去中心化身份的安全要求。新成立的名为"Trust over IP"的组织也正在努力为互联网规模的数字信任提供强大的共同标准和完整架构，这些可以被元宇宙应用程序所使用。积极的一步还包括将多因素身份验证（MFA）和免密码身份验证等内容集成到平台上。

就身份安全问题而言，任何元宇宙应用都面临着两类基本的安全问题：技术人员几十年来一直在应对的熟悉的挑战，以及专属于元宇宙环境的全新挑战。加强用户身份安全是为元宇宙中的数据安全努力的第一步，接下来我们将涵盖更复杂的问题。

8.3 元宇宙中的数据安全：慢性疼痛

目前还不清楚重新打造品牌的 Meta 是否会使用 Web3 技术。Web3 的关键原则是自主身份，意味着平台的用户将拥有数据，并能够通过有选择性的同意来控制数据的使用。元宇宙将产生大量全新的数据，比过去多出几个数量级。如果像 Meta 或领英这样的中心化的实体掌握这些数据，那么过去在这些平台上发生过的数据泄露问题将会再次发生，并且可能以更具破坏性的方式出现。以下是 2021 年大型科技公司发生的一些数据泄露案例。

2021 年 4 月，5 亿 Facebook 用户的信息被泄露。在某些情况下，详细信息包括用户的全名、住址、生日、电子邮件地址、电话号码和情感状态。这些数据可能被用于进行社会工程攻击（social engineering attack），如网络钓鱼。通常，社会工程攻击涉及不良行为者冒充合法的个人或组织，包括银行、公司或同事，以窃取登录凭证、信用卡号码、社保号码和其他敏感信息等数据。

2021 年 6 月，7 亿领英用户的数据在暗网论坛上被公开出售。这次曝光影响了领英总共 7.56 亿用户中的 92%。泄露的数据包括电子邮件地址、全名、电话号码、地理定位记录、领英用户名和个人资料 URL、个人经历、职业经历、性别、其他社交媒体账号和其他细节。黑客通过领英的 API 抓取了这些数据。领英声称，由于用户的个人信息没有被泄露，因此这次事件不算是"数据泄露"，而只是违反了他们的服务条款，涉及被禁止的数据抓取。但泄露的数据已足够发起一系列针对受影响用户的网络攻击。事实上，大多数网络安全专业人员将此事件视为数据泄露事件。

2021 年 3 月，微软遭受了一次重大的安全漏洞攻击，涉及全球 30 000 个组织中的超过 250 000 名受害者，当时其本地部署的 Exchange 服务器受到了四个零日漏洞（zero-day exploits）的攻击。对微软的攻击引起了广泛关注，因为它在受影响的服务器上公开了用户的登录凭证，并给予了攻击者管理员权限。微软表示，一种新型勒索软件侵入了其服务器，对所有数据进行了加密，并要求支付赎金以解密数据。

随着大型科技公司采纳元宇宙技术和商业模式并将其用于下一代互联网，这种类型的攻击将给使用该平台的个人用户或组织带来更多的风险。从物联网设备、AR/VR 头显或其他穿戴设备、虚拟工作空间、聊天记录、购物历史、加密货币交易、游戏和 NFT 交易中收集的数据可以集中存储在大型科技公司的云环境中。在云端或大型科技公司的数据中心存储的数据可能成为黑客的目标，未来肯定会有关于大规模数据泄露的重要新闻报道。

解决方案是什么？当然，传统的深度防御方法与零信任模型可以帮助减少元宇宙的安全风险（请参阅第 7 章的相关讨论）。然而，大型科技公司对中心化数据的所有权仍然可能在安全、隐私和公平性等方面存在重要问题。更好的解决方案是将数据的所有权和存储权归还给平台的个人用户，这是 Web3 的核心理念。其中包括自我主权身份和基于用户同意的数据所有权。

在我们深入探讨自我主权身份和数据所有权的概念之前，我们需要了解公钥密码学的概念以及它在区块链中的应用。

8.3.1　公钥密码学

公钥密码学使用公钥和私钥执行不同的任务。公钥广泛分发，而私钥是保密的。

使用某人的公钥，可以对消息进行加密，这样只有持有私钥的人才能解密和阅读消息。使用私钥，可以创建数字签名，任何拥有相应公钥的人可以验证该消息是由私钥的所有者创建的，并且自创建后未被修改过。

区块链广泛使用公钥密码学。像比特币、以太坊和比特币现金等主要加密货币公司使用三个基本信息进行运作：地址（与余额相关，用于发送和接收资金）及其对应的公钥和私钥。比特币地址的生成始于私钥的生成。⊖通过已知的算法，可以由私钥推导出与之对应的公钥。生成的地址可以用于交易，是公钥的一种较短的表现形式。

⊖　即在私钥之后生成。——译者注

私钥是授予加密货币用户在特定地址上的资金所有权的关键。区块链钱包会为你自动生成并存储私钥。当你在区块链钱包中发送交易时,软件会使用你的私钥对交易进行签名(实际上并不会公开私钥),这向整个网络表明你有权从你发送的地址上转移资金。

这个系统的安全性来自从私钥到公共地址的单行通道。从该地址导出公钥是不可能的;同样,也不可能从公钥派生私钥。在大多数加密钱包中,都有一个 12 个单词或 24 个单词组成的助记符作为私钥的种子。公钥密码学是自我主权身份和数据所有权的基础。

8.3.2 自我主权身份和数据所有权

8.3.2.1 什么是自我主权身份

自我主权身份系统使用区块链(分布式账本),以便在不涉及中心目录的情况下查找去中心化身份。区块链本身并不能解决身份问题,但它补充了缺失的一环,使我们几十年来了解的密码学原理能够得以应用。区块链技术允许人们使用去中心化、可验证的凭证来证明自己的身份,就像在线下的情况一样(见图 8-2)。

图 8-2 自我主权身份

资料来源:Affinidi。

8.3.2.2 谁是发行人

发行人是发行凭证的实体。例如，一个医院这样的测试管理机构发行患者记录（例如新冠疫苗接种情况）。发行人有权撤销凭证。

8.3.2.3 谁是持有人

持有人是一个对已发行的凭证拥有生命周期控制权（例如共享和删除）的实体。例如，一个患者可以在他的钱包中持有由发行人发行的凭证（钱包可以是一个将用户的凭证数据存储在本地的应用程序，或者一个代表持有人进行管理的托管钱包）。

8.3.2.4 谁是验证者

验证者是一个用于验证持有人共享的凭证是否有效（即凭证是否来自可信的发行人，并且未被发行人撤销）的实体。例如，机场这样的设施中安装的访问管理系统，根据持有人是否完成了新冠疫苗接种来允许或拒绝持有人的访问。验证可以是一种组合的业务逻辑，例如"凭证是否在过去 14 天内发行"和"是否由被认可的发行人发行"。

8.3.2.5 什么是可验证凭证

"凭证"一词可以指代某个权威机构声称关于你的真实信息的（防篡改的）集合，它使你能够说服那些相信该权威机构的人相信这些信息的真实性。例如，大学颁发的学历证书证明了你拥有教育学位，政府颁发的护照证明你是该国的公民。

每个凭证都包含一组关于凭证主体（也就是持有人）的声明。这些声明由发行人发出。为了被认定为凭证，这些声明必须可以通过某种方式验证。这意味着验证人必须能够确定以下内容：

- 凭证由谁颁发。
- 凭证自颁发以来是否被篡改。
- 凭证是否已过期或被吊销。

对于物理凭证，可以通过在凭证上嵌入一些身份验证的证明，例如芯片或全息图来实现这一点，也可以通过直接与发行机构核实凭证的有效性、准确性和时效性来验证。然而，这种人工验证过程可能会很困难且耗时，这也是全球范围都存在伪造凭证的黑市的主要原因之一。

这就引出了可验证凭证的一个基本优势：通过使用密码学和区块链技术，可以在几秒钟内进行数字验证。这个验证过程可以回答以下三个问题：

- 凭证是否采用标准格式，是否包含验证人所需的数据？
- 凭证是否仍然有效，即未过期或被吊销？
- 如果适用，凭证（或其签名）是否提供了加密证据，证明凭证持有人是凭证所涉及的主体？

在图 8-2 中，SSI 允许用户或持有人在多个平台上拥有和维护其自身的数字身份，并在每个平台上选择他们希望分享的信息。这种交互模式将彻底改变当前的数字市场，因为当前的数字市场已经将个人数据转化为商品。通过区块链技术，身份将被还给个人，使个人拥有自己的数据，并能够根据对自己最有利的方式来管理和使用数据，而不是让 Meta、领英等公司或其他人来使用。

通过 SSI，安全重点可以从中心化平台转向钱包安全、SSI 安全以及使用智能合约进行数据访问的访问控制。一个典型的例子是 OpenZeppelin，它提供了用于安全数据访问的智能合约。SSI 的基本构建模块是公钥密码学。SSI 的所有者使用数字钱包和私钥来保存他们的数字身份，并在数据所有权验证、数据相关交易和元宇宙数据交换中使用该身份。用户可以对数据进行加密，并将数据存储在 IPFS 文件或 NFT 存储空间中，使用用户的私钥对数据进行数字签名可以验证数据的所有权。可以使用公钥对数据进行加密，只有用户可以使用相应的私钥解密数据。

在实践中，可以从私钥派生出一个加密密钥。这个加密密钥可以作为对称密钥来进行数据的加密和解密，以提高数据加密的性能，因为使用公钥密码学进行加密通常非常缓慢，特别是在处理大量数据时。SSI 是欧盟的一个标准。欧盟正在创建一个与 eIDAS 兼容的欧洲自主身份框架（ESSIF）。ESSIF 使用 DID 和欧洲区块链服务基础设施（EBSI）（eIDAS 代表欧盟定义的电子身份认证和信任服务）。

　　万维网联盟的身份认证社群组（CCG）正在与去中心化身份基金会合作，致力于构建一套涵盖核心 DID 属性、DID 认证与发现、可验证声明、DID 安全通信、安全数据存储和钱包安全的 DID 标准。这套标准将明确定义在元宇宙平台中验证身份和数据所有权的方式。当然，其最基本的组成部分仍然是用于公钥密码学的私钥和公钥对。保护私钥将成为确保元宇宙数据安全的一项非常重要的防护措施。

8.3.3　NFT 项目中的数据泄露案例

　　如果黑客窃取了你的私钥或私钥的助记词，你将失去与该密钥相关的数据和资产。更糟糕的是，如果你是一家托管用户资金的元宇宙公司，而黑客能够使用私钥入侵服务器，那么财务损失可能会非常巨大。

　　这就是 2021 年 12 月发生在 Polygon 游戏平台上的针对 Vulcan Forged（NFT 市场）的一起价值 1.4 亿美元的黑客攻击事件。根据公司首席执行官杰米·汤姆森（Jamie Thomson）的说法，黑客能够攻击 Vulcan Forged 协助其客户管理的半托管钱包。问题并不在于其钱包解决方案提供商 Venly，而是 Vulcan Forged 本身存在漏洞。在发生攻击事件后，汤姆森在公司社交媒体账号分享的视频中说："发生的事情是有人利用我们的服务器获取了 Venly 的凭证，并使用它提取了 MyForge[⊖]用户的私钥。未来，我们当然只会使用去中心化钱包，这样我们就再也不会遇到这种问题了。"

　　另一个例子也发生在 2021 年 12 月，一个位于中国香港的 NFT 项目 Monkey Kingdom 遭到了黑客攻击。在这个案例中，黑客窃取了该项目在 Discord 上的群聊的管理员账户，Discord 是一款流行的在线即时通信服务。Monkey Kingdom 于 2021 年 11 月 27 日推出，该项目由 2 222 张数字肖像组成，这些肖像展示了不同风格的神话英雄孙悟空（Monkey King）。该项目迅速成为亚洲最受关注的 NFT 项目之一，并得到了包括史蒂夫·青木、林俊杰和香港男子乐团 Mirror 的成员陈卓贤在内的名人的支持和认可。

──────────

　　⊖　MyForge 是一种资产管理工具，用于显示用户的加密货币和 NFT 持有情况。

在项目正式启动新一轮销售时，黑客在群聊中发布了一个"钓鱼"链接。买家在这个骗局中损失了超过 7 000 个 Solana（一种流行的加密货币），总价值接近 130 万美元。"钓鱼"是一种常见的网络欺诈形式，用于窃取用户数据，包括登录凭证和信用卡号码。这种"钓鱼"行为通常是攻击者冒充一个可信实体，诱使受害者打开电子邮件、即时消息或短信。现在，"钓鱼"行为被用来侵入用户的加密货币钱包。这个例子说明，如果黑客获取了 Web2.0 应用程序的管理员账户，即使用户完全掌控了自己的私钥，黑客也可以欺骗用户将资金发送给他。

因此，在元宇宙中，数据和身份的自主权仅仅是数据保护的第一步。我们仍然需要传统的安全实践，比如深度防御和零信任策略。此外，用户必须了解如何保护在元宇宙中用于交易的私钥。而仅仅对私钥进行保护是不够的，钱包安全、安全的数据存储和安全的去中心化身份通信等方面都需要有所准备，以加强 Web3 领域的数据保护。

举个例子，W3C 和 DIF 的一个倡议是定义一套共同的术语，以便理解适用于钱包架构、钱包之间以及钱包与发行人 / 验证人协议之间的安全要求。钱包安全工作组将对钱包常见的安全架构进行分类、详细说明和描述（例如风险、动机等），并制定准则对可验证凭证钱包的安全能力进行分类和详细说明，如密钥管理、凭证存储、设备绑定、凭证交换以及钱包的备份、恢复和可移植性。

安全数据存储工作组的任务是创建一个或多个规范，为安全数据存储（包括个人数据）建立基础层，具体包括存储和传输的数据模型，语法，静态数据保护，创建、读取、更新、删除（CRUD）API，访问控制，同步，以及至少与 W3C DID/VC 兼容的具备最低可行性的基于 HTTP 的接口。

DID 安全通信组致力于制定一个或多个高质量的规范，用于实现一种安全、私密且（在适用的情况下）经过身份验证的基于消息的通信方法（称为"DIDComm"）。在这种通信中，信任根植于 DID，并且依赖于消息本身，而不是所使用的传输方式的外部属性。

未来，元宇宙中的数据安全将是一个持续存在的问题，将吸引研究人员和从业者一同努力，寻找对策，以保护元宇宙生态系统的参与者免受数据泄露的侵害。

8.4 智能合约安全：也许并不那么智能

大多数元宇宙平台将利用智能合约实现各种业务逻辑，如支付条件、激励机制、P2E 逻辑、质押奖励，以及许多创新的业务逻辑。事实上，一个没有智能合约和底层区块链支持的元宇宙平台并没有太大意义。然而，智能合约面临的主要挑战是安全问题。

智能合约是每个区块链的核心，具备以下特征：

- 分布式：智能合约可以由网络中的每个参与者进行验证，类似于区块链上的常规交易。
- 不可变性：根据设计，一旦发布，智能合约将无法更改或被篡改。
- 透明性：智能合约中的所有条款和条件对网络参与者保持可见。
- 成本效益：智能合约消除了对协议的额外验证和额外费用的需求。
- 准确性：协议条款以代码的形式编写，智能合约严格遵循这些条件，不允许任何例外。

智能合约协议的条款直接编写在代码中。因此，智能合约可以在参与者之间安全高效地转移资金或信息，无须参与者相互信任，不再需要监管机构和中介的参与。因此，智能合约需要具有高度安全性，其代码中不能隐藏任何错误、漏洞或弱点。

在过去几年中智能合约一直是被攻击的主要目标，而在 2020 年和 2021年，随着 DeFi 和 NFT 应用的出现，这一趋势有加剧之势。一旦部署，智能合约中实现的业务逻辑将是永久性的，除非存在紧急停止或暂停逻辑。随着元宇宙应用的出现，我们将看到更多的智能合约以及对智能合约的攻击。以下是几个与 NFT 和 GameFi 中的智能合约漏洞有关的黑客攻击案例的研究。

8.4.1 CryptoPunks 智能合约 V1 错误

作为首个 NFT 项目，2017 年推出的 CryptoPunks 出现了一个严重的智能合约错误，导致 NFT 代币的卖家未收到任何付款（尽管已经完成了销售）。

在 10 000 个 Punks 均已交易并且二级市场开始列出这些代币之后,这个漏洞才被发现。实际上,智能合约在买家支付后会向买家退款,因此卖家无法获得售出 NFT 的任何付款。这个错误后来在新版本的智能合约中被修复了。

图 8-3 展示了引发问题的代码。在函数内部,NFT 的索引被覆盖,并且 NFT 卖家的文件被更改为消息发送者(即买家),因此支付给卖家的所有费用实际上被转回给了买家。

CryptoPunks的创造者为V1 NFT的销售道歉

```
function punkNoLongerForSale(uint punkIndex) {
    if (punkIndexToAddress[punkIndex] != msg.sender) throw;
    punksOfferedForSale[punkIndex] = Offer(false, punkIndex, msg.sender, 0, 0x0);
    PunkNoLongerForSale(punkIndex);
}
```

图 8-3　CryptoPunks 的创造者为 V1 NFT 的销售道歉

资料来源:CryptoBullsClub,EatTheBlock。

8.4.2　Hashmasks 智能合约漏洞

一位名叫 Samczsun 的安全研究人员在 Hashmasks 艺术品销售的后期阶段发现了一个漏洞,幸运的是,漏洞还没有造成任何损害,Hashmasks 能够及时采取补救措施。Samczsun 就 Hashmasks 智能合约中的 Masks.sol 文件中的 mintNFT 函数存在的潜在错误提出了警告。如果攻击者利用了这个漏洞,将会铸造超过 16 384 个 Hashmasks。不知何故,在测试阶段没有发现这个漏洞,而 Hashmasks 因发现了这个漏洞奖励了 Samczsun 价值 12 500 美元的 USDC(一种由 Coinbase 和 Circle 合作开发的稳定币)。

8.4.3 Twitter 个人资料图片 NFT 黑客攻击

2022 年 1 月，Twitter 宣布了一项功能，允许 Twitter Blue 订阅者将他们的个人资料图片（PFP）指定为官方的 NFT，因此理论上，一眼就可以"证明"他们的 JPEG 文件是 CryptoPunks 或无聊猿等作品的真实版本，不容质疑。这是终极的在线炫耀，也是在我们这个追求数字化的时代里炫耀自己的方式。不幸的是，对于 NFT 爱好者来说，这也非常容易伪造。

同月，一位"白帽黑客"成功获取了一个与 CryptoPunks 相似的 NFT 作为自己的 Twitter 个人资料图片，该图片包括六边形等特征。黑客使用了以太坊主网上的一个旧智能合约，并简单地修改了代币 URI（URI 将代币与图片和其他使代币成为 NFT 的元数据相关联）以匹配另一个收藏品的代币 URI。在这种情况下，黑客让他的代币看起来像无聊猿。

Twitter 的新功能完全依赖 OpenSea 进行验证，而这是唯一可以阻止黑客制作出与"真正"的无聊猿完全相同的 PFP 的检查点。Twitter 过于依赖一些微小的视觉信号来显示哪一个是实际经过验证的收藏品。将该功能限制在"Twitter Blue"订阅用户中似乎增加了可信度。然而，考虑到六边形和普通的基于 NFT 的个人资料图片一样容易伪造，这项功能并没有达到预期的效果。

以下是针对该问题的潜在解决策略：

- 始终验证用于铸造（或设置 URI）NFT 集合的元数据的官方智能合约地址。
- 在详细视图中增加验证信号的可见度。该功能最有价值的一点是证明真实的所有权。
- 不再完全依赖 OpenSea 获取元数据。如果 OpenSea 崩溃，该功能也将无法正常工作。这也将使得 OpenSea 成为 Twitter 上验证收藏品是否可信的官方仲裁者，我们真的想将 OpenSea 指定为验证真实性的中央权威吗？
- OpenSea 应禁止使用相同的收藏品照片和逐字逐句的复制粘贴描述。
- 去中心化收藏品的验证。随着越来越多的平台开始支持 Web3 功能，比如通过高级收藏品验证个人资料图片的所有权，平台需要有区分合法的收藏品和伪造的收藏品的能力。如今，这仍然由像 OpenSea 这样的中心化实体来决定。社交媒体平台要么依赖 OpenSea 等第三方进行验证，要么自己进行验证。

一个更好的解决方案是通过去中心化的方式来证明收藏品的合法性，这种方式可以作为真实性的唯一来源（类似 Chainlink 的 NFT Oracle 解决方案可能是一个选项），每个平台都可以进行验证。这也有助于验证那些不太知名但非常合法的收藏品。

以下是一些用于 Solidity 智能合约的安全设计模式，Solidity 是最常用于元宇宙应用的智能合约语言：

- 标记不可信合约。在与外部合约进行交互时，明确指定你的变量、方法和合约接口是至关重要的。这适用于调用外部合约的函数。
- 在外部调用之后避免状态改变。使用原始调用或合约调用时，存在恶意代码被执行的风险。虽然外部合约本身可能并非恶意的，但恶意代码可能在调用的任何合约中执行。恶意代码可以劫持控制流，导致重入而引发漏洞。因此，在调用不受信任的外部合约时，要在调用之后阻止状态更改。这种模式被称为检查 – 效果 – 交互模式。
- 外部调用中的错误处理。在 Solidity 中，低级调用方法是对原始地址进行操作，当遇到异常时，它们不会抛出异常，而是返回一个 false 值。相反，合约调用会在发现 doSomething() 这样的抛出函数时自动抛出异常。因此，当你倾向于选择低级调用方法时，请确保能够通过监控返回值来处理可能发生的调用失败。
- 在外部调用中优先选择拉取而非推送。外部调用容易出现意外故障。这通常适用于付款场景，用户可以自动拉取资金，而不是推送资金。这还可以最大限度地减少与燃气限制相关的问题。最好将每个外部调用隔离到其自己的交易中，由调用接收方发起。
- 管理函数代码：条件、操作和交互。确保智能合约安全的良好实践是为所有函数提供更好的结构。这涉及检查所有前置条件、对状态进行更改以及与其他智能合约进行交互。

许多其他智能合约安全设计模式已被智能合约公司（例如 OpenZeppelin、CertiK、Chainlink 和 KnownSec）使用或开发出来。对于元宇宙应用开发者来说，遵循安全设计模式是非常重要的，这样可以在编写智能合约时避免资金损失并保护用户的数字资产。

总的来说，智能合约既不智能也不是合约。智能合约不智能，是因为它不是人工智能或机器学习算法，而且可能导致安全问题。它也不是一个合约，是因为大多数司法管辖区没有针对智能合约的法律规定。必须特别注意并进行安全审计，以防止黑客窥探存入智能合约的资金。

8.5　元宇宙中的勒索软件攻击：是否可能

什么是勒索软件？勒索软件或勒索恶意软件是一种恶意软件，它会阻止用户访问自己的系统或个人文件，并要求用户支付赎金以恢复访问权限。网络犯罪分子有时会以高知名度的人物、公司甚至政府机构为目标。

如图 8-4 所示，勒索软件通过加密数据和 / 或窃取敏感数据，锁定受害者的电脑或网络服务器，并威胁如果受害者不支付赎金，就会出售或公开这些数据。赎金（用于解密密钥）有时以加密货币的形式支付，最常见的是比特币，因为比特币（以及其他加密货币）可以让网络犯罪分子以高度匿名的方式收到资金，使交易难以追踪。不遵循黑客的要求可能会导致信息永久丢失。

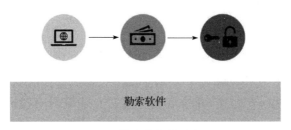

图 8-4　勒索软件的示意图

勒索软件通过恶意的电子邮件附件、感染的应用程序、感染的存储设备以及被攻击的网站传播。曾经在一些案例中，攻击者使用了远程桌面协议和其他不需要任何用户交互的方法。在过去 10 年中，勒索软件已经成为世界上最为猖獗的犯罪商业模式之一。（参见下面专栏：Colonial Pipeline 勒索事件。）

Colonial Pipeline 勒索事件

在 2021 年的所有网络和勒索软件攻击中，4 月下旬的 Colonial Pipeline 被入侵事件获得了最多的新闻报道。由于大多数美国人直接受到汽油短缺的影响，这次攻击对许多消费者来说是切身的打击。黑暗之源（DarkSide）团伙是这次攻击的幕后黑手，他们针对该公司的计费系统和内部业务网络进行攻击，导致多个州出现大范围的燃油短缺。为了避免进一步的破坏，Colonial Pipeline 最终屈服于他们的要求，并支付了价值 440 万美元的比特币给该团体。

这次攻击特别危险，因为消费者开始恐慌，忽视了必要的安全预防措施。一些东海岸居民试图用易燃的塑料袋和容器储存汽油，甚至有一辆汽车着火了。在混乱平息后，政府官员确认 Colonial Pipeline 的网络安全措施没有达到标准，如果有更强大的保护措施，这次攻击本可以被阻止。值得庆幸的是，美国执法部门成功追回了大部分的勒索款项。美国联邦调查局通过监控加密货币的流动和数字钱包成功追踪到了这笔资金，但要找到背后实际的黑客会很困难。

在元宇宙中，由于各种新技术的出现以及积累的大量数据，勒索软件的"攻击面"将会更大。因此，如果元宇宙应用的创建者和运营者不采用深度防御的方法并监测新兴技术的安全风险，那么勒索软件带来的风险就会更加难以控制。元宇宙的去中心化特性可以在一定程度上减轻风险，因为数据和资产的所有权归个人，而不是平台。黑客只需要窃取数据或资产，而不需要利用勒索软件。

与此同时，真正的风险将会出现在元宇宙的运营商身上，他们存储着来自物联网设备、AR/VR 设备、用户浏览历史记录和用户交易数据等内容的中心化数据。寻求一些控制风险的策略是至关重要的，而区块链是一种可以用于应对勒索软件的潜在解决方案。

区块链的特点是不可变性和完整性。如果恶意操作者试图更改数据，系统和其他网络参与者将立即注意到每一次更改。这些设计使得区块链非常适合数据存储，因为它是一个仅允许追加的结构，这意味着数据只能被引入系统，而且永远无法完全删除。进行的任何更改都会被存储在区块链的后续区块中，网络节点始终可以看到更改发生的时间，更改是由谁进行的，以及先前版本的数据。

可以毫不夸张地说，基于区块链的数据库可以成为解决勒索软件或其他类型的数据劫持问题的理想方案。借助区块链技术，元宇宙平台可以使平台参与者成为自身数据的真正所有者。创建可携带的用户自有数据意味着每个参与者可以选择谁有权限访问自己的数据，可以在不丢失任何数据的情况下迁移到另一个元宇宙平台，可以在同意后立即授权给被授权方进行访问。同时，元宇宙平台也可以从数据互操作性、完整性和安全性的增强中受益。

以 Colonial Pipeline 事件（以及许多类似的勒索案件）为例，一个基于区块链的系统可以通过将数据记录恢复到之前的版本来完全修复造成的损害。因此，尽管勒索软件可能仍然会出现在元宇宙应用中，特别是在仍然使用 Web2.0 技术且大型科技公司未放弃对用户数据的控制和存储时，我们可以借助区块链技术来降低勒索软件带来的风险。

8.6　软件供应链风险：是真正的危险吗

什么是软件供应链风险？简单来说，软件供应链风险是指当构建应用程序的过程中使用了来自第三方的软件模块，并且这些第三方软件受到了入侵并嵌入了恶意代码时，这些恶意代码可以被威胁行为者用来对你的应用程序产生影响并引入风险。简而言之，威胁行为者可能会将合法的软件变成一种武器。

根据 Aqua Security 最近收购的 Argon Security 的一项研究，2021 年软件供应链攻击事件的数量增长了超过 300%。该研究发现，软件开发环境的安全水平仍然较低，每家公司都存在漏洞和配置错误，并有可能暴露于供应链的攻击之中。在这些攻击中，SolarWinds 攻击是最知名的软件供应链攻击案例之一。（参见下面的专栏：SolarWinds 供应链攻击。）

SolarWinds 供应链攻击

SolarWinds 是一家知名的软件公司，为全球数千家组织提供用于基础设施和网络监控的各种技术服务和系统管理工具。这次入侵发生在 2021 年，通过该公司的 IT 性能监控系统 Orion 进行。通过这次黑客攻击，威胁行为者获得了访问成千上万使用 Orion 网络管理系统管理 IT 资源的 SolarWinds 客户的系统、数据和网络的权限。

黑客将恶意代码嵌入 Orion 网络管理系统中，而该系统被全球众多政府机构和跨国公司使用。由于添加了这个恶意代码，SolarWinds 的 Orion 平台创建了一个后门，允许黑客访问受害组织的账户并冒用其身份。

这种恶意软件可以访问系统文件，并且能够与合法的 SolarWinds 活动无缝融合，而不会被探测到。黑客将这个恶意代码安装到一批新的软件中，然后在 2020 年 3 月初以更新的形式由 SolarWinds 发送给客户。该公司超过 18 000 个客户安装了这个更新，导致这种恶意软件在不被察觉的情况下传播开来。黑客利用这个隐藏代码访问 SolarWinds 客户的 IT 系统，并借此安装更多的恶意软件。

全球多个政府机构和企业受到了臭名昭著的 SolarWinds 黑客攻击事件的影响。根据 SolarWinds 提交给美国证券交易委员会的申报文件，大约有 18 000 个客户正在使用 Orion 平台的易受攻击的版本。美国国土安全部、商务部、国务院和财政部等多个政府部门也受到了此次攻击的影响。一家声誉卓著的网络安全公司 FireEye 是此次攻击的首个已知受害者，并且在 2020 年 12 月披露了这次攻击事件。许多其他非政府组织和 500 强公司也成了该事件的受害者。

SolarWinds 攻击事件对全球许多组织来说是一个巨大的警示，当这次攻击在 2021 年年初向公众披露时，它成了一次重大的新事件。元宇宙应用是否会受到软件供应链攻击的影响？答案是肯定的，我们需要做好准备，并保持警惕应对这类攻击。

元宇宙依赖于嵌入物联网和 AR/VR 设备中的各种软件和固件。如果这些软件和固件没有受到保护，尤其是如果元宇宙应用依赖其供应链软件或服务组件来运行，那么它们很容易成为黑客的攻击目标。如果软件供应链或服务组件出现故障，元宇宙应用也将无法正常运行。供应链风险不仅局限于供应链攻击，因为除了恶意行为者发起的供应链攻击，供应链风险还包括供应链服务提供商的错误或停机引起的风险。

以下是 OpenSea、MarkerDAO 和 Lendf.Me 中供应链风险的三个例子，这三个例子可以更好地解释这些风险。

8.6.1 OpenSea 崩溃，影响钱包和其他 NFT 项目

2022 年 1 月，最受欢迎的 NFT 市场之一 OpenSea 遭遇了一次"数据库故障"。因此，依赖 OpenSea 的 API 的多个服务，包括热门的加密钱包 MetaMask，都无法正常显示 NFT。

"我们对这些数据进行缓存，这样它们停机就不会清除钱包中的数据，"MetaMask 的联合创始人丹尼尔·芬利在一封电子邮件中提到，"我们会将用户拥有的 NFT 储存在钱包中。由于 OpenSea 的崩溃，我们目前无法自动检测发送到用户钱包的新 NFT。不过，用户始终可以手动输入 NFT 的地址，告诉钱包他们所拥有的 NFT。"

"我们使用 OpenSea 来检测新的 NFT，这次停机只会影响在停机期间铸造的新 NFT。用户仍然可以手动将 NFT 添加到钱包中，这只是影响了 NFT 的自动检测，"芬利表示，"自动检测（目前无法正常工作）本身就是一个我们计划推出的选择性功能，以改善用户的隐私问题，因此从某种意义上说，隐私倡导者可能更倾向于目前可用的行为方式（即用户手动添加 NFT）。"

换言之，由于 OpenSea 宕机，一些刚购买 NFT 代币的持有者甚至无法在他们的加密钱包中看到他们昂贵的 JPEG 图片。需要明确的是，用户仍然"拥有"一串独特的字符或哈希，可以用于向世界展示他们"拥有"昂贵的 JPEG 图片，大多数用户由于 MetaMask 的缓存变通方法，可以正常查看他们的 NFT。但有些用户在 OpenSea 恢复之前无法在 MetaMask 中看到新的 NFT。

类似地，2021 年 12 月，亚马逊网络服务的故障表明，现在的互联网是相互依赖的，并不是去中心化的。当亚马逊网络服务崩溃时，以太坊上的所谓去中心化交易平台 dYdX 也同时崩溃了。

在 OpenSea 和 AWS 的例子中，我们可以将基于 Web2.0 的应用程序视为 Web3 应用程序的供应链软件或服务。Web3 应用程序可能会因为 Web2.0 服务器操作中的安全漏洞、攻击或由 DDoS 攻击或错误导致的停机而遭到损害。然而，由于构建在区块链之上的 Web3 基础设施的计算能力和存储空间的限制，目前

将 Web2.0 转换为 Web3 或开发完全去中心化的 Web3 应用程序是不可能的。

即使你可以在 Web3 基础设施上构建在智能合约中实现大部分逻辑的元宇宙应用程序，如果一个智能合约无法调用另一个智能合约，或者一个智能合约调用了另一个智能合约（所谓的"货币乐高"或基于智能合约构建的"元宇宙乐高"），可能会导致意外结果，使用户的资金丢失，所以仍然存在供应链风险问题。以下两个例子确实表明了发生这两种情况的可能性。

8.6.2　2020 年"黑色星期四"，MakerDAO 崩溃

像许多加密货币领域的参与者一样，在 2020 年 3 月 12 日"黑色星期四"比特币的价格暴跌中，去中心化金融借贷平台 MakerDAO 也遭受了损失。以太币的价格在 24 小时内下跌了约 50%，导致 MakerDAO 系统在大量清算的情况下出现了机会主义的牟利行为。

"黑色星期四"MakerDAO 崩溃的原因是 Oracle 作为价格来源的失效。以下是实际发生的情况：

1. 以太坊网络不堪重负，燃气费上涨。2020 年 3 月 12 日，以太坊网络由于需求迅速下降而不堪重负。随着网络容量达到极限，交易队列不断增长，燃气费飙升了一个数量级。

2. 提供价格的 Oracle 失效了。由于以太坊（可以被视为 MakerDAO 的供应链软件）的燃气费异常高，包括 Maker "Medianizer"在内的提供价格的 Oracle 未能更新其数据源。

3. 存放以太币的保险库清算延迟。当更新 Medianizer 数据源时，报告的价格立即下降了超过 20%，导致许多保险库立即被清算。

4. 以太币通过 MakerDAO 免费出售。由于高昂的燃气费和网络拥堵，当保险库中的以太币抵押品被拍卖时，许多竞标未能成功。这使得一些清算者通过支付高昂的燃气费以零 DAI（DAI 是 MakerDAO 的稳定币）的出价赢得了这些拍卖，并提取了价值超过 800 万美元的以太币，基本上是无成本获利的。

5. 保险库所有者遭受了数百万美元的损失。这一漏洞意味着 MakerDAO

系统中超过 450 万美元的 DAI 被解锁。此外，那些保险库被清算（以及他们的以太币被以零价出价的清算者购买）的用户失去了其全部的抵押品，导致 DeFi 社区遭受了数百万美元的损失。

在"黑色星期四"事件之后，MakerDAO 社区试图实施一些协议，以防止出现持有人无法参与竞标拍卖的情况。零价和半价的竞标漏洞之所以有效，是因为那些拍卖只有一个竞标者，因此能够以最低的 DAI 出价清算以太币。

很遗憾，在"黑色星期四"的 MakerDAO 事件后，MakerDAO 只专注于限制零价、限制竞标规模，并要求竞标规模较大的竞标者提供大量资本作为抵押品。尽管这些是不错的措施，但单凭这些措施不足以防止未来出现问题，当提供价格的 Oracle（作为供应链服务）停止向系统提供准确的报价时，仲裁者将再次利用闪电贷来操纵系统，以获取较低的抵押资产清算价格。一个更好的方法是，为 Oracle 报价提供失效备援和更多解决方案，并在以太坊出现过度拥堵的情况时改进基础区块链系统。

8.6.3　对 Lendf.Me 的供应链智能合约攻击

2020 年 4 月 19 日，dForce 网络中的借贷协议 Lendf.Me 遭受了攻击，约有 2 500 万美元的资产从合约中被转移走了。黑客利用了 ERC777 代币中的一个漏洞，该漏洞作为供应链智能合约嵌入 DeFi 智能合约中，用来执行递归攻击。回调机制使得黑客能够在余额更新之前重复供应和提取 ERC777 代币。

其背景是，DeFi 系统的承诺建立在所谓的"货币乐高"之上。在这种情况下，每个"乐高"是一个智能合约文件，或者是多个扩展名为".Sol"的智能合约文件。利用这些"货币乐高"作为基础协议或供应链智能合约，可以帮助项目团队构建非常有用的和创新的 DeFi 系统。不幸的是，大多数 DeFi 系统在很大程度上忽视了供应链风险。由于新构建的 DeFi 系统或使用 DeFi 应用程序的元宇宙系统中的供应链智能合约或"货币乐高"漏洞，我们将会继续看到越来越多的攻击。例如，Wormhole 案例展示了跨链技术中的供应链代码风险。

Wormhole 是一个协议，使用户可以在 Solana 和以太坊之间转移他们的代币和 NFT。作为最受欢迎的连接以太坊和 Solana 区块链的桥梁之一，Wormhole 在 2022 年 2 月损失了超过 3.2 亿美元。这是 DeFi 领域迄今为止的第二大漏洞，仅次于损失 6 亿美元的 Poly Network 黑客攻击，也是 Solana 迄今为止遭受的规模最大的攻击事件。Solana 是以太坊的竞争对手，在 NFT 和 DeFi 生态系统中越来越受到关注和认可。

加密货币持有者通常不只在一个区块链生态系统操作，因此 Wormhole 这样的开发者构建了跨链的桥梁，让用户可以将加密货币从一个链发送到另一个链。Wormhole 协议使用了第三方的数字签名验证算法。作为供应链代码，第三方代码已经被弃用，并且无法正确验证数字签名。黑客利用这个供应链代码风险，成功绕过了签名验证的要求，并窃取了价值超过 3.2 亿美元的以太坊代币。

总之，无论是在 Web2.0 还是 Web3 技术下，对软件供应链的攻击和软件供应链存在的风险都对元宇宙应用程序构成了真正的威胁。

8.7　量子计算：未来的挑战与机遇

元宇宙应用程序很可能在基于区块链的平台上运行，该平台依赖于其底层的加密过程的安全性。如果没有可信的哈希函数和公钥签名，就没有所谓的"真正的"区块链。量子计算机被认为可以执行传统计算机无法执行的计算，从而对区块链中使用的多个密码学原语构成威胁。目前还没有可用的普适性、可扩展的量子计算机，在攻击密码学原语背后的数学问题时量子计算机是必不可少的。

不过，一些国家和公司已经建造了规模较小的量子计算机，其输入规模和计算次数受到限制。甚至一些量子计算机可以通过互联网访问，并可用于测试量子算法。量子优势描述了量子计算机明确地超越传统计算机的时刻，这一时刻已经到来或即将到来。接下来我们将分析量子时代的关键密码原语。

8.7.1　随机数生成

随机数生成是大多数密码处理的核心。由于传统计算机是确定性的，生成优质的随机性并不容易。存在许多随机性不佳导致事故的情况。对于区块链来说，这一点尤为重要，因为随机数在协议的各层上都有应用。在独立的服务器上问题更加严重，大部分计算都是在没有任何人工干预的情况下执行的。

在这个问题中，量子技术可以提供帮助。量子理论本质上是不确定的。因此，基于量子生成随机数是更安全的提供良好随机性的方式。现在存在非常小型的量子随机数生成器（QRNG）组件（例如 ID Quantique 的 Quantis QRNG 芯片）。这样的小型量子随机数生成器可以轻松地集成到服务器中，以维护区块链的节点，甚至可以集成到各种用户终端（例如个人电脑和智能手机）中。

8.7.2 哈希函数

加密哈希函数在区块链中被广泛用于地址生成、工作量证明、数字摘要和梅克尔证明等方面。它将任意长度的文本输入转换为固定长度的输出。输出与输入是确定相关的，但除了通过穷举法（尝试每个可能的输入，直到找到正确的输出），无法从输出推导出输入。最常用的哈希函数 SHA256 具有256 位的输出。对该函数进行蛮力破解将需要进行 2^{256} 次操作，远远超出即使是最大的超级计算机的能力范围。使用 Grover 算法进行的量子攻击能够将其降低到 2^{128} 次操作，但即使如此，蛮力攻击仍然是不可行的。

量子计算机无法破坏区块链的不可变性，因为区块链一定程度上受到哈希函数的保护，但是可能需要将哈希函数大小加倍。例如，在基于工作量证明的网络中，节点必须计算出最小的 SHA256 值才能获得区块奖励。但通过在量子计算机上实现 Grover 算法能够实现更快的计算。

8.7.3 公钥签名

区块链中使用的公钥签名是基于椭圆曲线密码学（ECC）的，它具有非常小的密钥长度，并且在区块链环境中很容易实现。不幸的是，目前已经知道，在量子计算机上实现的 Shor 算法将会破解当前的椭圆曲线密码学。

这意味着任何在区块链上发布的公钥都可能会将相应的私钥泄露给配备有量子计算机的对手。对于一些区块链来说，这是一场灾难，比如即将发布的基于 PoS 的以太坊 2.0 版本要求发布公钥。对于其他类型的区块链（比如比特币）来说，情况要轻微得多，因为公开的地址是公钥的哈希值，或者利用对称密钥加密的联盟链。

8.7.4 从"前量子"到"后量子"的区块链转型

量子计算的进展引发了区块链社区的紧迫感，即需要部署既有效又实用的"后量子"算法。为了在量子时代保障区块链的安全性，从"前量子"到"后量子"的区块链转型是必要的。

数字签名广泛应用于区块链上的交易其实代表着一个主要的漏洞。因此，人们对于"后量子"数字签名算法的开发和选择都非常关注，这些算法适用于区块链应用程序，并可以逐步引入。以下是其中一些要求的说明：

1. 目前一些计算密集型的"后量子"密码系统可能不适用于用于建立区块链节点的某些硬件。因此，"后量子"方案应当在安全性和计算复杂性之间找到平衡，不限制可能与区块链进行交互的潜在硬件。一种可能的做法是根据可用的硬件来设置密钥强度的分级。

2. 某些"后量子"密码系统会产生大量开销，可能会影响区块链的性能。为了解决这个问题，未来的"后量子"开发人员需要最小化密文开销，并考虑可能的压缩技术。

3. 为增加安全性，某些"后量子"方案可能限制使用同一密钥签署的消息数量。因此，有必要持续生成新的密钥，这涉及分配计算资源，会减慢某些区块链进程。因此，区块链开发人员将不得不确定如何调整这些密钥生成机制，以优化计算速度和交易过程。（在选择合适的方案方面，NIST"后量子"密码标准化项目被广泛认为权威机构，这将推动"后量子"算法的选择和采用。）

除了可能带来的安全风险，量子计算还可以通过以下方式帮助元宇宙发展：

- **安全性**。通常，量子计算被认为是一种安全威胁，但如果我们越来越多的交互都发生在元宇宙中，那么我们需要针对元宇宙中发生的所有交易和商业活动提供可以抗击量子攻击的安全保障。可能需要采用抗量子技术，以确保交易在面对诸如 Shor 等算法时仍然安全。
- **快速计算**。研究人员正在围绕优化等任务开发应用程序。在元宇宙中需要大量的计算和仿真，任何可以利用的优势都可能会被用来增强体验。
- **随机性**。为了创造真实感，元宇宙需要一定程度的随机性，以确保黑客及其算法不能操纵系统。实现高度随机性的一种可能方法是利用量子的随机性，这意味着可以使用一组量子比特代替伪随机数来生成随机位。Quantum Dice 等公司目前正在 QRNG 领域积极开展研究工作。

总而言之，量子计算对于元宇宙来说既是机遇又是挑战。

8.8　扩展现实：新型安全风险

"扩展现实"（XR）是一个综合性词汇，是指任何能够增强我们感官体验的技术，无论是提供关于现实世界的额外信息，还是构建完全虚构的模拟世界供我们探索（见图 8-5）。

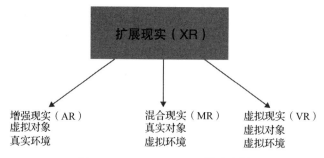

图 8-5　AR/VR/MR/XR 的示意图

- 增强现实（AR）是一种与现实世界环境进行交互的体验，其中现实世界中的物体通过计算机生成的感知信息得到增强，有时涉及多种感官，包括视觉、听觉、触觉、体感和嗅觉。Snapchat 眼镜和游戏《宝可梦 Go》是 AR 体验的两个例子。

- 虚拟现实（VR）是一种完全沉浸式的体验，将用户与外界隔离开来。用户在虚拟环境中与虚拟对象进行交互。使用 HTC Vive、Oculus Rift、Google Cardboard 等 VR 设备，用户可以进入各种想象的情境中。

- 在混合现实（MR）体验中，真实世界和虚拟数字物品进行交互，该体验包括 AR 和 VR 的特性。

虽然 VR 技术已经存在了几十年，但现在我们正处于扩展现实（XR）可用性和使用率迅速增长的时期，这可以归因于许多因素，包括硬件成本的降低、高速和高质量连接的增加，以及全球新冠疫情所引起的社会转变（见图 8-6）。横跨整个 XR 领域，元宇宙将进一步模糊我们的线上世界和现实世界之间的界限。

图 8-6　新冠疫情后，XR 智能硬件市场迅速增长

资料来源：瑞士信贷银行，"全球 TMT 行业元宇宙：下一代互联网指南"，2022 年 2 月。

元宇宙可以做到两全其美，我们可以在自己选择的地方自由地工作和创作，同时捕捉到其表达方式和现实世界的细微差别。这是对我们交动方式的回归。但同时也出现了新的安全风险，比如：

- **"人类操纵杆"（human joystick）攻击**。纽黑文大学的巴格利（Baggili）和其他研究人员发现了一种被称为"人类操纵杆"攻击的潜在攻击形式。根据研究人员 2019 年的论文，在使用 VR 系统进行研究时，他们发现可以"在用户沉浸式体验时控制他们，并将其无意识地移动到现实空间的某个位置"。如果发生恶意攻击，将增加用户身体受到伤害的可能性。

- **陪同（chaperone）攻击**。同样，研究人员发现了一种相关威胁，被称为"陪同攻击"，它涉及修改用户虚拟环境的边界。这也可以用来对用户造成身体上的伤害。沉浸式体验的关键在于它完全占据了你的视觉和听觉。如果这被某人掌控了，那么他们完全有可能会诱使你真的从一段楼梯上摔下来，走出真实的门口，或者走进真实的壁炉中。

- **叠加（overlay）攻击**。纽黑文大学的研究人员还发现了其他潜在威胁，包括"叠加攻击"（将不受欢迎的内容显示在用户的视野中）和"迷惑攻击"（使用户感到困惑或迷失方向）。

- **拒绝服务**。在这种情况下，依赖 AR 显示器工作的人突然失去了与他们所获取的数据流的连接。这可能发生在任何应用领域。然而，AR 领域尤其令人担忧，因为许多专业人士可能会在关键情况下利用该技术完成工作，而缺少数据可能会带来毁灭性甚至致命的影响。

- **不可信信息**。不可信的信息是 AR、VR 和 XR 的另一个主要关注点。在 AR 中，图形和信息被叠加在真实环境之上。游戏玩家、零售商、建筑师和专业人士将基于 AR 应用程序提供的信息做出现实世界的决策。如果黑客侵入应用程序并在受害者的 AR 显示屏或眼镜上显示虚假的信息和图形元素，可能会对他们造成伤害。想象一下，医生使用 AR 显示器来检查患者的生命体征，它们却呈现出错误的信息，这会让医生错过一个需要立即治疗的患者。

- **XR 相关身份的盗窃**。犯罪分子可能会盗取与真实人员相关的 AR、VR、XR 身份。黑客可能会对使用 AR 和 VR 的购物应用程序和零售商构成网络安全风险。许多消费者的信用卡信息和移动支付方式已经存储在它们的用户配置文件中。由于移动支付是一个简单的过程，黑客可能会获取访问权限，并秘密地用尽账户余额。

对于 AR、VR、MR、XR 来说，人类安全问题将是主要的挑战。随着虚拟世界与现实世界的结合，XR 成为连接器，如果没有安全设计和保障，代价可能是损害身体甚至威胁生命。设想未来可能产生的元宇宙体验，一个人坐在一辆自动驾驶汽车内，同时在车内玩一个 NFT 游戏，而黑客获取了对汽车或 XR 头显的控制权，直接或间接地将车辆撞向另一辆车，造成危及生命的车祸。如果在基于 XR 技术的元宇宙应用中没有安全保障和安全性设计，这种情况是可能发生的。

　　总结本章，Web3 元宇宙可能带来比 Web2.0 更严峻的安全风险。现有的威胁可能仍然存在，还存在着出现新颖威胁的潜在可能性。例如，诈骗和网络"钓鱼"攻击可能来自一个虚拟角色，该角色旨在冒充同事，而不是通过误导性的域名或电子邮件地址进行攻击。此外，元宇宙的技术栈包括眼动追踪和生物特征识别，这意味着我们的感官也正在以越来越准确的方式被监测和分析。

　　因此，我们需要从 Web2.0 的错误中吸取教训，积极主动地对待 Web3 的安全问题。在许多行业，无论是企业层面还是消费者层面，都开始采用元宇宙实现无处不在的、全面的和完全沉浸式体验的时候，这一点变得至关重要。在区块链技术的帮助下，我们有机会在这个时代开始时建立具体的核心安全原则，使元宇宙体验让人信任、让人安心。

开放元宇宙、大型科技公司的封闭生态和主权国家之间的三方竞争

就像在数字货币的背景下，公共加密货币、大型科技公司代币和央行数字货币（CBDC）之间的三方竞争加剧一样，对于Web3基础设施，开放的元宇宙必须与大型科技公司和政府支持的区块链网络竞争。

第 9 章

公共加密货币、央行数字货币和
大型科技公司代币

- 元宇宙中的三方货币竞争
- 中国在 2022 年冬奥会上推出数字人民币
- 打击加密货币的挖矿和交易行为
- 数字卢比、数字卢布和数字英镑
- 美国领头羊：央行数字货币研发和加密货币监管
- 中美共识：稳定币成为监管焦点
- 大型科技公司代币：Libra 的崛起和衰落

9.1　元宇宙中的三方货币竞争

　　2022 年 1 月，太平洋岛国汤加王国因大规模火山爆发而引发海啸。据 Cointelegraph 报道，海啸袭击了汤加主岛汤加塔布岛的居民，加密货币持有者得知这一消息后想要捐赠比特币，为受到海啸影响的人们提供救灾服务。在真正的比特币时尚中，Twitter 用户奥佐奈尔·布莱尔（Onair Blair）在 Twitter 上敦促汤加议员富西图阿（Fusitu'a）勋爵为世界各地的加密货币持有者设立一个比特币钱包地址，以便人们为海啸救援目的捐款。富西图阿勋爵答应了。

　　在同一篇 Cointelegraph 报道中，富西图阿勋爵讨论了利用汤加火山（总共 21 座）的地热能来推动比特币开采的计划。富西图阿勋爵表示，挖矿工作将有利于汤加的财政："每座（汤加）火山在任何时候都能产生 95 000 兆瓦的电力，还有很多余量，一座火山每天可以产生价值 2 000 美元的比特币，这些比特币将捐献给汤加的家庭。"此外，比特币支持者、汤加政治家富西图阿勋爵向 Cointelegraph 表示，他希望像萨尔瓦多一样，让比特币在汤加成为法定货币。

汤加的案例说明了公众对加密货币的接受程度在不断提高，不但在虚拟网络空间，而且在现实世界也如此。Web2.0 世界将通信和商务集中在谷歌和亚马逊等专有平台上，与我们当前的 Web2.0 世界不同，Web3 的支持者期望 Web3 是开放和去中心化的。同时，平台的决策将通过 Web3 爱好者之间透明的智能合约（自主软件程序）来执行。你将如何支付 Web3 中的所有费用？当然是使用加密货币。Web3 用户社区需要维护和运营应用程序和服务，以换取比特币、游戏代币或 NFT 等加密货币。

这就是为什么开发人员在区块链上构建各种金融应用程序，这可能在虚拟世界和现实世界之间实现基于加密货币的支付（见图 9-1）。例如，2022 年年初，Solana Labs 宣布推出 Solana Pay，这可能使商家能够直接接受消费者的加密货币付款。值得注意的是，这比让消费者"用加密货币支付"更重要。更确切地说，这是一个愿景，即所有货币（包括美元）都在区块链上，并广泛用于交易。

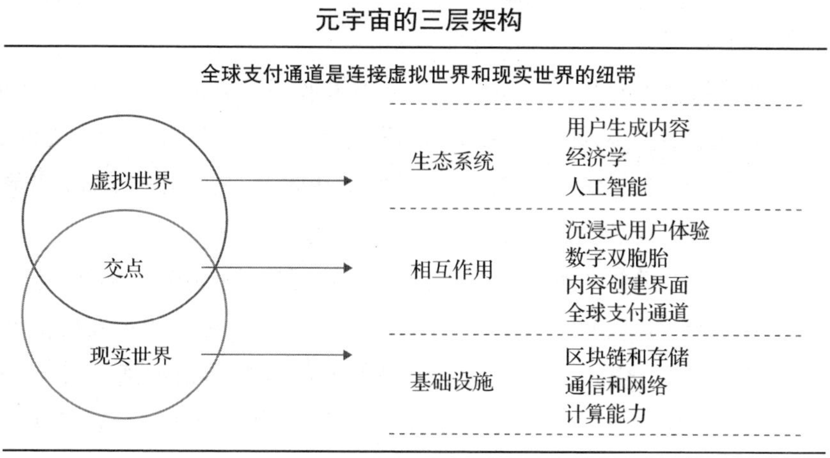

元宇宙的三层架构

图 9-1　基于加密货币的支付连接虚拟世界和现实世界

资料来源：Duan 等，Crypto.com 研究；数据截至 2021 年 11 月 18 日。

背景是商家多年来一直能够接受加密货币（例如特斯拉接受比特币购买其汽车），但接受通常意味着将一个中介换成另一个中介。对于 Solana Pay 来说，它的愿景是所有货币（包括美元）都在链上并广泛用于交易。Solana Pay 背后的核心前提是，支付和底层技术从一种必要的服务工具变成了商家和消费者之间真正的对等通信渠道。

然而，现有的金融机构也存在一些阻力。例如，2021 年 9 月，中美洲的萨尔瓦多成为第一个采用比特币作为法定货币的国家，这一消息登上了新闻头条，但其实施过程并不顺利。

采用比特币的举措得到了该国总统纳伊布·布克莱（Nayib Bukele）的大力支持。据新闻报道，布克莱表示，萨尔瓦多将比特币合法化有几个原因：增加对萨尔瓦多的投资，改善 70% 萨尔瓦多人无法获得"传统金融服务"的金融问题，为外籍萨尔瓦多人提供一种更简单的将汇款汇回萨尔瓦多的方式，这一金额每年达数十亿美元。萨尔瓦多唯一的其他官方货币是美元。

可以说，这一举措既具有创新性，又存在争议。除了比特币运营上线时出现的技术实施问题，世界各地的许多组织都质疑这一行为的合理性。由于比特币现在是法定货币，萨尔瓦多全国各地的商家可能有义务接收比特币取代美元，就价格波动而言，美元是一种更稳定的货币。例如，国际货币基金组织批评萨尔瓦多的比特币合法化，理由是使用这种不稳定的加密货币将成为威胁该国金融稳定的巨大风险。（作为参考，比特币在 2021 年 11 月—2022 年 1 月贬值了一半。）

国际货币基金组织强调，如果布克莱不采取行动取消比特币的合法地位，鉴于其财务状况存在风险，萨尔瓦多将很难从国际货币基金组织获得贷款。此外，国际货币基金组织于 2022 年 1 月发布新闻稿，敦促萨尔瓦多当局通过取消比特币的法定货币地位来缩小比特币法的范围。

世界银行也以类似的批评方式做出了反应，当萨尔瓦多于 2021 年向该金融机构寻求帮助，以实施比特币作为法定货币的政策时，世界银行拒绝了其请求。2021 年 6 月 BBC 的一份报告援引世界银行的话说，其"对比特币挖矿的透明度和对环境的影响感到担忧"。世界银行提出的问题与萨尔瓦多比特币合法化的另一个风险——加密货币挖矿相吻合。

萨尔瓦多也被称为"火山之国"，由于比特币合法化举措，其火山可能会有另一种用途。据 BBC 报道，2021 年 11 月，布克莱总统宣布，他计划"在 Conchagua 火山底部建造一座比特币城市，并使用比特币为该项目提供资金"。布克莱指出，该市将利用 Conchagua 火山的地热能为比特币挖矿提供动力。很难预测萨尔瓦多是否能够在不严重破坏 Conchagua 火山周围环境的情况下完成加密货币挖矿工作，世界银行等国际观察家正在焦急地等待。

此外，全球主要经济体的政府并没有坐视加密货币上涨。在全球范围内，通常作为保守堡垒的中央银行也在开辟新的领域。随着更多经济活动转移到在线平台（尤其是在新冠疫情打乱了传统经济秩序之后），实体现金逐渐处于不利地位，许多国家开始推出自己的数字货币——央行数字货币（CBDC）。根据 2021 年国际清算银行对各国中央银行的调查，86% 的中央银行正在积极研究 CBDC 的潜力，60% 正在尝试相关技术，14% 正在部署试点项目。

总之，现在将加密货币称为未来元宇宙的"默认货币"还为时过早（见图 9-2）。加密货币生态系统必须在两个方面开展货币竞争。一方面，与政府的金融机构进行竞争，包括国家的 CBDC，它们与加密货币在元宇宙中的交易领域竞争，以及加密货币监管政策，它们限制了加密资产的使用和交易。

元宇宙的三方竞争

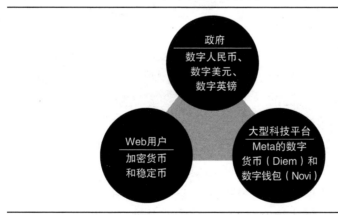

图 9-2　元宇宙中的三方货币交锋

另一方面，Meta 这样的大型科技公司正试图在单一平台上前所未有地扩展金融产品，比如，Meta 自己的数字货币（Diem）和数字钱包（Novi）。本章将首先讨论中国、美国、印度和俄罗斯等主要经济体的央行数字货币的发展和加密货币监管情况，然后分析 Meta 等大型科技公司的数字货币。

9.2 中国在 2022 年冬奥会上推出数字人民币

如今，中国和美国正在广泛的领域竞争并发展各自的技术能力。美国和中国技术竞争的一个前沿是谁将主导区块链和加密货币行业。

尽管中国对加密货币采取了严厉的监管措施，关闭了所有国内的加密货币交易所并禁止了所有的 ICO，但政府认可区块链技术本身是一种革命性的创新技术。在 2019 年 10 月的中共中央政治局第十八次集体学习中，中共中央总书记习近平强调："区块链技术的集成应用在新的技术革新和产业变革中起着重要作用。"

中国在央行数字货币的全球竞争中的领导地位是典型的例子。与建立在狂热"去中心化"基础上的比特币和其他加密货币不同，中国央行数字货币被中国人民银行称为数字人民币（e-CNY），是在集中式数据库上运行的；尽管如此，e-CNY是基于区块链和加密技术构建的，并且已经融入了区块链的关键概念，如点对点支付、可追溯性和防篡改性（见图 9-3）。

图 9-3 中国央行数字货币是如何设计的

资料来源：Media Reports，April 2020。

e-CNY 的时间线是在比特币和其他加密货币发展多年之后才开始的（见图 9-4）。中国人民银行在比特币于 2010 年 5 月进行首笔交易四年后，成立了一个央行数字货币研究小组。2017 年 1 月成立了数字货币研究所，随后在 2017 年 12 月组织中国商业银行和支付机构共同合作推进数字货币的研发。e-CNY 测试的进一步加速被普遍认为是对 Facebook 在 2019 年宣布计划推出基于区块链的数字货币 Libra 的回应（详见本章后面的详细讨论）。

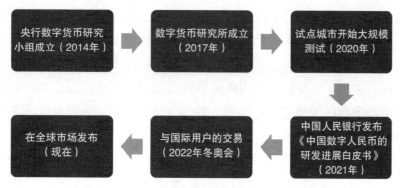

图 9-4 中国数字人民币的发展历程

在 2020 年新冠疫情期间，许多主要城市进行了大规模的测试活动。在这些试点区域，e-CNY 已被正式纳入城市的货币系统，从 2020 年 5 月开始，一些政府员工的工资以数字人民币的形式发放。人们可以在他们所在的商业银行的移动应用程序中创建一个 e-CNY 钱包，并可将这种央行数字货币用于交通、教育、医疗和其他消费品和服务。例如，中国的星巴克、麦当劳和赛百味连锁店被列入中国央行测试数字货币的公司名单。

e-CNY 的快速发展是中国致力于数字化转型的必然结果。在过去几年中，移动支付迅速增长，成为中国主要的支付形式。[⊖]自 2020 年以来，鉴于中国电子商务和社交网络平台等互联网产业的快速发展提供了众多应用场景，中国一直在稳步扩大数字人民币的试点项目（同时也打击了加密货币，详见下文的详细讨论）。

2021 年 7 月，中国人民银行发布了一份详细说明数字人民币当前运作方式的白皮书，这是其计划的首次全面披露。白皮书的发布可能标志着数字货币的 "2C" 零售支付测试阶段接近尾声。这款 e-CNY 钱包支持多种功能，包括扫码支付、充值和转账。根据白皮书，截至 2021 年 6 月，参与试点的人在数字人民币上共花费了 345 亿元人民币（约 53 亿美元）。应用场景包括支付公用事业费、就餐、交通、购物和政府服务。2022 年 1 月，e-CNY 钱包在正式推出后仅一周内，就成为苹果和小米应用商店中下载最多的应用。

新的数字人民币将允许用户在没有互联网连接的情况下使用，这对外国

⊖ 参考马文彦 2016 年的英文著作《中国移动互联网经济》。

人来说也很方便。白皮书中提到:"在中国临时旅行的外籍居民可以开通一个 e-CNY 钱包,以满足日常支付需求,而无须开设中国国内银行账户。"这意味着即使在中国旅行的外国人也可以在没有中国国内银行账户的情况下使用数字人民币。这相对于外国人使用腾讯的微信支付和阿里巴巴的支付宝等移动支付应用程序存在困难的问题来说,是一个特别的好处,因为微信支付和支付宝必须与银行账户关联。

2022 年 2 月的北京冬奥会,成了中国数字货币的一个重要里程碑,因为这是 e-CNY 在国际用户中进行的首次测试。这也类似于对数字货币基础设施的压力测试,因为该系统处理了来自许多国家的外币兑换。例如,全球的运动员和游客可以将来自不同国家的资金存入 ATM 机中,将外币兑换成 e-CNY,然后获得一张以中国 e-CNY 计价的借记卡。凭借这张借记卡,他们可以在附近的餐馆和商店消费,而无须在中国拥有银行账户。

当然,e-CNY 的深远影响可能不仅局限于中国的零售市场,很可能,e-CNY 将使中国成为首个采用本国数字货币的主要经济体。许多人认为,e-CNY 将提高中国货币的全球地位,并最终挑战美元作为世界储备货币的地位。例如,e-CNY 可以绕过由西方运营的跨境支付网络(如 SWIFT),美国一直利用该网络来实施制裁措施。

不过 e-CNY 可能面临漫长的道路。"尽管在技术上已经准备好进行跨境使用,但目前 e-CNY 的主要设计仍是用于中国国内的零售支付。"e-CNY 白皮书中写道。对于 e-CNY 来说,它的真正考验在 2022 年正式推出后才开始。在全球背景下,e-CNY 的竞争对手正在崛起,因为它的进展刺激了西方国家和先进经济体效仿,并推进其金融系统的现代化。在本章后面,我们将看到许多国家开始开发自己的央行数字货币,例如数字美元、数字卢比和数字卢布。

9.3 打击加密货币的挖矿和交易行为

2021 年 5 月,中国国务院金融稳定发展委员会要求打击加密货币的挖矿和交易行为之前,很少有人(甚至包括全球的金融专业人士)意识到中国占据了全球比特币和其他加密货币供应的 70% 以上。由于全球大部分加密货币在中国进行挖矿和交易,中国对这一新兴行业的监管对全球产生了深远的影响。

2021 年的打击行动并不是中国首次加强对加密货币的监管。中国首次发布类似禁令是在 2013 年，然后是在 2017 年，当时中国占据全球比特币交易的 90%。中国人民银行和其他部委在 2017 年发布的规定实质上关闭了中国国内的加密货币交易所，使得包括币安和火币在内的主要交易所转移到海外。然而，中国内地的投资者仍然可以在海外交易所拥有的平台上进行加密货币交易。2021 年 5 月，中国国务院稳定发展委员会召开第五十一次会议，会议要求坚决防控金融风险，打击比特币挖矿和交易行为。

投资者保护、碳中和和金融稳定是新监管规定出台的三个关键动因。中国的监管发展将成为其他国家在制定加密货币挖矿和交易活动规定时的重要参考案例。

9.3.1 投资者保护

投资者保护是新规定的一个动因，其中包括切断未受教育的投资者与海外交易所之间的资金流通渠道。对于中国监管机构来说，比特币和其他加密货币不是投资工具，而是具有高度波动性的投机工具。

自 2021 年 5 月国务院新的监管规定出台后，中国的三个金融协会——中国互联网金融协会、中国银行业协会和中国支付清算协会发布了一项新规定，禁止金融机构从事与加密货币相关的业务。该规定加大了个人通过各种支付渠道购买加密货币的难度。这些协会提醒投资者虚拟货币"没有真实价值支撑"。

为确保所有规定得到严格执行，中国人民银行约谈了多个机构的代表，包括国有商业银行和支付宝，落实了相关政策。由于在海外注册的以中国客户为重点的交易所允许中国个人在线开设账户，中国个人的加密货币交易可以通过银行或支付宝、微信等在线支付渠道进行，金融机构还被要求审查其系统，调查并识别在虚拟货币交易所开设账户的客户，如果发现这种情况，金融机构必须切断账户进行交易的收发款能力。

9.3.2 碳中和

新的加密货币监管的另一个动因是中国追求碳中和的目标。中国的新环境政策是挖矿打击行动的一个关键动因，而这并不是以前的加密货币监管政策的一部分。2020 年 9 月，习近平主席在第七十五届联合国大会上发表重要讲话："中国将提高国家自主贡献力度，采取更加有力的政策和措施，二氧化碳排放力争于 2030 年前达到峰值，努力争取 2060 年前实现碳中和。"

碳中和政策减少了煤炭发电，而煤炭一直是中国的主要能源来源。根据总部位于伦敦的气候数据提供商 TransitionZero 的数据，中国需要在 2030 年之前将燃煤发电厂的二氧化碳排放量减少一半才能实现碳中和政策的目标。为了实现气候目标，加密货币挖掘是其中一个重点监管领域，因为它是中国的高能耗行业之一。在 2021 年 5 月的比特币挖矿和交易行为打击行动后，一些主要煤炭发电产区迅速制定了地方规定，清理比特币挖矿业务。

9.3.3 金融稳定

第三个推动加密货币监管的动因是维护金融稳定，并推进中国央行数字货币的发展。正如前面提到的，2021 年 7 月，中国人民银行发布了一份关于中国数字货币 e-CNY 研发进展的白皮书。在白皮书中，中国人民银行提到加密货币的快速增长推动了 e-CNY 的研发，并表示，"加密货币多被用于投机，存在威胁金融安全和社会稳定的潜在风险"。

这份白皮书的描述是中国人民银行首次在官方文件中将其主权数字货币发行与加密货币对国际货币体系的潜在挑战联系起来。根据中国人民银行的说法，加密货币"缺乏价值支撑、价格波动剧烈，交易效率低下，能源消耗巨大等限制导致其难以在日常经济活动中发挥货币职能"。（有趣的是，这个观点与美联储主席杰罗姆·鲍威尔的观点并没有太大不同。在国际清算银行主办的一个小组讨论会上，鲍威尔认为加密货币更多的是一种投机资产，本质上是黄金的替代品，而不是美元的替代品。）

就像中国的数字货币 e-CNY 一样，中国的新加密货币监管政策已经在全球加密货币市场上产生了重大影响。首先，比特币挖矿模式发生了重大变化。截至 2021 年 7 月，比特币的网络算力（衡量其计算能力的指标）相比 2021 年 5 月的峰值水平下降了约 50%。最终，大部分中国的比特币挖矿产能将会消失，其中一些产能将转移到美国和哈萨克斯坦等海外市场。其次，从加密货币交易的角度来看，比特币的价格在短短几个月内下跌了约 50%。

最后，也可能是最重要的，中国的新监管框架可能会影响许多国家未来加密货币的相关法规。自从中国在 2021 年 5 月采取行动以来，亚洲、欧洲和美洲的许多国家已经开始对加密货币交易和相关交易所进行监管。对于许多国家来说，中国已成为它们在考虑自己的央行数字货币和加密货币监管时的参考案例。

9.4　数字卢比、数字卢布和数字英镑

中国的数字货币和加密货币监管框架已经影响了许多国家在这些领域的立法工作。例如，印度的立法机构曾考虑像中国一样完全禁止加密货币的挖矿和交易行为。最终，印度通过一项间接的举措——征税，正式承认了加密货币在该国的作用。2022 年 2 月，印度财政部部长尼尔马拉·西塔拉曼在2022—2023 财年的联合预算中宣布，对虚拟数字资产转让所得征收 30% 的税，并对数字资产转让支付的款项征收 1% 的源头扣除税。对这项税不允许进行减免和豁免。

这 30% 的税是相当重要的，但印度的监管措施意味着政府计划将加密货币纳入法治框架下的金融生态系统。印度政府还计划推出印度央行数字货币。印度财政部部长在 2022 年 2 月还宣布，印度储备银行将在下一个财年正式推出该行的数字货币——数字卢比。数字卢比对印度的加密货币未来以及纸币的存在来说意味着什么，目前尚待确定。很可能当印度像中国一样加速开发其央行数字货币时，也会进一步加强对加密资产的监管。

俄罗斯是另一个例子。2022 年 1 月，俄罗斯央行发布了一份重要报告，提议禁止在俄罗斯境内使用和挖掘加密货币，这震惊了全球加密货币界，因为俄罗斯是世界第三大加密货币挖矿国家（排在美国和哈萨克斯坦之后，中国在 2021 年发布相关政策后不再是世界上最大的加密货币挖矿国），甚至在2020 年还曾合法化了加密货币。然而，俄罗斯过去一直对加密货币持有广泛的反对意见，包括比特币挖矿对环境的不利影响，以及对俄罗斯金融稳定可能存在的潜在和实际风险。

俄罗斯央行提议禁止加密货币挖矿、交易和存储，不但对俄罗斯国内而

且对国际产生影响。俄罗斯央行估计，俄罗斯公民使用去中心化加密货币的交易额每年达到 50 亿美元。如果基于俄罗斯的挖矿活动和交易量完全被淘汰，这将对全球加密货币市场造成相当大的影响。此外，俄罗斯央行还计划发行自己的央行数字货币——数字卢布。

　　然而，俄罗斯的加密货币可能仍有希望。根据 CoinDesk 的一份报道，在 2022 年 1 月的最后一周，俄罗斯总统弗拉基米尔·普京呼吁央行和俄罗斯财政部就央行关于完全禁止加密货币的呼吁达成共识。普京指出，虽然央行关注加密货币对俄罗斯公民的风险是正确的，但在制定有关加密货币的政策决策时，应该"权衡俄罗斯在挖矿方面所拥有的某些竞争优势，这是由于俄罗斯拥有过剩的电力和训练有素的人员"。

　　目前尚不清楚加密货币在俄罗斯是否已经走到尽头（2022 年 2 月爆发的俄乌战争打断了这场辩论），或许在政府机构之间进行更多对话之后，加密货币与俄罗斯经济共存的可能性仍然存在。此外，就像中国和印度一样，除了金融稳定和环境因素，俄罗斯的央行数字货币（数字卢布）的发展可能迟早会从"主权数字货币"的角度影响其对加密货币政策的考虑。

　　加密货币具有颠覆性的特性和绕过官方机构的能力，很多国家都存在逃税、洗钱、恐怖主义融资及其对货币政策的影响等方面的担忧。例如，在英国，英格兰银行和财政部计划推出一种名为"数字英镑"的央行数字货币。在 2021 年 4 月的一次金融行业会议上，英国时任财政大臣里希·苏纳克宣布成立了英格兰银行和财政部的工作组，负责"协调对可能推出的央行数字货币的探索性工作"。

　　然而，2022 年 1 月，英国上议院投票反对推出"数字英镑"，理由是各种担忧，包括这将对未来几十年的家庭、企业和货币系统产生广泛的影响。根据《城市早报》的一篇新闻报道，上议院详细列出了推出"数字英镑"所涉及的诸多风险，例如，英格兰银行对英国人的消费选择进行监控，经济衰退导致人们迅速转向使用央行数字货币可能引发的潜在金融不稳定，以及过度集中权力的英格兰银行可能成为希望攻击英国的敌对势力的集中攻击点。尽管如此，这样的投票并不会阻止英格兰银行对"数字英镑"的研究，数字英镑可能会在不久的将来推出。

9.5 美国领头羊：央行数字货币研发和加密货币监管

当然，美国的政策和监管方向将成为西方国家的风向标。对于美国的央行数字货币（"数字美元"）研发和加密货币监管来说，2022 年是一个重要的里程碑。就美国央行数字货币而言，2022 年 1 月，美联储发布了一份人们期待已久的关于美国央行数字货币潜在推出计划的报告。该报告讨论了美国央行数字货币的优势和劣势，其中第一步是开始与利益相关者就数字美元的问题进行广泛对话。然而，该报告并未就任何政策或设计选择做出承诺。

总体而言，美联储对数字美元采取了非常谨慎的态度，就像英国上议院一样。美联储的研究人员指出，美国央行数字货币的优点包括："在支付系统不断发展的同时，为家庭和企业提供安全的数字支付选择，并可能带来更快速的国际间支付选项。"同时，研究人员还指出，央行数字货币的部署会带来一系列重大风险，包括央行数字货币对"金融部门、信贷成本和可获得性、金融体系的安全和稳定性以及货币政策的有效性"的影响。该报告有助于公众辩论，但明确表示美联储不太可能在近期或中期推出数字美元。

就加密货币监管而言，到 2022 年，美国决策者、监管机构和行业已经形成了共识，即需要对支持创新和包容的数字资产进行健全的监管。在过去的几年中，美国金融监管环境碎片化，需要协调许多联邦和州的监管机构，再加上对某些类型的数字资产活动缺乏明确的监管权限，导致对这些活动的监管存在模糊性。

然而，考虑周全的立法在 2022 年的近期内不太可能被提出，因为国会有其他优先事项，加密货币行业的游说声音越来越大，在制定前进路径方面也存在挑战。在美国碎片化的金融监管环境中，涉及的监管机构包括美国联邦储备系统、美国货币监理署（OCC）、美国联邦存款保险公司（FDIC）（三个银行监管机构），以及美国商品期货交易委员会（CFTC）和美国证券交易委员会（SEC）。其中，SEC 一直是最活跃的加密货币交易市场监管机构。到目前为止，在 SEC 主席加里·根斯勒的领导下，SEC 对数字资产的初期行动更多地侧重于执法而非监管。

例如，由于其令人瞩目的增长和特殊的监管挑战，去中心化金融是 SEC 在 2022 年的监管重点。根据 defillama.com 的数据，截至 2021 年年底，DeFi

协议中总锁定价值（TVL）增至约 3 000 亿美元，而 2020 年年底约为 200 亿美元。在缺乏针对 DeFi 的具体监管指导或立法的情况下，2022 年的 DeFi 监管可能主要通过 SEC 的执法行动进行。例如，2021 年 8 月，SEC 宣布了其首个被称为与 DeFi 相关的执法行动，发现两个人使用智能合约出售数字代币，非法提供和销售未注册的证券。

与此同时，SEC 在 DeFi 行动中的关注领域很可能包括未注册的平台或市场。SEC 对 Uniswap（去中心化交易所）的调查是一个里程碑时刻，SEC 主席加里·根斯勒敦促加密货币交易所自愿向该委员会注册。此外，SEC 可能会通过扩大交易所的定义范围，以间接监管加密货币交易所。

此外，随着 NFT 市场爆发至价值超过 400 亿美元，SEC 可能还会对该领域进行审查，并发现与证券法（NFT）和交易所监管（NFT 市场）可能存在的交集。去中心化交易所在加密产品的创建中起着核心作用，就像稳定币在加密产品的交易中处于核心地位一样。随着 SEC 对交易所的审查以及美国财政部对稳定币的审查，美国加密货币行业可能很快会拥抱一个全新的监管框架。

2022 年 3 月 9 日，美国总统乔·拜登发布行政命令后，美国政府的央行数字货币研发和监管行动加快推进，该命令指出由于技术进步和加密市场的迅速增长，"需要评估和调整美国政府对数字资产的处理方式"。该命令要求一系列政府机构进行多次报告和研究。（可能令金融监管机构感到惊讶的是，这项运动将直接由白宫领导。）

根据该命令，拜登政府"对美国 CBDC 的潜在设计和部署相关的研发工作给予最高的紧迫性"。这是美国政府对 CBDC 的明确支持表态，也是最近美联储的评论口吻发生变化的信号，仅仅两个月前，美联储主席鲍威尔发布了关于数字美元的讨论文件。（或许巧合的是，当中国在 2022 年 2 月的冬奥会上开始国际测试其央行数字货币时，波士顿联邦储备银行和麻省理工学院就发布了一份关于它们开发的开源代码的报告，该代码可作为 CBDC 的基础。）

从监管的角度来看，这项命令传达的一个关键信息是，美国政府并未将国家加密货币政策的责任交给银行、证券和其他金融服务监管机构。政府让美国国务院、白宫国内政策委员会、白宫经济顾问委员会、白宫科学和技术政策办公室、美国信息与监管事务办公室以及美国国家科学基金会等机构参与讨论，这项命令表明，加密技术对美国经济、国家安全和全球领导地位的潜在影响表明需要在更广泛的参考框架内重新审视传统的监管结构。(事实上，负责协调该命令的是美国总统国家安全事务助理和美国总统经济政策助理。)

在美国的监管行动中，稳定币(与美元等法定货币挂钩的加密货币)的新监管规定可能会首先出台。2021 年秋季，拜登政府要求国会制定稳定币监管框架。政府建议只允许银行发行稳定币，并指示监管机构利用现有权限尽力监管稳定币。这种稳定币监管的方法很可能成为包括美国和中国在内的不同国家的共识。

9.6　中美共识：稳定币成为监管焦点

如今，美国和中国在很多问题上都存在分歧。但有一个问题，两个超级大国的观点完全一致，那就是稳定币的监管，稳定币是一种将其价值与传统货币挂钩的特殊类型的加密资产。

2021 年 7 月 16 日，美国财政部长珍妮特·耶伦呼吁总统金融市场工作组(PWG)制定加密货币的监管框架。具体而言，耶伦推动金融监管机构制定稳定币规则，因为它对"最终用户、金融系统和国家安全"存在潜在风险。PWG 于 7 月 19 日(随后的星期一)迅速召开会议，并宣布计划在接下来的几个月内发布有关稳定币监管的建议。"财政部强调了迅速采取行动以确保美国建立适当的监管框架的必要性。"财政部报道称。

同样的 7 月 16 日，中国人民银行发布了一份关于中国数字人民币(e-CNY)发展的白皮书，其中中国人民银行引用了加密货币的快速增长，尤其是全球稳定币，作为其研发 e-CNY 的驱动因素。

中国人民银行在白皮书中表示："有的商业机构计划推出全球性稳定币，将给国际货币体系、支付清算体系、货币政策、跨境资本流动管理等带来诸多风险和挑战。"这是中国人民银行首次在官方文件中将主权数字货币发行与稳定币对国际货币体系的潜在风险和挑战联系起来。

稳定币为什么如此重要？以比特币作为对比，比特币的价格波动剧烈，这使得比特币为公众所熟知。但稳定币恰恰相反，它们是与法定货币的价值挂钩或连接的加密代币。由于它们相对稳定，但它们同样有用：这些稳定币可以嵌入加密交易和借贷平台。人们如何将纸币兑换为加密资产(或进行加密货币之间的兑换）？通常情况下，人们使用稳定币作为媒介。

2021 年 7 月，几乎所有加密交易平台上 2/3 的交易发生在稳定币和其他代币之间。虽然对于公众来说不太为人所知，但现有的稳定币市场价值超过 1 100 亿美元，包括四种大型稳定币，其中一些已经存在了七年之久。

稳定币可以成为两个本来设计初衷没有混合的领域之间的桥梁，这两个领域分别是加密资产和传统金融。它们使得传统货币更容易转移到加密货币交易所。许多加密货币交易所与银行之间没有建立起所需的关系，无法提供常规货币的存款或提款服务，但它们可以接受并且确实接受稳定币，比如最流行的稳定币"泰达币"（也被称为 USDT）。

因此，泰达币在中国加密货币市场尤其有用，因为它是中国内地投资者的重要纽带。中国监管机构将人民币资金与离岸美元市场分开，而泰达币让投资者可以在海外交易所拥有的平台上进行加密货币交易。

由于稳定币处于全球加密货币生态系统的核心地位，相应地，监管同样重要。美国财政部的行动和中国人民银行的白皮书在 SEC 主席加里·根斯勒的发言中得到呼应。根斯勒在 2021 年 8 月的阿斯彭安全论坛上表示，加密货币市场"充斥着欺诈、骗局和滥用行为"，并呼吁国会赋予 SEC 新的监管权力。他还特别提到了稳定币，并从金融安全和证券法的角度解释了监管的必要性（这也解释了为什么关于加密货币的讨论发生在阿斯彭安全论坛上）。

首先，从金融安全（和国家安全）的角度来看，根斯勒表示："在这些平台上使用稳定币可能有助于那些试图规避我们传统银行和金融体系监管的一系列公共政策目标，如反洗钱、税务合规、制裁等。"这里的担忧是，稳定币规模的不断增长导致了一种情况，即大量与美元等值的稳定币在不接触美国金融体系的情况下进行交换。

其次，从证券监管的角度来看，根斯勒表示："这些稳定币也可能算是证券和投资公司。"在某种程度上，如果它们是证券，SEC 将会对这些产品应用《投资公司法》和其他联邦证券法的全部投资者保护措施。

最后，与美国财政部和美联储更相关的是，稳定币发行者的资产负债表的稳定性（或不稳定性）。立法者和监管机构对此表示担忧，担心如果某个发行稳定币公司没有它自己声称的支持稳定币的资产，散户投资者将无法得到充分的保护。

一个有用的比较是与货币市场基金的对比。货币市场基金是在 20 世纪 70 年代创建的，旨在规避限制银行向存款人支付利息这一规定。在承诺将股份价值维持在一美元后，货币市场基金在 2008 年的全球金融危机中崩盘。美国纳税人采取措施阻止了资产的抛售和商业票据市场的崩溃，从而避免了对实体经济的冲击。根据银行业专家的观点，稳定币的崩溃可能会出现类似的情况。

实际情况是，很少有稳定币对其资产负债表进行详细披露。美联储主席鲍威尔在国会作证时表示："它们就像货币基金或银行存款，增长速度非常快，但却没有适当的监管。"泰达币最近提供了独立会计师出具的证明，确认所有泰达币代币都完全由泰达币的储备资产支持，但其披露的资产分布远远低于银行的预期标准。与通常将所有资产投资于"现金和等价物"的货币市场基金相比，根据泰达币公开披露，2021 年 3 月支持泰达币代币的资产中，只有大约 5% 是现金或国债，大部分资产更具风险性，其中约一半是商业票据。

与此同时，根据 Circle 创始人杰里米·阿莱尔在 2021 年夏天的 Twitter，第二大稳定币美元稳定币（USDC）的支持者 Circle 打算"成为当今市场上最公开、最透明的全储备稳定币运营商"。但是，截至 2021 年 7 月发布的 USDC 公开披露仍然只是关于 USDC 储备资产在 2021 年 5 月的某一天的简单证明。这仅仅是对发行者银行余额的月度验证。在证明发布几分钟之后，稳定币发行者可以简单地将资金转移至其他地方。

总结起来，稳定币可能成为监管关注的焦点。中国从 2021 年 5 月开始的加密货币挖矿和交易打击行动就像一个临界点，全球各地的监管机构也加速了自己市场上与加密货币相关的立法工作。中国人民银行于 2021 年 7 月发布的数字货币白皮书是中国正式开始对稳定币进行监管的信号，这可能会刺激世界其他地区出台类似的监管措施。

在美国，2021 年 7 月底，美国国会议员唐·拜尔开始推动更新加密货币监管法规的"逾期处理"，其中包括一项潜在授权美国财政部长允许或禁止美元和其他基于法定货币的稳定币的条款。同时，新法案旨在明确授予美联储发行数字美元的权力，这可能进一步刺激美国制定针对加密资产的"全面法律框架"。

考虑到美国财政部、美联储、SEC 和立法机构对稳定币的共同关注，稳定币的监管可能很快在美国出台。此外，由于 Circle 已经宣布通过 SPAC 进行 IPO，这将使该公司受到 SEC 的披露规则的约束，因此 USDC 这样的公开上市的稳定币有可能促使市场对该行业有更好的了解，就像最近上市的加密货币交易所 Coinbase 一样。

虽然许多国家已经开始对加密货币交易和相关交易所采取监管行动，但它们很可能只对主要加密货币参与者的去中心化业务产生有限影响。但在中国和美国发生的情况可能会是另一回事。对于稳定币而言，在监管方面最重要的是中国和美国，它们是全球最大的两个加密货币市场，也是两个最强大的监管执法机构。此外，美国和中国的新监管框架可能会影响许多国家对稳定币的监管行动。

但这对整个加密货币市场来说可能是一个建设性的发展。由于稳定币是整个数字资产行业的基础设施，它们的完整透明披露至关重要。当市场摆脱欺诈和操纵时，用于智能合约燃气费的加密货币可以在广泛的区块链行业实现真实价值。

9.7 大型科技公司代币：Libra 的崛起和衰落

Facebook 的使命是"让世界更加紧密地联系在一起"。这不仅包括让朋友和家人分享信息，还包括成为用户金融生活的平台。根据负责该公司金融服务的高管的说法，近年来，用户每年 Facebook 平台上支付的金额已达到约 1 000 亿美元。但这只是这家社交网络在金融行业雄心勃勃的开始。

自从在监管压力下将其稳定币"Libra"更名为"Diem"以来，Facebook 一直致力于将全球最大的社交网络变成一个"金融帝国"（见图 9-5），而这一进程只会在该公司最近更名为"Meta"、

图 9-5 稳定币助力"Meta 帝国"

全力进军元宇宙领域之后加速推进。

2019 年，Facebook 声势浩大地宣布了一个计划，即基于加密货币和支付基础设施创建一个替代性金融系统。根据其白皮书，该使命是创建"一种让数十亿人受益的简单的全球货币和基础设施"。该计划以一种新的加密货币开始，用于从小额支付到汇款的各种形式的支付，而且没有手续费（"像发送电子邮件一样轻松地发送资金"），同时还能实现更多的"智能货币"用途，如动态合约可以实现基于区块链的贷款或保险。根据 Libra 的白皮书，它将提供区块链基础设施，以低成本、安全和几乎即时的方式进行资金结算。

当时被称为 Libra 的加密货币最初设计的背书是一篮子发达国家的主权货币。这种货币的价值与一篮子多个可信货币的市场价值挂钩，每个 Libra 的价值约为一美元。这一计划迅速引起美国监管机构的关注，因为监管机构担心独立的 Facebook 发行的货币会在互联网平台上创建一个主权经济体和伪国家（事实上，一些新闻文章甚至将 Libra 描述为"扎克币"和"Face 币"）。

此外，一些监管机构担心 Libra 可能取代那些倾向于使用一篮子发达国家货币而不是自己国家货币的第二和第三世界国家的本国货币。因此，Libra 难以获得进展，并更名为 Diem，该项目使用以用户本币计价的单一货币稳定币，每个稳定币都由现金储备和短期国债支持。然而，对于 Diem 来说仍然存在太多监管障碍。最终，Facebook（现在是 Meta）放弃了这个项目。（详见下面专栏"扎克币：从 Libra 到 Diem"。）

扎克币：从 Libra 到 Diem

2018 年 5 月，前 PayPal 总裁、当时的 Facebook 副总裁唐·马库斯（Dan Marcus）宣布他正在 Facebook 内部领导一项新的区块链计划，这标志着 Facebook 在支付领域的雄心开始变为现实。根据 CoinDesk 的一份 Libra 时间线报告，Facebook 在七个月后宣布正在为 WhatsApp 转账构建一个稳定币系统。2019 年，势头加快，Facebook 开始收购智能合约开发者 Chainspace，并宣布正在建立一种可以在其多个平台上使用的加密货币。2019 年 3 月，它开始招聘"区块链联络员"，随后在 2019 年 5 月采取了一系列行动，包括聘请了 Coinbase 的老将，并在日内瓦注册了一家新公司"Libra Networks"。

这一系列举措也引起了美国参议院委员会的警觉，它在 2019 年 5 月向 Facebook 发函，要求获得有关其加密货币项目计划的更多信息。这可能并没有起到积极作用，因为一些新闻文章将 Libra 描述为"扎克币"和"Face 币"。

Facebook 在 2019 年 6 月正式公开宣布 Libra 计划，将 Libra 定义为"一个具有雄心勃勃的愿景的分散化的自治组织的一部分……和一个无边界、易于转移的交换手段"。在公告发布当天，为此担忧的美国议员呼吁在 Libra 向美国政府提供更多关于其战略和计划的信息前，停止 Libra 的进展。7 月，大卫·马库斯同意在美国参议院银行委员会和美国众议院金融服务委员会作证。在 Facebook 与美国政府之间的一系列争执之后，Facebook 在 2019 年 7 月底向美国证券交易委员会提交的一份披露文件中表示，Libra 可能永远无法正式推出。

可以说，因为诸多原因 Libra 注定要失败，其中最关键的攻击来自美国和全球监管机构，以及随后受到沮丧的美国企业合作伙伴如 Visa 和万事达卡的打击。从美国开始，监管机构的反对始于 2019 年 6 月，当时美国议员发出警告，要求"立即停止"Libra 的进展，直到立法者有更多关于 Libra 的战略和未来计划的信息。随着 Libra 的发展，政策制定者继续提出担忧，美国参议院银行委员会于 2019 年 7 月就 Libra 举行了听证会，而美国财政部长史蒂文·姆努钦指出，考虑到 Libra 可能被用于严重犯罪活动，他"对 Libra 感到不舒服"。

在美国以外，持悲观态度的监管机构还有欧洲委员会。在 Libra 公开亮相两个月后，欧洲委员会宣布已经开始对 Libra 协会的运作进行反垄断调查。欧洲央行也以类似的批评方式做出了反应，2019 年 9 月，欧洲央行表示，Libra 可能会"损害欧盟的货币政策"，可能还会影响欧洲央行对欧元的控制。同月，法国经济和财政部部长布鲁诺·勒梅尔宣布，Libra"不会被允许以其当前的形式推出"。

此外，由于 Facebook 作为社交媒体巨头，规模庞大，许多国家的监管机构认为该公司将完全依靠其用户基础，在许多国家特别是较小的国家运营一个平行经济，而这并不是它们愿意接受的。因此，它们迫使 Facebook 在其加密货币项目上放慢脚步，而该项目当时已更名为 Diem。

　　2019 年 6 月，根据 CoinDesk 的报道，Libra 项目没有那么知名的时候，曾经有一丝生机，因为当时 Visa、PayPal、Stripe 和万事达卡都表示支持该项目。然而，监管机构和 Facebook 之间的矛盾不断，浇灭了 Libra 支付合作伙伴最初的热情。仅仅几个月后的 2019 年 10 月，它们全部退出了 Libra 协会。合作伙伴的退出让 Libra 失去了重要的美国支付处理器，对 Facebook 构建一个分布式的全球加密货币的计划造成了重大打击。同月，马克·扎克伯格在美国众议院金融服务委员会作证时表示，如果 Libra 在获得所有需要的监管批准之前推出，Facebook 将"退出 Libra 协会"。

　　2020 年，监管机构和全球金融机构的负责人对 Libra 表示更多的疑虑。由于合作机构的支持不足，Libra 协会在 2020 年 4 月修改了其白皮书，并在一份让步性声明中宣布，"不再是由一篮子资产支持的单一稳定币，而是计划发行一系列由单一资产支持的稳定币"。换句话说，Diem 将使用以用户本国货币计价的单一货币稳定币。这将使 Diem 成为一个更加分散的货币服务提供商，而不是一个集成的、庞大的金融系统。

　　2020 年的后几个月，更多的组织加入了 Libra 协会，其中包括非营利组织 Heifer International 和新加坡的国有投资公司 Temasek，使 Libra 协会的总成员数量增至 27 个。2020 年 5 月，Libra 的钱包提供商 Calibra 进行了品牌重塑，更名为 Novi。然而，仅仅七个月后，第二次品牌重塑发生了，Libra 协会将自己称为"Diem 协会"，这是 CoinDesk 称之为"为了与 Libra 最初的多币种篮子愿景保持距离的努力"的一部分。

　　2021 年，我们看到 Diem 的发展放缓。可以说，与 Diem 相关的最重要的事件是 2021 年 10 月 Novi 在美国和危地马拉推出试点，而 Diem 明显缺席。最终，Facebook（现为 Meta）放弃了这个项目。2022 年年初，Diem 背后的知识产权和技术被 Silvergate Capital 以 1.8 亿美元的价格收购。

　　然而，Meta 成为金融巨头的雄心并没有结束。如今，Facebook 进军支付领域的中心是 Novi，这是一个旨在让用户快速、廉价（在许多情况下免费）地在全球范围内转移资金的数字钱包。一旦用户通过借记卡和身份证明确认了自己的身份，Novi（前身为 Calibra）数字钱包将自动与他们的 Facebook 用户资料进行集成。

对于全球超过 10 亿没有获得面对面银行服务的人来说，Novi 很可能成为他们首选的发送和接收资金的选项，特别是当越来越多来自新兴市场的人开始拥有手机并可以轻松创建 Facebook 个人资料时。移动支付应用在时间和费用上无法与 Novi 数字钱包竞争，后者可以依靠一个庞大的内置分发平台（即使这种稳定币不是 Meta 自己的稳定币，如 Libra、Diem）。

同样地，我们可能会看到更多的大型科技公司开发自己的数字钱包来处理加密货币和稳定币，特别是当它们努力基于移动互联网上的现有平台构建自己的元宇宙时。例如，Twitter 已经决定将其"打赏"功能推广至全球用户，包括比特币支付。这个新工具使用户能够连接到支付平台，包括 Cash app、Venmo 和其他平台，这样粉丝不仅可以通过点赞推文来表达支持，还可以通过发送资金来表达支持。

现在，加密货币行业正在等待埃隆·马斯克揭示即将推出的 Web3 版 Twitter，正如马斯克所说，它是互联网上的"事实上的市政广场"。2022 年 4 月，马斯克同意以 440 亿美元的价格收购 Twitter 并计划将该公司私有化，这是科技史上金额最大的一笔收购。马斯克提出的一个潜在变化是使 Twitter 的信息流算法"开放源代码"，因为开放源代码编程是支撑许多区块链应用的去中心化理念的关键。

正如下一章将讨论的那样，Web3 社区不仅需要与大型科技公司的数字钱包和支付系统（以及主权央行数字货币）竞争，还要通过开发创作者自己的"开放元宇宙"来与大型科技公司的"封闭元宇宙"（以及主权数字基础设施）竞争。

第 10 章

基于区块链的 Web3 创作者经济

- 宪法 DAO 和 Web3 治理
- 重新设计元宇宙中的公司
- YGG、开放元宇宙与大型科技平台的对比
- 挑战 1：互操作性和"区块链互联网"
- 挑战 2：政府支持的元宇宙
- 挑战 3：Web3 初创公司是否会成为新的"大型科技公司"
- 创作者宇宙：未来的创作者经济

10.1 宪法 DAO 和 Web3 治理

2021 年 11 月，来自世界各地的数千人共同组成了一个去中心化自治组织（DAO），竞拍《美国宪法》的 13 本原始文本中的 1 本。DAO 是一种自我管理的组织，其透明规则被编码为计算机程序。DAO 的成员通过这种互相商定的治理方式，使用特定的加密货币或代币来实现他们的激励机制。

作为对贡献的回报，"宪法 DAO"的参与者获得了数字代币，这些代币赋予他们在有关该文件的决策上投票的权利。支持者围绕着利用民主决策机构获得世界上最著名的民主象征之一的共同信念团结起来。DAO 以加密货币的形式筹集了约 4 700 万美元的资金，但最终在拍卖中输给了对冲基金

Citadel 的首席执行官肯·格里芬（Ken Griffin）。然而，这表明具有共同信念的人们可以组织起来，在过去只向最富有的个人开放的制度论坛中参与竞争。（见下面的专栏：宪法 DAO。）

宪法 DAO

在某种程度上，宪法 DAO 让人想起了 2021 年 1 月由 SubReddit r/Wallstreetbets 组织的 GameStop 空头攻击，这是因为它的去中心化组织方式以及在短时间内获得的财务势头。尽管宪法 DAO 在竞标中输给了对冲基金 Citadel 的创始人格里芬，但这仍然是一次惊人的展示，展示了一个 DAO 可以多么迅速地动员和调动大量资金为共同目标而战。值得注意的是，拍卖《美国宪法》副本的苏富比拍卖行以前从未与 DAO 打过交道。

根据 The Verge 的一份报告，宪法 DAO 最初是为了开心而成立的。对于一群通过互联网聚在一起的人来说，购买一份像《美国宪法》这样神圣而严肃的文件似乎很有趣。最初在 Discord 上开玩笑的事情演变成了以太坊上的一场巨大的筹款活动。

根据 2021 年 TechCrunch 的一篇文章报道，宪法 DAO 的 Discord 推出仅一周内，DAO 在 DAO 平台 Juicebox 上筹集了价值 4 000 万美元的 ETH。宪法 DAO 的 Discord 服务器会员数量从 0 增长到 8 000 多人，而宪法 DAO 的官方 Twitter 账号在活动结束时估计："我们有 17 437 位捐助者，捐款中位数为 206.26 美元。其中相当大比例的捐款来自首次初始化的钱包。"根据前面提到的 The Verge 的报道，如果宪法 DAO 成功竞标获得文本副本，DAO 计划通过投票决定文档的未来，投票权重由每位贡献者拥有的治理代币数量决定。

尽管宪法 DAO 未能赢得《美国宪法》副本的竞标，但它仍然是关于 DAO 和更广泛概念的 Web3 的令人着迷的展示。如果我们以宪法 DAO 为例，传统公司或风险投资公司虽然可以筹集资金，但可能无法以如此令人瞠目结舌的速度完成，也无法获得同等的媒体关注，因为公司和风险投资公司通常结构更集中，决策速度更慢。

尽管宪法 DAO 最终输给了其他竞标者，但这一活动将 DAO 推向了主流新闻头条，并激发了一系列类似的项目。例如，宣布计划购买高尔夫球场的 LinksDAO，购买 NBA 球队的 Krause House DAO，以及在怀俄明州购买土地的 CityDAO。一些人可能认为这些半成品的尝试是加密经济鲁莽行为的证据，但这些引人注目的事件只呈现了 DAO 现象中的一小部分。DAO 不仅仅是为了筹集资金购买奢侈品，由于去中心化、透明度和共享所有权是 Web3 的基石，或许 DAO 结构将彻底改变人类社区的组织方式。

DAO 因各种目的而组建（见图 10-1）。当前由智能合约平台开发的 DAO 主要包括协议 DAO、投资 DAO、慈善 DAO、服务 DAO、媒体 DAO、社交 DAO 和收藏 DAO。例如，许多 DeFi 应用程序（如 Uniswap、Aave 和 MakerDAO）由 DAO 治理，通过区块链上的自执行智能合约提供协议开发和资金管理机制。与传统资产管理业务相比，DAO 不需要可以信任的投资经理；相反，其运作周期嵌入在区块链上的智能合约中。

按类别划分的主要DAO

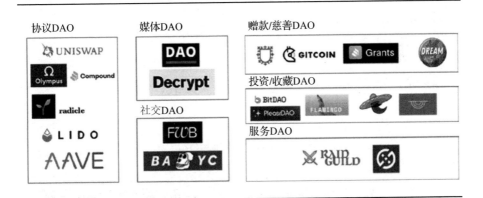

图 10-1　为各种目的构建的 DAO

资料来源：Coinbase，"DAO：可以重新连接世界的社交网络"，2021。

因此，更重要的问题是：几个世纪以来，公司一直是私营部门组织人类活动的默认模式，但在公司发展过程中，解决的经济难题的性质发生变化时，Web3 上的最佳治理模式应该是什么？DAO 使个人能够合作、管理项目、拥有和投资资产，就像传统组织一样，但它们可以提供更高水平的透明度、开放性和更大程度的民主治理。在元宇宙中，DAO 可能成为促进合作的默认机制。

10.2 重新设计元宇宙中的公司

当我们将 DAO 与公司进行比较时，值得注意的是，如今世界上大多数公司的结构基本与 17 世纪的公司一样：由管理团队组建和经营的公司接受投资者的资金，而投资者则成为公司的股东，以追求最大化股东价值为首要（有时是唯一）使命。

这种公司结构一直是资本主义的动力，既有好的方面，也有坏的方面。好的方面导致了现代资本市场和业务效率的显著提高，而坏的方面则经常表现为追求利润高于一切，甚至以牺牲 ESG（环境、社会和治理）为代价。此外，由于中央集权的治理结构，公司的高管和大股东通常能够拥有不成比例的控制权。

例如，在当前的互联网经济中，无论是 Twitter 上的作者还是 TikTok 上的短视频制作者，几乎对这些平台的运营方式没有任何影响，并且对自己创造的内容所产生的收入几乎没有任何权益。这些巨头对数十亿用户数据的垄断引起了社会的关注。

DAO 由于其独特的结构，提供了聚焦于社区而非仅仅利润的承诺，并可能提供更具社会意识的结构。DAO 有潜力改进几百年来没有实质性变化的公司组织形式，使创作者和用户更广泛地参与数字世界中的全球合作（见图 10-2）。

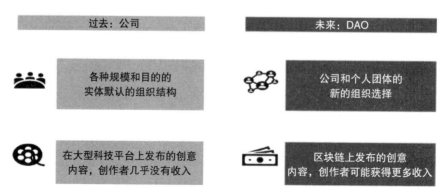

图 10-2 创造者经济中的公司与 DAO

为什么 DAO 可以成为元宇宙的治理方式？简短的回答是：区块链和加密资产起源于 DAO。回想一下第 3 章对加密货币的讨论，你会意识到比特币网络是第一个也是最简单的 DAO。任何人都可以随时加入比特币网络成为节点，提供计算能力以赚取比特币，同时确保账本的安全。例如，每当你购买一些比特币，交易都会记录在比特币区块链上，这意味着记录被分发到世界各地的数千台个人计算机上。同样重要的是，你可以随时轻松地离开这个生态系统。

作为一个公链，比特币也是透明的。与传统的公司账簿不同，任何人都可以在互联网上查看所有的交易。许多人认为加密货币，尤其是比特币，是无法追踪的，主要用于不正当的目的，其实这是一个巨大的误解。区块链是一种公开的活动账本。因此，可以追踪资金从一个账户到另一个账户的流动。这种去中心化的记录系统非常难以控制或操纵。

通过比特币的例子，我们可以看到 DAO 相对于公司的一些独特优势，例如：

- **最大限度的自动化和最小化的生态系统管理成本**。从管理的角度来看，除了 DAO 本身，不需要任何员工。
- **灵活性**。在组织结构方面，贡献者可以自由加入和离开社区，外部承包商可以来自世界各地，不一定局限于一个特定的地点。
- **透明度**。各种类型的交易都可以被所有允许的参与方追踪和审计，从而实现更高的透明度，减少欺诈行为。

以太坊和新的区块链进一步支持智能合约，基于这个基础派生出的各种应用都是基于代码规则的 DAO 来实现的（见图 10-3）。区块链技术确保了"代码即法律"，而 DAO 则促进了规则的有序制定和执行，这两者都是元宇宙的基石。未来，由社区价值观和利益驱动的特定目的 DAO 将变得更加普遍，DAO 之间的合作也将增加。

当然，DAO 也有其脆弱性。与传统实体不同，DAO 缺乏法律人格或中央权威人。尽管公司有 CEO 和董事长，但从法律角度来看，DAO 基本上意味着"所有参与者"。因此，我们仍然不清楚在司法程序中应该由谁代表 DAO，并为税法目的提交税务申报。最终，很难确定对 DAO 运营负责的实体或个人。

通过区块链上的智能合约实现组织所有权的民主化

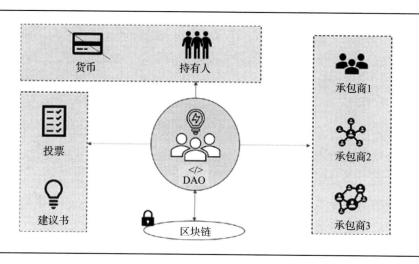

图 10-3　智能合约扩展了 DAO 的实现

资料来源：改编自 CodeCentric.de 博客，2017。

最重要的是，使 DAO 在虚拟世界中灵活和自治的关键结构——智能合约，也在现实世界中面临着挑战。DAO 的主要假设是 DAO 运营的规则完全基于区块链上智能合约的代码。然而，我们的实际生活并不完全发生在元宇宙中，我们仍然处于现实世界中。因此，DAO 结构必须考虑其与现实世界活动的重要联系，这在现有的 DAO 应用中尚未完全得到测试。

例如，如果宪法 DAO 成功赢得了《美国宪法》的稀有副本的拍卖，它可能需要与律师、保管人和保险公司等现实世界中的个人和机构合作（它们在图 10-3 中被称为"承包商"）。因此，DAO 必须像传统公司那样，建立一些处理现实世界中的保护、利益和责任关系的方法，就这些艰难的挑战必须得到解决，DAO 才能够充分发挥其改变现实世界的潜力（除了虚拟世界）。

总结一下，目前来说，DAO 仍然是未知的领域。要在现实世界中充分实现它的潜在好处，DAO 必须克服一些重要的障碍。但是，DAO 治理有望取代古老的公司制度，发展一个新的 Web3 系统，在这个系统中，用户将更多地控制自己的数据，个体创作者可以更直接地与粉丝一起将内容货币化，所有参与者将使用更灵活的支付机制。在下一节中，我们将通过一个案例研究来探讨游戏行业如何通过更加去中心化的治理方式发展（正如在第 6 章中所讨论的，游戏是元宇宙的早期版本）。

10.3 YGG、开放元宇宙与大型科技平台的对比

YGG 是区块链上一个强大的 DAO 的优秀示例。YGG 是 P2E 生态系统中的一个关键参与者，经常与 Axie Infinity（请参阅第 6 章的介绍）一同被提到。根据 YGG 的官方网站，YGG 是一个全球 P2E 游戏社区，玩家可以在社区中玩 Axie Infinity、The Sandbox、League of Kingdoms 和其他基于区块链的游戏这样的 NFT 游戏来赚取真实的货币。该公司 2021 年的白皮书将 YGG 定义为一个用于投资虚拟世界和基于区块链的游戏中使用的 NFT 的 DAO。YGG 的使命是创建全球最大的虚拟经济，最大限度地利用其社区拥有的资产，并与代币持有人分享利润。

正如其名称"Yield Guild Games"这一名字所暗示的，YGG 以 DAO 的形式组成，与中世纪行会有一些相似之处。YGG 游戏玩家就像早期专业行会中的手工艺人一样，从一个团结的组织中获得协会效应的好处。YGG 行会为个体玩家（即"YGG 学者"）提供了租用 NFT（如 Axie）以开始游戏和赚钱的手段，类似于中世纪行会的手工艺人可以向行会成员请求租用工具或经济援助，以发展自己的事业。YGG 的协会效应使得其行会成员从中受益，因为每个成员可能会发现，在 YGG 生态系统中能够相对轻松地接触到他们自己很难单独接触到的如此多样的游戏或其他玩家。（详见下面的专栏：中世纪行会和 YGG 学者。）

中世纪行会和 YGG 学者

YGG 的真正有趣之处暗藏在其名称中：YGG 是一个基于元宇宙的行会。在中世纪，各种不同行业的工匠会建立行会，以促进专业网络、经济合作和相互保护（无论是个人安全还是市场参与方面）。行会作为一种商业组织形式，自中世纪以来就存在，现在作为艺术家和作家的组织的行会形式在现代也得以保留。YGG 与中世纪行会最主要的相似之处在于经济合作和互

惠元素。它始于一种慷慨的行为。2018 年，游戏行业的资深人士加比·迪桑（Gabby Dizon）将他的 Axie Infinity 代币"Axie"借给其他无法负担自己的初始 Axie 的玩家。（在第 6 章的相关讨论中，希望通过 Axie Infinity 赚钱的玩家需要获得三个 Axie。）

当迪桑意识到他的菲律宾同胞在新冠疫情期间如何利用 Axie 作为收入来源时，他决定创建一个全球性的 NFT 游戏社区，以为玩家和投资者带来更多积极的经济增长。根据 YGG 官方网站显示，迪桑与金融科技行业的资深企业家贝丽尔·李（Beryl Li）和一个化名为 Owl of Moistness 的开发者共同创立了 YGG。

通过"YGG 学者"计划，YGG 向其"学者"租借 Axies，学者无须预付费用即可玩游戏。奖学金使玩家和 YGG 平台可以共享收入，YGG 学者们从在游戏中赚取的收入中获得较高比例，而 YGG 则从学者们的游戏收入中获得较小的一部分来为自己的平台提供资金。YGG 官方网站显示，一些奖学金计划还提供培训和指导福利，以便玩家可以改进他们的游戏策略，更擅长游戏，为自己和 YGG 赚取更多收入。

由于 YGG 是一个 DAO，所以它具有 DAO 组织的特点。在该组织中，YGG 的成员可以就社区问题进行投票，例如应该玩的游戏类型和应该投资的虚拟资产类型。《商业世界》的一篇报道表示："从本质上讲，YGG 是一个 P2E 游戏玩家社区。例如，可以将其视为一个大型多玩家在线（MMO）协会，但它在多个游戏中运营，投资于这些游戏，产生 NFT，并将这些游戏中的资产和库存借给 YGG 的玩家群体。"在新冠疫情后期，YGG 为其成员提供了一个元宇宙平台，让他们见面、组织、赚钱和动员，这是行会应该做的。

当像 YGG 这样的游戏 DAO 规模变大时，现有互联网经济中的大型科技公司自然不会坐视不理。它们也将游戏视为通往元宇宙的有前途的道路，并积极进军视频游戏行业。2022 年，微软、索尼、Take-Two、腾讯和华纳音乐集团等互联网和娱乐巨头宣布与游戏公司进行了前所未有的并购和合作（见表 10-1）。这一系列超过 700 亿美元的重大并购交易将加速大型科技公司进军区块链游戏领域，并彻底改变游戏行业的格局。

表 10-1 2022 年前所未有的游戏并购和合作交易

买家	目标	收购价格	区块链游戏倡议
微软	动视暴雪	670 亿美元	随着动视获得更多资源,微软将加快其 NFT 游戏业务
Take-Two	Zynga	127 亿美元	Zynga 于 2021 年 12 月与区块链游戏巨头 Forte 建立了合作伙伴关系
索尼	Bungie	36 亿美元	Bungie 正在作为开发者探索区块链游戏
腾讯	Sumo 集团	12.7 亿美元	Sumo 与区块链公司 Dapper Labs 合作,自 2020 年以来探索 Flow 区块链游戏
华纳音乐集团	Sandbox	未披露	Sandbox 是一个 P2E 游戏平台

其中,微软对动视暴雪的收购是最引人注目的。2022 年年初,微软宣布以 687 亿美元现金收购动视暴雪。这是这家软件制造商迄今为止规模最大的一笔收购,几乎是 2016 年收购领英价格的三倍之多。如果交易能够获得监管机构的批准,微软将创建全球第三大游戏公司,仅次于中国的腾讯(世界上最大的在线娱乐公司,《英雄联盟》的发行人,持有 Epic Games 40% 的股份以及 Riot Games 的全部股份)和 PlayStation 制造商索尼。

微软一直是游戏领域的活跃参与者。对于许多人来说,微软是一家软件公司。然而,近年来,微软的公司战略已经围绕云、内容和创作者展开。例如,它负责开发和发布了一些历史上最大的游戏系列:《帝国时代》《极限竞速》《战争机器》《光环》《我的世界》《辐射》《微软纸牌》《微软飞行模拟器》《毁灭战士》《上古卷轴》等。

游戏是微软两个重要的元宇宙计划之一,在进行这项大规模收购之前,微软已经在 NFT 游戏方面进行了一些工作(另一个计划是将虚拟现实办公室和 3D 头像整合到其远程协作软件 Teams 中)。此次收购将为更多热衷于游戏的社群提供创建自己的游戏元宇宙的机会。微软的目标是创建一个庞大的游戏帝国,以便玩家可以绕过苹果直接前往(微软一直与苹果和谷歌在应用商店收费问题上存在争议)。

然而,当微软或 Facebook(Meta)这样的平台,其主要的商业模式是基于中心化数据的中介市场,却转向构建旨在开放、可互操作且由用户拥有的东西时,存在一些根本性的矛盾。大型科技公司的元宇宙与 DAO 的元宇宙之间最大的区别在于,后者在开放的、无须权限的区块链架构上运行——任何开发者都可以构建一个元宇宙应用，任何用户都可以获取和交易自己的虚拟资产。这就是"开放元宇宙"的愿景。

然而，在实现这个愿景之前，开放元宇宙还面临着三个主要挑战，将在下面的几节中讨论。

10.4 挑战1：互操作性和"区块链互联网"

"开放元宇宙"演进的一个重要方面是计算环境的互联性，这可能导致移动计算时代的"围墙花园"（walled garden，意思是封闭性）元素的侵蚀。事实是，尽管区块链在改进业务流程，创建新的商业模式，在价值链中提供交易透明度和数据安全性，并降低数据管理和交换的运营成本方面具有明显的潜力，但迄今为止尚未实现预期的大规模应用。是什么阻碍了区块链的发展？原因在于缺乏统一的技术标准和互操作性。

主要的挑战在于，由于传统的区块链架构不允许彼此之间进行通信，因此许多有潜力的区块链正在并行发展。单个的区块链网络本身不是开放的，并且它们具有不同的特征，例如交易类型、哈希算法或共识模型。每个区块链网络代表着完全不同的记录集，并托管不同的应用程序。这适用于所有主要的区块链，包括比特币和以太坊这两个主导链。结果就是产生了一系列并行但相互隔离的区块链生态系统，每个生态系统都由一个薄弱的节点网络支持，容易受到攻击、操纵和集中化的影响。

因此，对Web3来说，实现这些区块链网络的互操作性至关重要。区块链网络之间相互通信和共享数据的能力被称为区块链互操作性。今天的区块链互操作性可以与互联网初期的手机和电子邮件互操作性进行类比。

想象一下，如果建立在两种不同基础设施上的两个电子邮件平台之间无法互操作，那么发送电子邮件就没有意义了。例如，如果你无法从Gmail账户发送电子邮件到Microsoft Outlook上的账户，那将会怎样？移动通信和计算机操作系统也是同样的情况。如果你无法从iPhone拨打电话给Android智能手机用户，或者在Windows和macOS系统上使用Zoom的两个用户无法进行视频会议，那将会怎样？缺乏互操作性，使用互联网将变得极其困难。

互操作性不仅意味着不同的区块链系统能够相互通信，最重要的是能够在不需要中介（如中心化交易所）的情况下共享、查看和访问不同区块链网络中的信息。因此，越来越多的互操作性项目试图弥合各个区块链之间的差距。实现区块链互操作性的愿景基于几种功能和能力，包括与现有系统的集成、跨多个链的交易以及赋能应用程序，使其能够轻松切换到另一个基础平台。

建立行业标准并确定"网络之网络"结构，让行业网络汇聚在一起，是构建互操作性的最高效和可扩展的方式。这样的区块链网络代表了一张相互连接网络的"网"。这种架构允许组织与多个解决方案进行连接和交易，不限于单一网络，并为解决方案之间的互操作性开启了一个市场。"网络之网络"的模式正在不断发展，加密货币世界开始出现有前景的区块链中心。

例如，Cosmos 是最重要的互操作性解决方案之一，旨在成为一个可扩展和互操作的区块链生态系统。Cosmos 是一个优先考虑互操作性的智能合约平台，其架构基于"中心和分支"系统，一系列"分支"链通过区块链间通信连接到"中心"。Cosmos 的目标是创建一个"区块链互联网"——一个可以以去中心化的方式相互通信的区块链网络。

2021 年 4 月，Cosmos 达到了历史性的里程碑，推出了区块链互操作性的 Cosmos 标准——Inter-Blockchain Communication（IBC）协议。IBC 使独立的区块链能够在一个相互连接的网络中连接、交易、交换代币和其他数据，并实现规模化发展。短短 8 个月内，我们见证了一个强大的新经济的增长。到 2021 年年底，已经有 25 个链正式加入了 IBC。它们都能够连接到 Cosmos 生态系统提供的各种去中心化交易所（DEX），如 Osmosis、Gravity DEX 等。

为了解决互操作性问题，Cosmos 提出了一种模块化架构，IBC 中有两类区块链：Hubs（中心）和 Zones（区域）（见图 10-4）。区域是常规的异构区块链，中心是专门设计用于连接区域的区块链。当一个区域与中心建立 IBC 连接时，它可以自动访问（发送和接收）与中心连接的每个其他区域。因此，每个区域只需要与一组有限的中心建立有限数量的连接。中心还可以防止区域之间的双重支付。这意味着当一个区域从中心接收到代币时，它只需要信任该代币的起源区域和中心。

令人兴奋的是，IBC 不仅限于 Cosmos 构建的区块链。2022 年，Cosmos 正在努力与包括比特币、以太坊、Polkadot 和 Celo 在内的许多其他主要生态系统进行连接，从而可能解锁大量流动性，这些流动性将在这个"区块链互联网"中流动。与此同时，更多Cosmos这样的互操作性项目也在构建可扩展和互操作的区块链生态系统。

Cosmos IBC 协议的中心和区域

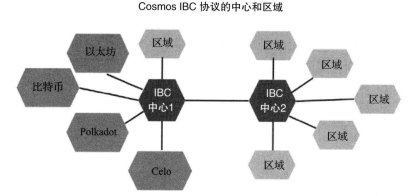

图 10-4　区块链互联网：Cosmos IBC 协议的中心和区域

资料来源：Cosmos。

展望未来，互操作性解决方案的出现可能从根本上改变人们对区块链的态度。在任何软件系统中，互操作性都至关重要——如果不能与其他软件一起工作，单个软件将无法发挥其全部潜力。在过去，计算机科学家花费了几十年的时间构建了我们现在称之为互联网的网络，只有当美国开发的TCP/IP编程协议被广泛接受并作为各种不同系统的通信方式时，互联网才变得具有变革性。

今天，互操作性是实现元宇宙的全部潜力的唯一途径，互操作性将使数据和解决方案的共享更加顺畅，智能合约的执行更加容易，用户体验更加友好，并提供更多发展合作伙伴关系的机会。这很可能成为实现区块链的广泛接受和采用的重要变革因素。只有当所有区块链能够无缝集成到一个统一的区块链互联网中，挑战现有的大型科技平台时，元宇宙才会到来。

10.5　挑战 2：政府支持的元宇宙

就像在数字货币的背景下，与Web3区块链基础设施有关的加密货币、大型科技平台代币和央行数字货币之间的三方竞争，开放元宇宙必须与大型科技平台和政府驱动的元宇宙竞争。

与推动区块链技术（包括发展中国的央行数字货币 e-CNY）并同时限制加密货币交易类似，中国将元宇宙技术和元宇宙代币进行了区分。2021 年 12 月，中国第二城市上海宣布，元宇宙研发将成为该市五年发展规划的重要组成部分。该市政府将"鼓励元宇宙在公共服务、商务办公、社交娱乐、工业制造、安全生产、电子游戏等领域的应用"。⊖随后，北京、武汉、安徽以及浙江、合肥等省市政府纷纷出台了支持元宇宙的政策。

与此同时，进入元宇宙领域已经成为中国互联网公司的热门话题。腾讯、阿里巴巴和抖音的母公司字节跳动等重要公司都宣布计划开始开发技术，有望成为元宇宙的关键参与者，这在它们的智能手机和移动互联网业务模式成熟之际尤为重要。自 2021 年以来，中国与元宇宙相关的注册商标数量飙升（见图 10-5）。

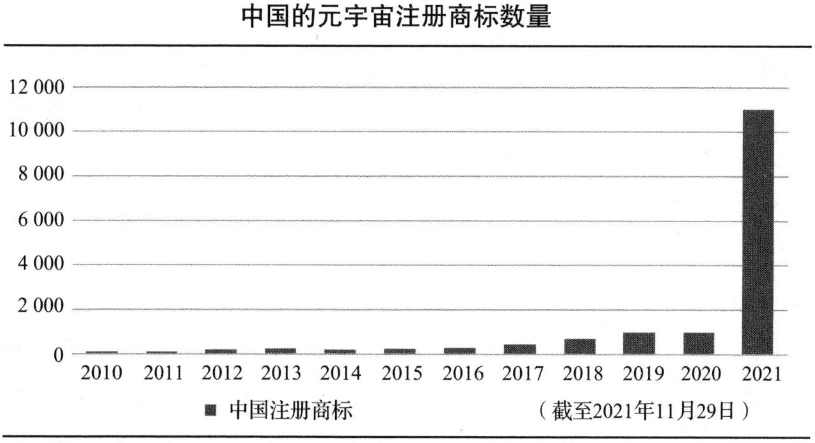

中国的元宇宙注册商标数量

图 10-5 元宇宙相关商标在中国如雨后春笋般涌现

资料来源：Quartz。

然而，比特币和以太坊等公链在中国属于非法，中国正在其由国家支持的区块链服务网络（BSN）中构建元宇宙基础设施的新版本，该网络运行的是中心化、私有、受许可的区块链。这样的基础设施对开发者开放。对于依赖加密货币的元宇宙应用程序，可能使用中国的数字货币作为代替。（有关 BSN 的背景信息，参见下面专栏：开放的区块链服务网络。）

⊖ 出自《上海市电子信息制造业发展"十四五"规划》。

开放的区块链服务网络

开放的区块链服务网络是由中国国家信息中心（SIC）进行总体规划和顶层设计（见图10-6），该中心隶属于中国国家发展和改革委员会（该委员会还制定了关于人工智能的国家发展政策），由中国移动，中国银联以及私营科技公司红枣科技共同开发的。

图 10-6　中国的 BSN

在 2020 年 4 月推出时，区块链服务网络开发联盟表示，该网络拥有 128 个公共节点。当时中国已有 76 个节点接入该网络，还有 44 个正在建设中，剩下的 8 个是海外城市节点（包括在试验阶段已经测试过 BSN 的新加坡），覆盖六大洲。因此，仅在中国国内，BSN 生态系统就立即成了全球最大的区块链生态系统。

2021 年，BSN 开始扩展到中国以外的地区。2021 年 9 月，BSN 在韩国推出了其首个国际扩展门户，由红枣科技管理，并与韩国区块链公司 MetaverseSociety 公司合作。根据 Forkast 新闻，MetaverseSociety 将独家运营韩国的 BSN 门户，提供区块链服务，使韩国的区块链开发者能够开发整合了以太坊、EOS、Polkadot、NEO、Tezos 和 Oasis 等框架的区块链应用。

除了韩国，红枣科技还在新加坡进行了关于 BSN 的努力。2021 年 7 月，CoinDesk 报道称，红枣科技在新加坡注册了一个非营利基金会，负责管理国际版本的 BSN。红枣科技希望在新加坡将 BSN 打造成一个"国际标准的开源社区"。

BSN 还在亚洲以外的地区扩展了其合作努力。2021 年 10 月，红枣科技在土耳其和乌兹别克斯坦分别设立了新的 BSN 门户，并与土耳其咨询公司土中商务匹配中心（TUCEM）签订了协议。CoinDesk 报道称，新的门户将允许土耳其和乌兹别克斯坦的区块链开发者使用全球 BSN 门户构建 BaaS 应用程序，支持以太坊网络、Algorand、Polkadot、Tezos、ConsenSys Quorum、Corda 等重要区块链。

总之，BSN 旨在包括尽可能多的区块链框架，并以统一的标准使其可以在中国国内外低成本部署。在中国，所有城市政府、国有企业和 IT 基础设施运营商都在积极准备采用并与该协议进行互操作。其多云架构已经包括了中国联通、中国电信、中国移动和百度云等国内公司，以及亚马逊 AWS、微软 Azure 和谷歌云等国外公司。

根据其官方白皮书，BSN 是一个跨云、跨门户、跨框架的全球基础设施网络，用于部署和运行各类区块链应用程序。在传统的联盟链应用程序中，每个参与者都必须构建和运营自己独有的节点和相应的共识机制，每个节点必须使用实体服务器或云服务通过互联网或内部网络与其他节点连接，从而形成类似本地局域网的隔离区块链应用。

在这种隔离的区块链结构中，应用程序设计者需要为每个联盟链建立一个新的区块链操作环境，这是非常昂贵的。例如，在主要云服务提供商（如阿里巴巴、华为）的平台上部署区块链应用程序可能会给用户带来每年数万美元的费用。更糟糕的是，服务器资源通常不能被充分利用。根据 BSN 背后的科技公司红枣科技的说法，只有 2% ～ 3% 的企业用户需要超过 1 000 笔 / 秒（TPS）的交易量，这样的交易量才能使用户充分利用云服务。因此，部署和维护带来的高成本是区块链创业者面临的一大障碍。

BSN 对区块链应用程序开发者具有吸引力，原因如下：

1. **BSN 的推出将使公司能够以超低成本获得区块链云计算服务，因为它使客户能够以更小的单位获得服务**。用户可以按需支付费用，目标定价低于每年 400 美元，这将使任何中小企业或个人都能够获得参与数字经济的关键工具并推动普惠金融的应用。

2. **BSN 旨在简化区块链应用程序的开发**。它为开发者提供了一个公链资源环境，类似于互联网的概念。就像在互联网上建立一个简单的网站一样，开发者可以方便地以低成本部署和运营区块链和分布式账本应用程序。根据红枣科技的说法，对于 BSN 用户中 80% 的开发者来说，构建一个应用程序就像在线填写一个表单一样简单（他们甚至不需要编写自己的智能合约；他们只需要在我们的系统中选择其中之一）。

3. BSN 计划增强不同区块链应用程序之间的连接性。在传统的隔离区块链环境中，不同技术标准的各种应用程序无法统一，因此业务数据无法相互交互，这限制了区块链技术的广泛应用（见图 10-7）。BSN 的白皮书指出，开发者可以使用单个私钥在多个框架上部署和管理应用程序，并实现它们之间的互联和互通（在此过程中，每个框架保留自己的智能合约和共识机制的独特特性）。

图 10-7　BSN 框架的五个主要部分

BSN 网络已经建立了一个庞大的区块链经济，2022 年 BSN 网络将其基础设施扩展到支持 NFT。与美国一样，自 2021 年下半年以来，中国的 NFT 市场迅速增长，谷歌的搜索数据显示，中国消费者对 NFT 的信息有着巨大的需求，与其他 70 个调查国家相比，中国对该词的搜索频率要高得多。但中国并没有像彻底禁止加密货币一样直接禁止 NFT 的发行，而是创建了自己的 NFT 基础设施，要求用户验证身份，并允许国家在监管机构怀疑存在非法活动（如洗钱和投资欺诈）时进行干预。

2022 年年初，由国家支持的 BSN 宣布正在开发一个中国市场特定的基础设施，以实现发行 NFT。为了与在中国以外以加密货币（在中国是被禁止的）进行交易的 NFT 区分开来，BSN 将 NFT 重新命名为去中心化数字证书（DDC），而 BSN-DDC 网络是一种用于构建符合中国法规的 NFT 的结构。

为了解决法律合规问题，所有官方的 DDC 都将在开放许可区块链上运行，这种区块链结合了公共链和许可链的特点。BSN 采用了一种被称为开放许可区块链（OPB）的技术，这是一种经过改进的区块链版本，可以由指定的组织进行管理。（比特币和以太坊等公链是"无许可"的，节点可以自由加入和退出。）

据 BSN 称，它已经整合了 10 个 OPB，可以在 BSN-DDC 上使用。这些是其无许可对应版本的本地化版本，限制了谁可以参与网络治理并使用法定货币进行支付。这 10 个 OPB 包括改进的以太坊（基于以太坊的武汉链）和改进的 Corda 区块链（基于 Corda 的遵义链）、由 Cosmos 的 IRISnet 提供支持的文昌链、基于 EOS 的中易链，以及国内的区块链，如由腾讯支持的金融科技公司微众银行发起的基于 FISCO BCOS 的泰安链。

实质上，DDC 与 NFT 是相同的，只是重新命名以强调其用于认证的用途。NFT 或 DDC 技术是一种数字认证和分布式数据库技术，可以应用于任何需要数字证明的场景。虽然 NFT 目前主要用于验证数字艺术作品，但在中国，最大的市场是各类企业的证书和账户管理。以车牌为例，这样的 DDC 系统将使车主、政府和保险公司能够控制访问里程、发动机号码和维修记录等数据，使得各方都了解其他方的权利。

BSN 表示，BSN-DDC 基础设施将为企业提供一个"多样、透明、可信、可靠"的一站式平台，让企业可以制作和管理自己的 NFT，而不依赖于在中国被禁止的加密货币。网络上的所有支付都将通过传统的非加密手段，如银行卡、支付宝或微信支付，以法定货币进行。与 BSN 上的 DApp 开发者享受的低廉的云成本类似，NFT 的铸造费用可以低至 5 角人民币（0.7 美分），这明显低于公链的费用。

这种廉价和便利的 BSN 基础设施可能吸引开发者和用户，特别是那些更关注合规问题而较少关注"无须许可"和"去中心化"的人（见图 10-8）。因此，BSN 和 BSN-DDC 网络代表了一个由国家支持的元宇宙生态系统的崛起，随着中国（以及更多国家）加速对元宇宙进行监管，该生态系统可能会迅速扩大。

图 10-8　国家支持的元宇宙基础设施具有三种优势

10.6 挑战 3：Web3 初创公司是否会成为新的"大型 科技公司"

开放元宇宙的愿景是分散所有权和共享利益，这与当前数字经济中的中心化大型科技平台形成鲜明对比。虽然离建成最终的元宇宙还有很多年的时间，但我们已经开始看到一些打破"围墙花园"的进展。Epic Games 和苹果的冲突是一个很好的例子。

2021 年，游戏平台向大型科技公司发起了挑战，Epic Games 以反垄断违规为由起诉了苹果。这起案件是平台所有者（苹果）和大型游戏公司（Epic Games）之间的一场重要冲突，在游戏是最大的媒体和社交网络的时代，这两家公司可能会制定参与和竞争规则。Epic Games 对苹果在《堡垒之夜》等游戏中对每笔虚拟物品交易收取 30% 费用的政策提出了挑战。负责该案的联邦法官裁定苹果违反了加利福尼亚州《反不正当竞争法》（UCL）。然而，在这个复杂的反垄断诉讼中，法官在其他重要问题上支持了苹果的立场。

尽管在反垄断案中 Epic Games 几乎在所有指控中败诉，但它在一个重要问题上获得了胜利：在苹果应用商店之外推广应用内替代支付方式的权利。上诉法院在诉讼继续期间搁置了这场胜利，但这是苹果公司的一道裂缝。这一裁决可能会给替代支付提供商和游戏开发者更多获得自己创造的收益的希望，因为他们至少可以在应用商店之外的网站上推广更低价格的数字商品。

Epic Games 与苹果的案件凸显了现代内容平台的集中力量，这让游戏开发商陷入了困境。这个案件的胜利可能足以在游戏和应用开发者之间引发对应用商店现状的不满。此外，Epic Games 还在对谷歌提起了反垄断诉讼，2022 年该诉讼仍在进展中。根据 Epic Games 公司高管的说法，Epic Games 的目标是将《堡垒之夜》打造成一个平台，独立开发者可以在上面发布他们的游戏和其他形式的娱乐内容，并获得更多的收益。

具有讽刺意味的是，Epic Games 和 Roblox 这样的游戏巨头可能成为新的大型科技公司，尽管 Web3 的愿景是没有任何一家巨型公司能够占主导地位。但很可能这些游戏巨头有一天会在 3D、交互式互联网上拥有像苹果、谷歌和大型科技公司在现有的二维互联网上享有的统治地位。更重要的是，即使对于更注重"去中心化"的 Web3 初创公司，领先的参与者也以熟悉的中心化方式拥有了垄断权力。

例如，全球最大的 NFT 交易市场 OpenSea 在资本市场上可能比其他任何交易平台更为中心化。OpenSea 已经占据了全球 90% 以上的 NFT 交易市场流量，并从每笔交易中抽取 2.5% 的手续费（远高于"中心化"的纳斯达克证券交易所的股票交易的手续费率）。市场上有许多 NFT 交易平台（如 SuperRare），但掌控着巨大流量的 OpenSea 是其他平台无法企及的。在追求去中心化的过程中，OpenSea 是 NFT 领域的主导存在（见表 10-2）。

表 10-2　Web3 主要玩家的垄断力

具有统治力的玩家	加密货币部门	垄断指数
Gnosis Safe	加密资产的多重签名管理	99%
OpenSea	NFT 市场	90%
Chainalysis	加密安全和合规性	90%
Chainlink	Oracle	90%
MetaMask	通过浏览器扩展的加密钱包	85%
Uniswap	DeFi 交换	80%
Bitmain	加密挖矿设备	70%

资料来源：改编自 Wu 区块链，2022 年 3 月报道。

正如你所想象的，DAO 的出现分散了巨头 OpenSea 的权力。2021 年被称为"NFT 元年"，而 2021 年年末最重要的 NFT 事件是 OpenDAO 向 OpenSea 的用户进行的 SOS 代币空投（airdrop）。OpenSea 是用户数量、交易量和待售艺术品数量都最大的 NFT 市场。这一切触发因素可能是关于 OpenSea 可能首次公开募股（IPO）的传闻（但平台上的所有 NFT 创作者并没有股权）。因此，OpenDAO 作为一个数字原生社区 DAO 诞生了，其重点在于为创作者和收藏家创造一个公平竞争的环境。（详见下面的专栏：OpenDAO 在 OpenSea 上进行 SOS 空投。）

OpenDAO 在 OpenSea 上进行 SOS 空投

Web3 商业推广策略中的一些举措几乎是照搬早期互联网经济的，它们所使用的营销策略和组织结构仍然相似。2021 年的 SOS 空投及其与 OpenSea 的关联是一个很好的例子。

根据 Decrypt 在 2021 年 12 月的一份报告，2021 年的平安夜，在 OpenSea

上购买 NFT 的人都收到了一个惊喜的空投，他们可以领取名为 SOS（CRYPTO：SOS）的免费以太坊代币。SOS 是一个名为 OpenDAO 的去中心化组织的空投代币，尽管该项目与 OpenSea 没有官方关联，但截至 2021 年 12 月，接近 20 万个 OpenSea 钱包已经领取了 SOS 代币。在空投后的两天内，SOS 代币的价格上涨了 1 000% 以上，而 SOS 背后的合约市值达到了 2 亿美元。

根据新闻网站 Benzinga 的报道，OpenDAO 的网站为 OpenSea 用户提供了三个简单的步骤来领取他们的 SOS 代币：①连接 OpenSea 钱包，以便读取在 OpenSea 上进行的 NFT 交易数量（和金额）的数据；②估算 OpenSea 用户的奖励；③发起对 SOS 代币的领取请求。直到 2022 年 6 月 30 日，OpenSea 用户都可以领取 SOS（未领取的 SOS 将被发送到 DAO 的财务系统），用户随后可以将领取的 SOS 代币添加到他们的钱包中。

虽然 SOS 市值的惊人增长令人印象深刻，但实质上它仍然只是 Web3 环境下的一种营销策略。如果我们剥去 DAO、NFT、去中心化和加密货币等亮眼的字眼，SOS——OpenSea 的空投与一个护肤品品牌向所有曾经在公司留下手机号码的人邮寄最新产品的免费试用品有何不同呢？

OpenDAO 的空投介绍如下所述："SOS 感谢所有 NFT 创作者、收藏家和市场对整个 NFT 生态系统的培育。特别感谢 OpenSea 在推动 NFT 交易方面的领导作用。为了表示敬意，我们选择了 OpenSea 的收藏家进行空投。"然而，关键是所有 NFT 贡献者都应该得到回报。实质上，OpenDAO 试图以 OpenSea 的用户为基础，创建一个真正的"由创作者驱动"的平台，尽管 OpenSea 被视为"中心化"的平台。这代表了 Web2.0 和 Web3 之间的一场战斗。

虽然 OpenDAO 的活动持续时间很短，但社区向 OpenSea 展示了它在没有公司祝福的情况下所能做到的事情。SOS 可能会被遗忘，但它是关于"中心化"服务平台的辩论的第一步。因此，新的 NFT 市场 LooksRare 诞生了，以对创作者更加友好的协议与 OpenSea 竞争。

然而，事实是，Web3 的存在是基于某些关键基础设施的，因为并不是每个用户都希望在每次交易时编写代码、运行自己的服务器或者担心加密资产的安全性。因此，"中心化"的服务将不可避免地崛起，正如 Moralis（"构建、托管和扩展杀手级 DApp"）、Alchemy（"为全球区块链开发者提供动力"）、Infura（"将以太坊节点作为服务"）等许多例子所示。当越来越多的普通人加入元宇宙时，Web3 的原生加密货币用户将面临在"中心化"和"去中心化"基础设施之间找到平衡的挑战。

10.7　创作者宇宙：未来的创作者经济

尽管区块链互联网上的创作者经济面临挑战，但 Web3 仍然是一个强大的趋势。本章讨论的包括宪法 DAO、YGG 和 OpenDao 在内的 DAO 是其重要的实验。总体而言，它们标志着在元宇宙中建立一个运作良好的开放经济的重要举措，其中全新的所有权共享和去中心化治理是核心价值。

我们正在进入一个由用户和创作者拥有并通过代币进行编排的网络空间，通过分布式和去中心化组织来实现这一目标——这就是为创作者而设计的 Web3。如今，数字创作者经济只是主流数字经济的一小部分，但其核心领域正在增长，它们有潜力成为未来数字经济的核心——元宇宙。正如前面提到的，在这个领域大约有 5 000 万个内容创作者，其中大多数是业余爱好者（4 670 万人），大约有 200 万名专业人士（请参阅第 5 章"NFT、创作者经济和开放元宇宙"中的图 5-3）。这意味着越来越多的普通用户正在成为创作者。随着我们在下面探讨的创作者经济的三个阶段的发展过程（见图 10-9），这一趋势更加明显。

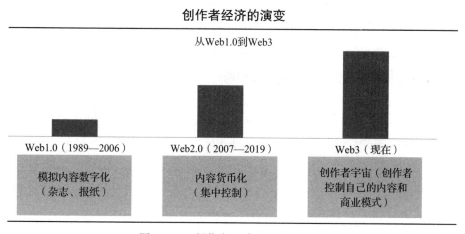

图 10-9　"创作者经济"的三次浪潮

10.7.1　阶段 1：被动互联网

过去，成为内容创作者的门槛非常高。要成为歌手，你必须与唱片公司签约；要成为作家，你必须与出版商签约；如果你想进入娱乐圈，电视频道的选择非常有限；至于电影，只有少数几家电影公司掌握了从创意、剧本、演员到制作、放映的所有业务线。

早年的互联网（Web1.0）对创意产业的结构几乎没有产生影响。Web1.0允许你发送电子邮件、浏览网站并在雅虎上搜索信息，也加速了内容的数字化（例如，纸质报纸的数字化），但它无法帮助普通互联网用户成为在线内容创作者。随着 Web2.0——移动互联网的崛起，这些瓶颈逐渐消失。（参考马文彦 2016 年的著作《中国的移动互联网经济》。）

10.7.2　阶段 2：移动互联网

Web2.0 由少数几家巨头公司——大型科技公司控制。它以 Facebook（Meta）等社交媒体平台的增长为特征，谷歌、亚马逊、微软和苹果等巨头公司也将社交和媒体内容纳入其软件和硬件业务中。它们积极而有意地构建"护城河"，以尽可能长时间地困住用户和价值，以便为这些平台（和它们的企业股东）获取尽可能多的"终身价值"。如今，创作者有许多可供选择的平台，但这些现有平台与创作者所有权的趋势相悖；相反，它们（而不是创作者）从创意产品中获得了大部分收益。

10.7.3　阶段 3：区块链互联网

在加密货币、去中心化金融、非同质化代币和更多基于区块链的技术融合的 Web3 世界中，用户和他们的权利（身份、数据、创作和财富）是核心。虽然仍然有一些帮助用户创作、发现或策展过程的平台，但用户完全控制输出，并可以在平台之间自由转移价值，以完全无须许可的方式进行转售和借贷。事实上，用户将拥有元宇宙中的站点和应用程序。

　　这意味着创作者和用户将从他们的创作和参与中获得最大的利益。创建内容将为用户带来财产权。参与在线社区足够多的话，你将以数字代币的形式获得一部分权利。用户而不是大公司将定义和管理社区及相关服务。这些迹象可能已经存在于游戏世界中。

　　正如前面提到的，游戏是与元宇宙最相关的应用之一，游戏中已经开创了可以产生收入的数字市场。是的，存在着与元宇宙相关的市场和平台，如《堡垒之夜》和 Roblox，它们在市场上占主导地位并具有中心化的特点，游戏开发者仍然通过自上而下获取创作收益。但一个有前景的趋势是，从底层激活创作者并实现自下而上的盈利，就像 Axie Infinity 和相关的 DAO，如 YGG 所展示的那样（见图 10-10）。

游戏中的价值转移

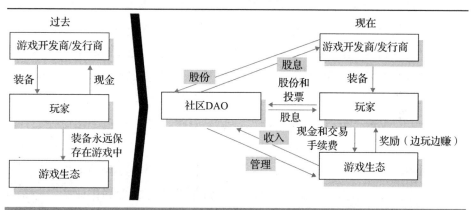

图 10-10　游戏价值转移——自上而下与自下而上

资料来源：Nansen。

　　对于区块链游戏，最常见的批评可能是 P2E 游戏并不能让用户做到他们在传统游戏中已经能够做到的事情。但这种批评未能意识到使用 NFT 可以绕过传统的分销机制，并实现点对点交易，从而摆脱大型科技平台的限制。此外，更多金融化的趋势也涌现出来，能够与去中心化金融（DeFi）实现更好的金融协同。开发者可以通过发行代币与游戏的支持者分享部分收益，而玩家可以在 DeFi 中使用他们的虚拟物品作为传统资产中的抵押物（例如，玩家可以通过在 NFT 中借出自己的剑来获得购买下一张战斗通行证的资金）。

这对普通用户来说为什么很重要？因为在未来的"创作者经济"中，每个人都是创作者，就像图 10-10 中的游戏玩家也是创作者一样。即使在 Facebook 更名为 Meta 之前，也已经有许多热衷于创作和消费的人聚集在像 YouTube、TikTok 和 Twitch 这样的平台上。未来，Web3 平台将推动这个社区的人数指数级增长，而这个社区位于不断增长的创作者经济的中心。现在，这一运动正在波及每一个可能的"创造性"事物，涵盖各种媒介。再以游戏部分作为"创作者扩展"的例子，游戏玩家玩游戏的速度总是比游戏制作人创作游戏的速度更快。因此，在高风险、高回报的游戏行业中，创造力的扩展效果较差。制作游戏的成本不断上升，人才是该行业最关键的瓶颈之一。因此，用户生成内容的崛起不仅是为了提高用户参与度，在很大程度上也是游戏发行商的必然选择。通过将创作过程开放给游戏玩家，发行商有效地将创新外包给了一大群充满激情的玩家。这极大地扩展了设计过程，并使玩家（同时也是创作者）有权作为业务的部分所有者获得报酬。

总结起来，元宇宙具有巨大的潜力，可以改变创作者开发内容和与受众互动的方式。Web3——第三代互联网，包括数字资产、去中心化金融、区块链、代币和 DAO（以及更多数字技术）的融合，将为人类带来全新的合作形式（见图 10-11）。一方面，全新的数字工具将使它们能够轻松地生产高质量的用户生成内容；另一方面，区块链技术将帮助它们管理创作业务，包括安全支付和数据隐私。未来能够蓬勃发展的创作者将是那些理解如何在元宇宙中提升自己技能的人。

这样，元宇宙提供了一个基于全球的、透明的和加密货币原生的去中心化账本的新型数字优先经济。元宇宙正面临与大型科技公司（它们开始将 Web3 的理念融入其中心化平台）以及提供经济、实惠、便利的许可区块链基础设施的主权国家的三方竞争。同时，加密货币世界也在与大型科技公司的代币和各国央行数字货币竞争。但这种三方共存无疑将推动未来 10 年前所未有的创新，以构建一个更好的互联网——区块链互联网。

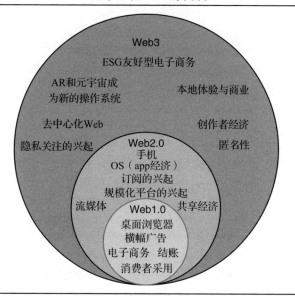

图 10-11　去中心化 Web 的演变：Web1.0 到 Web3

资料来源：高盛，"美洲技术框架 Web3.0 的未来"报告，2021。

A

空投（airdrop（crypto，NFT）） 空投是一种加密货币、代币或 NFT 的分发，作为促销或者作为参与体验或购买数字资产的附加价值，免费发送到 Web3 钱包地址。空投通常用于增加附加价值或吸引对品牌或体验的关注。

反洗钱（anti-money laundering，AML） 金融机构为了遵守法律要求积极监测和报告可疑活动而开展的活动。

原子交换（atomic swap） 指两方在完全不需要信任中心化交易所或第三方的情况下进行资产交换。在数字货币的"原子"交易中，如果涉及支付资产的交易中有一方失败，整个交易都将失败。

增强现实（AR） 一种技术，将计算机生成的图像叠加在用户对现实世界的视野上，从而提供一个综合视图。

逆向选择（adverse selection） 是指买方和卖方拥有不同信息的市场状况。拥有更多信息的用户认为交易有利可图时会有选择性地参与交易，这种行为降低了市场的质量。

自动做市商（automated market maker，AMM） 自动做市商使用由流动性提供者存入资金池中的一对资产。交易者可以在资金池中交换其中一种资产以获取另一种资产，并支付费用。价格将沿着流动性曲线随需求波动。Uniswap、Sushiswap 和 Pancakeswap 是自动做市商的热门例子。

应用程序编程接口（API） 应用程序编程接口提供开发者连接的端点，使开发者可以访问数据并以编程的方式执行功能。交易所会为用户提供 API 访问和 API 密钥，以便他们可以使用交易机器人和脚本进行程序化交易。

年利率 / 年化收益率（APR / APY） APR 表示借款或贷款中收取或获得的年利率百分比，但不考虑复利的影响。如果每月支付利息，贷方将获得利息的利息。APY 计算考虑了这种复利效应，但 APR 不考虑。

地址（address） 区块链钱包地址，如比特币和以太坊钱包地址，是公钥的同义词。这是你与他人共享的地址，他人可以通过这一地址向你的钱包发送资金。

审计（audit） 安全审计是指由外部组织对项目的智能合约代码进行检查。它提供了一些安全保障，但不能完全保证智能合约中资金的安全。并非所有审计师都是平等的；由 Certik、KnowSec 和 Slowmist 等领先的公司进行的审计具有更高的权威性。

B

Beeple，又名迈克·温克尔曼（Mike Winkelmann） 一位美国平面设计师，从事各种数字艺术创作，包括短片、创意共享的 VJ 循环、每日创作以及 VR/AR 作品。他是当前 3D 图形领域"每日创作"运动的发起者之一，他已经连续十多年每天从头到尾创作一幅图，并发布在网上，没有一天中断。

比特币（bitcoin） 比特币是一种去中心化的数字货币，没有中央银行或单一的管理者，可以在点对点的比特币网络上由用户直接发送给用户，无需中介机构。该货币就是比特币。

区块（block） 区块是区块链数据库中的数据结构，用于永久记录加密货币区块链中的交易数据。一个区块记录了网络尚未验证的最新交易的部分或全部内容。一旦数据得到验证，该区块将被关闭。

区块链（blockchain） 区块链是一种分布式账本技术（DLT），其中交易以点对点的方式进行，并广播给整个系统参与者，其中一部分或全部参与者会批量验证这些交易，形成区块。这种验证是通过系统的共识协议（如工作量证明或权益证明）执行的。经过验证的区块随后与主要的区块序列进行密码学链接，形成所谓的区块链。

区块确认（block confirmation） 交易所和支付协议通常要求最低数量的区块确认来存入资金。每当一个矿工找到一个哈希值并且区块被最终确定时，它就被视为一个区块确认。因此，如果一笔交易需要三个区块确认，这将是包含你的交易的区块，再加上两个顶部的区块。

区块高度（block height） 区块链中的区块数量，通常被用作智能合约中的一个实际时间机制，开发人员可以根据平均区块时间估计未来某个时间点的区块高度。

区块奖励（block reward） 区块奖励包括挖矿费用和矿工在找到满足难度要求的哈希值时获得的任何交易费用。每个区块都会为帮助保证区块链的安全而提供奖励，这是许多加密货币供应代币的方式。

区块生产者（block producer，BP） 区块生产者是在大多数权益证明区块链上其硬件被选择用来验证区块交易并开始下一个区块的人或团体。

联合曲线（bonding curve） 一种数学公式或曲线，用于定义资产价格与供应之间的关系。一些项目使用联合曲线合约在供应增加时提高出售代币的价格。

区块链服务网络（Blockchain-based Service Network，BSN） 中国国家支持的，由国家信息中心、北京红枣科技、中国移动和中国银联发起的多链托管网络。它是一个全球部署和运行区块链应用的共享基础设施。

C

央行数字货币（CBDC） 央行数字货币是央行发行的一种数字形式的中央银行货币，可以对公众开放（通用或零售CBDC），也可以对一组特定的持有许可的参与者开放，如金融机构（批发CBDC）。CBDC以国家的计价单位为单位计价，由央行发行和直接负责。

中心化交易所（centralized exchange） 中心化交易所是一种商业服务，作为交易中介，使特定资产与货币之间能够相互兑换。

保密性（confidentiality） 与对非授权方保密某些信息的能力有关。在某些法律体系中，保密性要求接收方有责任在未经披露者同意的情况下不向第三方泄露相关信息。有时，它也是被披露者和接收方之间的协议所保护的。

共识机制（consensus mechanism） 共识机制（也称为共识协议或共识算法）允许分布式系统（计算机网络）协同工作并保持安全。

联盟链（consortium chain，也称为联邦区块链） 联盟链是一种区块链技术，不是由单个组织管理而是由多个组织共同管理的平台。它不是公共平台，而是许可平台。

加密资产（crypto-assets） 加密资产是在分布式账本上运作并且涉及使用密码学的资产。比特币和以太坊等加密货币是其中的例子。然而，"加密资产"是一个广义的术语，还可以包括存在并且可以在分布式账本上交易的其他资产。

加密代币（crypto token） 加密代币是一种代表资产或特定用途的加密货币，运行在自己的区块链上。代币可以用于投资目的、储存价值或购买交易。

冷钱包 / 冷存储（cold wallet/cold storage） 冷钱包是一种将私钥离线存储来存储资金的方式。例如，文克莱沃斯（Winklevoss）兄弟是比特币的早期采用者，他们购买了一台笔记本电脑，设置了一个私钥 / 公钥对，将私钥分成三份，每份复制一次，然后将六份私钥分别放入全国不同的银行保险箱中。这是保护密钥安全的一个极端例子。主要思想是使黑客几乎不可能在与互联网没有任何连接的情况下获取你的密钥。

抵押品（collateral） 在进行期货交易或在借贷平台上借款时，会使用有价值的东西（抵押品）来对贷款进行担保。

可组合性（composability） 在 DeFi 术语中，可组合性是指形成 DeFi 协议的智能合约之间交互的潜力。一个合约可以连接到一个借贷平台以进行闪电贷，然后使用这些资金与自动做市商进行代币交换。

复利（compound interest） 当用户投资一笔资金时，通常会产生一个年利率。然而，利息通常会更有规律地支付，有时会每隔一个区块计息一次。这意味着我们今天收到的利息明天将开始产生利息。

合约地址（contact address） 智能合约地址类似于分布式网络上的邮政编码。它映射到虚拟机上可执行代码的内存地址。当我们想要与合约交互时，通常需要合约地址。一个常见的例子是代币地址，它描述了如何找到该代币合约的位置。

D

去中心化自治组织（decentralized autonomous organization，DAO） DAO 是加密货币中的一种形式化社区，在这种社区中，成员相互商定治理机制，通常使用特定的加密货币或代币，使他们的激励措施保持一致。

去中心化应用（decentralized app，DApp） 在区块链或点对点（P2P）计

算机网络，而不是单个计算机上运行的数字应用程序或程序。DApp（也称为"dapps"）不受单个权威机构的监管和控制。

去中心化金融（decentrallized finance，DeFi） 去中心化金融是一个泛指以太坊和区块链应用程序的术语，旨在颠覆金融中介机构。

交付对支付（delivery versus payment，DvP） 一种结算机制，确保资产的最终转移（即投资证券）仅在资产的最终付款转移发生时才发生。DvP 转移可以在一个司法管辖区内或跨境进行。

数字货币（digital currency） 通常用于指以电子形式存在的货币，可能存在实物形式，也可能不存在。数字货币通常具有货币的某些特征，例如作为价值存储工具、计价单位或交换媒介，尽管该术语也可以更加宽泛地使用。它们也可能具有商品或其他资产的特征。

数字身份（digital identity） 数字身份是一组数字凭证，用于代表和证明现实世界中的个人、组织或电子设备在电子或在线系统中的身份，以及他们访问特定信息和服务的权利。今天，数字身份通常采用通过公钥密码学创建的数字证书的形式，将公钥与身份详细信息和其他详细信息（如私钥和所有者的数字 ID）绑定在一起。

去中心化标识符（decentralized Identifier，DID） DID 是一种新类型的标识符，具有全球唯一性、高度可用性和密码学可验证性。DID 通常与加密材料（如公钥和服务终点）相关联，用于建立安全的通信渠道。

数字丝绸之路（digital silk road，DSR） "数字丝绸之路"是中国"一带一路"倡议的技术维度，已在几个领域取得进展，如无线网络、监控摄像头、海底光缆和卫星。

数字代币（digital token） 数字代币是在数字化且通常是分布式账本上表示价值的单位，例如资产或一篮子资产，包括实物资产（如商品、股票或房地产）。代币可以用于促进此类底层价值或资产的交易和所有权的转移。

数字钱包（digital wallet） 数字钱包是一种用于存储支付信息（如密码和私钥）的数字设备、基于软件的系统或在线应用程序。当涉及加密货币时，数字钱包也被用作存储私钥信息的机制，供用户访问其加密货币。

分布式账本技术（distributed ledger technology，DLT） 分布式账本技术是一个综合性术语，包括区块链技术，指的是允许不同位置的计算机在网络中提出和验证交易，并同步更新账本记录的协议和支持基础设施。许多分布式账本技术都无须集中的可信机构，而是依靠基于分布式共识的验证程序和密码签名。

去中心化交易所（decentralized exchange，DEX） 去中心化交易所包括基于订单簿的交易所（如 IDEX）和自动做市商（如 Uniswap）。订单簿交易所将列出买入和卖出价格，用户可以将订单放入订单簿中，由匹配引擎填充订单。自动做市商使用两种资产的流动性池，根据价格曲线在池中进行交易。

去中心化（decentralization） 整个区块链领域都建立在去中心化的概念之上。这意味着网络没有单点故障，而是围绕平等的节点构建。去中心化不是一个二元概念，网络可以随着时间的推移变得更加去中心化或更加中心化。

紧缩性代币（deflationary token） 紧缩性代币是一种随着时间减少流通供应量的资产。通常通过将代币发送到无人知晓的地址进行销毁来使其变得更加稀缺。

堕落者（degen） 在 DeFi 领域，"degen"是"degenerate"（堕落）的缩写，可以用作侮辱或称赞。通常指承担高风险策略的交易者、收益农民（yield farmer）或 NFT 收藏家。用毕生积蓄进行杠杆交易的人将被视为堕落者。

委托权益证明（delegated proof of stake，DPoS） 委托权益证明是一种共识算法，持有者可以将其投票能力分配给网络上的第三方节点。它消除了持有者自行运行节点的需求，因为他们可以通过投票来选择一个节点运营者，并相信该运营者会代表他们的利益来确保区块链的安全性。

衍生品（derivative） 衍生品是一种用于获得对基础资产敞口的金融工具。在加密货币领域，最流行的例子是永续期货合约。季度期货和期权合约是衍生品的其他形式。在加密货币市场上，衍生品的交易量比基础的现货市场更大，这意味着比特币期货的买卖量比实际比特币的买卖量更大。

数字签名（digital signature） 在将交易发送到构成区块链网络的节点之前，需要对其进行签名。这通过私钥或公钥对实现，通常由数字钱包（如 MetaMask）在后台完成。交易数据将被哈希加密，使用私钥和椭圆曲线密码进行签名。然后与公钥一起被发送给节点，以证明发送者批准该交易。节点具有密码学功能，用于检查签名与账户的公钥是否匹配。

双重花费（double spend） 比特币的最初突破是解决了双重花费问题，这确保了去中心化网络上的用户无法将他们的硬币发送到不同的地址上。共识机制确保只有一个区块将继续前进，并且只能包含代币的单一花费记录。

E

电子货币（electronic money，E-money） 电子货币是数字账户或物理设备（如芯片卡或个人电脑硬盘）中存储的货币价值，用作支付手段和价值储存。电子货币系统在不同的司法管辖区有所不同，但电子货币通常完全由法定货币支持，以中央银行或商业银行货币为计价单位，并可按面值与货币进行兑换。

以太坊（Ethereum，ETH） 以太坊是一个区块链平台，拥有自己的加密货币以太币（ETH），也被称为以太坊，以及自己的编程语言 Solidity。

ERC20 代币（ERC20 token） 大多数加密代币使用 ERC20 代币合约。在 Uniswap 或 SushiSwap 上交易的任何东西都是 ERC20 代币或在其上构建的变体。ERC20 代币具备创建、转移、批准支出和检查余额的功能。

ERC777 代币（ERC777 token） 与 ERC20 类似，ERC777 是可互换代币的标准，侧重于在交易代币时允许更复杂的交互。一般来说，它通过提供等效的 msg.value 字段（但用于代币）将代币和以太币更紧密地结合在一起。

ERC721 代币（ERC721 token） ERC721 代币是用于 NFT 的行业标准代币。它包含许多标准的 ERC20 代币功能，以及额外的声明和修改所有权并存储元数据的功能。元数据包含 NFT 所代表的数据，通常是数据的哈希值而不是数据本身。

ERC1155 代币（ERC1155 token） ERC1155 是一种新型的代币标准，旨在保留以前标准的优点，创建一个不关注可互换性并具有高效的 gas 费的代币合约。ERC1155 从 ERC20、ERC721 和 ERC777 中吸取了一些思想。

Etherscan 区块浏览器为任何人提供了搜索区块链网络上的交易、用户账户和区块的界面。Etherscan 是以太坊的区块浏览器，是行业的重要支柱。当用户发送交易时，他们通常会收到一个确认交易地址，可以将其复制粘贴到 Etherscan 中查看该交易的详细信息。

以太坊虚拟机（Ethereum Virtual Machine，EVM） 虚拟机类似于在笔记本电脑上的一个窗口中运行的 Windows 版本。可以将其视为在主操作系统上作为应用程序运行的操作系统。以太坊的虚拟机旨在对网络上数据的持久状态达成一致的网络上运行。不仅以太坊使用 EVM，其他链（如 BNB 智能链、Polygon 和 Avalanche）也使用 EVM。

F

法定货币（fiat currency） 法定货币是由政府法令确立的货币形式，通常由中央银行等货币当局发行。法定货币与历史上其他由政府发行的货币形式上的区别在于通常不以黄金或白银等商品作为支持。法定货币可以采用实物发行的纸币和现金形式，也可以采用电子方式发行，例如银行信用、中央银行储备或央行数字货币。

FOMO FOMO 是"害怕错过"的意思。当你在行业中努力工作，却发现你的优步司机对一种在 TikTok 上爆红的模因（Meme）代币的投资产生的收益超过了你的投资组合时，你就会产生这种感觉。FOMO 可能会导致我们在市场处于高点且即将进行调整时投资，这是最糟糕的时机。

公平启动（fair launch） 公平启动代币的概念由 Yearn Finance 推广，当其发布其治理代币时，没有任何团队份额或风险投资份额。它只是将代币赠送给使用该协议的人。这创造了一个至今受益于该项目的强大社区。

金融原语（financial primitive） 简单的金融产品，如贷款和保险，可以被归类为金融原语。它们是协议可以提供的基本金融服务。在 DeFi 的意义上，金融原语通常用于描述构建代币经济的完整生态系统。

闪电贷（flash loan） 闪电贷的概念相当抽象，它允许用户在没有抵押品的情况下借出数百万美元，但只能持续几秒钟。闪电贷必须在借出的同一个区块内还清，否则交易将失败。

分叉（硬分叉/软分叉，hard fork / soft fork） 区块链行业以其透明性而自豪，其中绝大部分代码都是开源的。这意味着可以进行分叉，将现有代码复制到我们自己的项目中，然后进行修改。当推出重大更改时，一部分节点可能不接受它们，而继续使用替代的或现有的代码。节点的这种分裂被称为硬分叉。比特币就经历过这样的事情，比特币现金就是由于对区块大小的争论未达成一致而分叉出来的。

G

GameFi 在最常见的用法中，GameFi 是指具有经济激励措施的去中心化应用程序（DApp）。通常，这些激励涉及通过执行与游戏相关的任务（如赢得战斗、挖掘珍贵的资源或种植数字农作物）获得代币奖励。这种方法也被称为"边玩边赚"（play-to-earn，P2E）。

游戏玩法（gameplay） 游戏玩法是指视频游戏中与用户游戏体验相关的功能。

燃气费（gas fees） 燃气费是指在以太坊区块链平台上成功进行交易或执行合约所需的费用或定价。

全球支付网络（global payment rail） 全球支付网络是指由加密货币实现的全球实时即时结算和清算的支付系统。

创世区块（genesis block） 区块链上的第一个区块称为创世区块。比特币的起源区块中有一条著名的编码信息，上面写着"《泰晤士报》2009 年 1 月 3 日财政大臣即将对银行进行第二次救助"。

Gwei 以太坊的原生代币以太币（ETH）可以分为十亿分之一的单位，称为 Gwei。这些单位在开发中使用得比在用户界面使用得更多。1 ETH = 1 000 000 000 Gwei。

H

哈希（hash） 哈希是一种满足解决区块链计算所需的加密要求的函数。哈希值的长度是固定的，因此如果有人试图破解区块链，几乎不可能猜到哈希加密值之前的长度。相同的数据总是会产生相同的哈希值。

HODL 2013 年 12 月，BitcoinTalk 论坛用户 GameKyuubi 发布了一条看起来像酒后的留言，宣称"我要 HODL"。由于拼写错误的"holding"（持有），这一帖子导致这一术语流行开来，现在在社区中被广泛使用。它的意思就是在涨跌中持有一项资产。通常被引用为"紧紧抱住不放"。

减半（halving） 减半事件发生在分配给矿工的新供应代币减半时。比特币网络大约每四年发生一次减半事件，下一次减半将发生在 2024 年。

硬件钱包（hardware wallet） 硬件钱包是一种小型 USB 设备，以安全的方式存储私钥和与其相关的资金。它通常可以完全与互联网断开连接，这使得黑客更难获取访问权限。

I

物联网（the internet of things，IoT） 物联网是指嵌入传感器、软件和其他技术的物理对象，是旨在通过互联网与其他设备和系统连接起来并交换数据的网络。

互操作性（interoperability） 互操作性指不同的计算机产品或系统之间能够轻松连接和交换信息，无论在实施还是访问方面都没有限制的基本能力。

不可变性（immutability） 区块链是不可变的，因为没有人能够更改现有的数据。区块相互链接并堆叠在一起，每个新区块都包含底层区块的哈希值。如果更改三天前的一个区块，那么自那时以来的每个区块都需要重新计算和重新写入。

暂时性损失（Impermanent loss） 当流动性提供者将资金存入自动做市商时，他们会获得费用作为承受暂时性损失风险的交换。如果一个资产价格上涨，另一个资产价格下跌，池子中将充满价值较低的资产。流动性提供者总是处于价格变动的不利一方。如果价格回到基准水平，（稳定币经常发生这种情况）就不会遭受暂时性损失。然而，如果价格变动是永久性的，损失也是永久性的。

K

了解你的客户（know your customer，KYC） 通常是根据法律规定的一系列过程和协议，适用于某些负有责任的机构（如银行），要求它们根据严格的全球或国家反洗钱、反恐怖主义和其他法律法规的规定，对客户的身份进行验证并保留记录。

L

第二层（layer 2） 是在第一层主链上的基于智能合约形成共识的子链。乐观扩容是第二层扩容解决方案的一个例子，它承诺以第一层的安全性为基础，提供更快速、更便宜的交易。

杠杆（leverage） 当交易者使用杠杆进行交易时，实际上是借钱进行交易。如果交易逆势而行，如果亏损接近并超过其抵押品仓位，交易者将面临被清算的风险。例如，用户可以向交易所存入100美元，以20倍杠杆购买价值2 000美元的比特币期货仓位，但如果比特币价格下跌接近5%，他们将面临被清算和损失存款的风险。

清算（liquidation） 在使用杠杆时，重要的是协议或交易所需要防止亏损超过已抵押资产。因此，如果未满足保证金要求，清算引擎将自动出售仓位以回收资金。行业中清算引擎的工作方式不同，但许多市场会出售资产，这可能引发清算级联和高度波动的价格走势。

流动性挖掘（liquidity mining） 协议通常需要资金进行运营。例如，借贷平台在开始放贷之前需要资金和借款方。DeFi 协议通常通过流动性挖掘获得初始资金。这是为了激励用户将资金存入平台。可以采取向早期采用者分发治理代币的形式，或者为 ETH/Native 对的 LP 代币提供高年化收益率作为回报，为治理代币提供流动性市场。

流动性池（liquidity pool） 流动性池通常包含可以进行交换的一对资产。例如，Uniswap 的流动性池可能以 ETH 作为基础资产，以 ERC20 代币作为交易资产。价格根据由池中资产的数量决定的曲线计算。如果有人用 ETH 购买 ERC20 代币，随着 ETH 的增加和从池中移除 ERC20 代币，价格会上涨。

流动性提供者（liquidity provider，LP） 流动性提供者通常会以相等的权重提供一对资产（例如 ETH 和 ERC20 代币）到流动性池中。每当有人在该流动性池中进行交易时，流动性提供者将获得手续费。在提供流动性时，他们将获得 LP 代币作为回报（见下一条）。

LP 代币（liquidity provider token，流动性提供者代币） LP 代币类似于存入资金的凭证，它们将自动发送到存入资金的地址。LP 代币可以转移，并且通常可以在 DeFi 平台上抵押以获得抵押奖励。

M

MakerDAO MakerDAO 使 DAI 成为世界上的第一个无偏见货币和领先的去中心化稳定币。

元数据（medadata） 元数据是用于提供关于该数据的一个或多个方面信息的数据；它用于总结数据的基本信息，这可以使跟踪和处理特定数据更容易。元数据主要有三种类型：描述性元数据、管理性元数据和结构性元数据。例如，文档的元数据可能包括作者、文件大小、文档创建日期和描述文档的关键词等信息，音乐文件的元数据可能包括艺术家的姓名、专辑和发行年份。

元宇宙（metaverse） 元宇宙是技术的多个元素（包括虚拟现实、增强现实和视频）的结合，使用户可以"生活"在一个数字宇宙中。元宇宙的支持者设想，用户可以通过从音乐会、会议到虚拟环游世界等各种方式与朋友保持联系、工作、娱乐。

挖矿（mining） 比特币和其他一些加密货币使用挖矿过程来生成新的代币并验证新的交易。它涉及全球范围内庞大的分布式网络的计算机，用于验证和保护区块链——记录加密货币交易的虚拟账本。

主网（mainnet） 主网是真实的区块链网络的术语，与测试网络相对。与用于测试目的的其他网络不同，主网上的代币具有货币价值。

保证金（margin） 保证金交易是用借来的钱进行的。总交易价值的一部分作为抵押品保留在账户中以覆盖潜在亏损。如果亏损超过抵押品的价值，将发生清算，交易者将失去抵押品。

市值（market cap） 加密货币的市值是通过将流通供应量乘以代币价格计算的。这通常是一个有争议的问题，领先的网站通常不将封闭代币和资金储备钱包纳入流通供应量。

做市商（market maker） 做市商会向传统交易所的订单簿提供流动性。他们通常会以不同的买卖价位来买卖同一资产，与当前市场价格有所不同。

最高纲领派（maximalist） 最高纲领派认为单一代币的价值高于其他一切。比特币最高纲领派在 2017 年年末兴起，最高纲领派宣称该领域的其他一切都是没有价值的。最近我们看到了更多的以太坊最高纲领派，其支持者认为其他链是毫无意义的。

Merkle 树（Merkle tree） Merkle 树是一种数据结构，使用哈希进行验证。根哈希可以用于验证不可信的点对点网络提供的底层数据块，可以验证每个数据块是否包含来自根哈希的承诺。

矿工可提取价值（MEV） 矿工可提取价值是矿工通过任意包含、排除或重新排序其所生成的区块中的交易可以获得的利润的一种度量。

货币乐高（money lego） 货币乐高是允许不同应用程序适应（或被塞入）其他项目的技术堆栈。例如，你可以将以太币（ETH）存入 MakerDAO，获得稳定币 DAI，然后将其在 Compound 上借给交易者，以赚取该网络的治理代币 COMP。

多重签名钱包（multiSig） 一种数字钱包，需要多个签名才能转移资金。例如，一个 Gnosis 多重签名钱包可以由一个团队设置，用于保护他们的资金。团队账户的签署者可能有五名成员，设置至少需要三个签名才能进行交易。每个用户将通过类似 MetaMask 的数字钱包获得一对私钥和公钥。然后，他们可以提出和签署任何转移资金的交易，但在三名团队成员签署该交易之前，交易不会生效。多重签名钱包可以用于降低盗窃、遗失密钥和被黑客攻击丢失资金的风险。

N

节点（node） 节点是连接到其他计算机的计算机，遵循规则并共享信息。全节点是比特币点对点网络中的一台计算机，它托管并同步了整个比特币区块链的副本。节点对于加密货币网络的运行至关重要。

非同质化代币（nonfungible token，NFT） 非同质化代币是存储在数字账本上的独特且不可互换的数据单位。NFT 可以与可复制的物品（如照片、视频、3D 模型、音频和其他类型的数字文件）关联起来，作为独特的物品存在。NFT 利用区块链技术提供公开的所有权证明。

O

Oracle 智能合约无法直接连接到外部数据源（如 API），因此，要将信息输入合约，必须通过诸如 Oracle 之类的服务。Oracle 可以提供任何类型的数据，但在 DeFi 中通常是来自中心化交易所的价格数据。这对于开发人员来说非常有用，可以防范链上价格操纵的风险。

P

边玩边赚（play-to-earn，P2E） P2E 游戏公司的一种新的商业模式，用户参与游戏可以获得奖励，奖品可以是平台生成的游戏内货币，也可以是游戏内的独特物品。这些资产的所有权记录在区块链上，通过可互换或不可互换代币的标准来实现。

支付对支付（payment versus payment，PvP） 一种结算机制，确保一种货币的最终支付只有在另一种或多种货币的最终支付发生时才会发生。PvP 转账可以在境内进行，也可以跨境进行。

点对点（peer-to-peer，P2P） 是指系统中对等方之间的交互，例如交易或信息交换，无须中介的参与。在区块链行业中，指的是在没有中介银行的情况下实现价值转移的系统，例如分布式账本技术。

专业生成内容（professional generated content，PGC） 由品牌自身生成的内容，通过图片、视频、博客文章等方式让人们了解其品牌，提供更多的内容。

权益证明（proof-of-stake，PoS） 一种加密货币的共识机制，用于处理交易并在区块链中创建新的区块。

工作量证明（proof-of-work，PoW） 一种需要大量计算才能生成的数据，但只需最小的计算量即可验证其正确性。比特币使用工作量证明来生成新的区块。

协议（protocol） 一组基本规则，允许在计算机之间共享数据。对于加密货币，它们建立了区块链的结构——分布式数据库，允许在互联网上安全交换数字货币。

隐私增强技术（privacy-enhancing technology，PET） 一种集成了技术过程、方法或知识的技术或系统，用于实现特定的隐私或数据保护功能，或者达成数据保护法律的特定要求，并降低与处理个人身份信息相关的风险，如数据泄露的风险。

公钥基础设施（public key infrastructure，PKI） 创建、管理、分发、使用、存储和撤销公钥/私钥对，以及用于加密和其他目的的数字证书所需的政策、程序、软件和硬件。公钥可以向相关方公开共享，不会危及安全性，而私钥必须保密。私钥通常用于解密机密信息和消息，也可以用于在消息或文档上创建数字签名。数字签名是一种数学方案，向接收者证明消息或文档是由私钥所有者发起的，且没有被伪造或篡改。

专业用户生成内容（professional user-generated content，PUGC） PUGC侧重于影响者，使其能够与观众建立亲密关系。一个营销团队负责维护影响者的原创视频内容，并管理业务合作和内容存放的相关事项。这种模式建立在一个假设上，即团队让人们产生错觉，认为所有内容完全由个人影响者独自完成。

私钥（private key） 一组由二进制数字组成的数据，通常以十六进制的字母和数字的格式表示。它是加密货币账户创建的主要数据输入，因为公钥是从私钥派生出来的。私钥顾名思义应保密，因为任何有权访问私钥的人都可以签署交易并获取账户中的任何资金。

Q

量子计算（quantum computing） 一种利用量子态的集体特性（如叠加态、干涉和纠缠）进行计算的方法。执行量子计算的设备被称为量子计算机。

量子霸权（quantum supremacy） 在量子计算中，量子霸权或量子优势以展示可编程量子设备能够解决传统计算机在任何可行的时间内无法解决的问题为目标。

抗量子区块链（quantum resistant blockchain） 利用量子力学和密码学技术，使两个交互方能够交换安全数据，并检测和防御试图窃听交换过程的第三方。该技术被视为未来对抗潜在的可能由量子计算机进行的区块链攻击的有效防御手段。

R

实时总结算（real-time gross settlement，RTGS） 在银行间结算的背景下，实时总结算是指以订单为单位连续和实时传输资金或证券，而无须清算的系统。

零售型央行数字货币（retail CBDC） 一种对普通公众开放的央行数字货币（CBDC）。零售型 CBDC 可以采用两层结构，即公民在商业银行或其他面向客户的金融实体（如私人支付服务提供商）持有 CBDC 余额，而不是直接在中央银行持有余额。零售型 CBDC 可以在国内使用，也可以跨境使用（即外国实体可以访问和使用）。零售型 CBDC 有时也被称为通用或普遍可用的 CBDC。

Rollups 一种第二层扩容解决方案。交易通过合并处理并存储在第一层智能合约的收件箱中。交易通过第二层的外部节点进行处理，减少了执行和计算的工作量，然后更新状态并发送回第一层。使用争议机制来防止第二层验证节点之间的误用。

S

自我主权身份（self-sovereign identity，SSI） 一组原则，指出个体应该拥有和控制自己的身份，而无须第三方和中央机构的干预。自我主权身份建立在三个支柱上，分别是安全性、可控性和可移植性。在这种范式下，身份由它们所代表的实体拥有和控制。

智能合约（smart contract） 一种自执行合约，买卖双方的协议条款直接写入代码中。

稳定币（stablecoin） 一种与"稳定"的储备资产（如美元或黄金）挂钩的数字货币。相对于比特币等非挂钩加密货币，稳定币旨在减少波动性。

可持续代币经济（sustainable token economy） 类似"庞氏骗局"的系统，将后期参与者的资金支付给早期参与者，只能在短时间内存在，无法在较长时间内持续存在。

合成央行数字货币（synthetic CBDC） 央行数字货币（CBDC）的一种替代框架，其中私人支付服务提供商在央行持有完全支持其发行给客户的数字货币的准备金。监管框架旨在确保这些提供商的责任始终与央行的资金完全匹配，针对发行方违约的情况为用户提供保护。这些责任可能具有央行发行的 CBDC 的某些特征，但它们不能构成 CBDC，因为最终用户不持有对央行的直接债权。合成 CBDC 既不是央行发行的，也不是央行的直接债务。合成 CBDC 有时被称为"狭义银行"货币的一种形式。

碎片、碎片化（shard，sharding） 碎片是数据的一个子集，碎片化是数据管理软件使用的一种方法，用于将大型数据集分解为更易管理的包。2021 年年底，以太坊区块链的大小已经超过 1TB，通过分布式网络传输这些数据变得更加困难。碎片化将使得节点能够处理整个区块链的子集，从而减轻计算过去交易的负担。

滑点（slippage） 订单引起的价格变动。当在交易所交易资产时，报价通常是最高买入价和最低卖出价之间的中间价。然而，当市场下单时，它不仅可以带走先导价格，还会侵蚀订单并消除流动性。

Solidity 用于在以太坊网络上创建智能合约的主要编程语言。它是一种静态类语言，以 Web 开发人员很熟悉的 JavaScript 语法为基础。

质押（staking） DeFi 协议通常通过向质押资金分发治理代币激励资金提供者和流动性提供者。用户可以使用该协议或在交易所购买治理代币，并使用它们进行质押，从而获得进一步的资金。

子链 / 侧链（sub-chain / side-chain） 以太坊是开源代码，这意味着任何了解其工作原理的人都可以对其进行分叉和修改。Polygon 这样的子链是以太坊代码的修改副本，它们在并行运行的独立链上运行。有些协议会在多个侧链上部署智能合约。

合成资产（synthetic assets，synths） 合成资产是一种旨在跟踪基础资产的衍生产品。用户可以使用合成资产交易股票、指数基金、商品和加密货币。合成资产由作为协议的平衡和融资机制的流动性池支持。如果所有的合成资产价值同时上涨，那么流动性池的价值就会下降。在实践中，资产的多样化性质很好地保持了事物的平衡。

T

代币（token） 代币通常指除了比特币和以太坊之外的任何加密货币。它还用来描述在另一种加密货币的区块链上运行的加密资产。

总锁定价值（total value locked，TVL） 指在游戏中锁定的抵押品或资产的价值。

代币经济学（tokenomics） 为了让代币的价值上涨，需求必须超过交易所的供应。代币生态系统的经济学被称为代币经济学。有各种可以增加需求和减少供应的方法，例如质押、费用销毁和持有者权益。

测试网络（testnet） 开发人员和最终用户进行试验的游乐场，使用的是没有价值的资金。例如，开发人员可以从 faucet 获取免费的测试网络以太坊，并部署智能合约。用户可以使用免费的以太坊来尝试全新的 DeFi 平台并进行创新实验，而无须冒任何风险。

传统金融（tradFi） 又称中心化金融。华尔街的金融机构和中心化股票交易所被视为传统金融。

U

用户生成内容（user-generated content，UGC） 由普通互联网用户而不是由行业专业人士创建的内容（包括文本、视频、图片、评论等）。

V

虚拟现实（virtual reality，VR） 利用先进的图形技术、一流的硬件和艺术化的体验，创建的一个模拟计算机的环境，在这个环境中用户不仅是被动参与者，还是共同参与者。

验证者（validator） 用户可以在权益证明网络上质押自己的代币并运行节点，积极参与区块链的验证过程。验证者节点连接到点对点网络，处理交易和区块。

波动性（volatility） 许多加密货币资产被描述为具有高度波动性。这意味着价格可以在相反两个方向上剧烈波动。比特币经常出现 50% 以上的价格下降，而其他代币的波动性更高。2018 年，许多代币的美元价值下跌超过 95%，给整个行业带来了混乱。

W

Web2.0 Web2.0 是互联网的第二发展阶段，其特点是从静态网页转变为动态或用户生成内容，并且伴随着社交媒体的增长。

Web3 Web3 代表着互联网演进的下一阶段，可能具有与 Web2.0 一样大的颠覆性和范式转变的潜力。Web3 建立在去中心化、开放和更大用户效用的核心概念之上。

批发型央行数字货币（wholesale CBDC） 是央行数字货币（CBDC）的一种形式，用于在持有中央银行准备金存款的许可银行和其他金融机构之间进行银行间支付和证券交易。批发型 CBDC 可以在境内使用和跨境使用。国内批发型CBDC 类似于商业银行今天经常在中央银行持有的准备金账户。

鲸鱼（whale） 加密鲸鱼是一个亲切的术语，用来描述在加密货币中持有大量资产的人。这些人通常是早期采用加密货币的、加密货币基金和高净值个人。

Y

收益率（yield） 我们从质押或借贷中可以获得的投资回报。这通常由平台以年利率（APR）或年化收益率（APY)(包括复利）的形式提供。

收益聚合器（yield aggregator） 收益聚合器通过领取质押奖励并重新质押，以复利回报的方式实现部分流动性挖矿过程的自动化。

流动性挖矿（yield farming） 收益农民通过寻找新的协议，尽早参与并获得最佳收益的方式进行一场猫鼠游戏。通常，收益农民在几天或几周的时间内只参与一个农场，然后转向下一个希望优化流动性并提供激励措施的项目。

Z

零知识证明（zero-knowledge proof，ZKP） 使用密码学方法在不分享实际数据的情况下验证数据。在加密货币中，零知识证明可以用于验证交易，而无须透露使用哪个钱包发送了资金以及发送了多少资金。这为本来透明的区块链系统增加了隐私方面的潜力。

****

5G 5G 是第五代移动通信网络。它是继 1G、2G、3G 和 4G 网络之后一种新的全球无线标准。5G 实现了一种全新的网络，旨在将几乎所有人和物品连接在一起，包括机器、物体和设备。5G 无线技术旨在为更多用户提供更快的多 Gbp 峰值数据速度、超低的延迟、更高的可靠性、巨大的网络容量、更高的可用性以及更统一的用户体验。更高的性能和改进的效率将赋能全新的用户体验并连接全新的产业。